U0604704

法学新视野

张才琴◎著

FaXue XinShiYe

中国文史出版社

图书在版编目（CIP）数据

法学新视野 ／ 张才琴著 . —北京：中国文史出版
社，2013.6
ISBN 978-7-5034-4050-2

Ⅰ.①法… Ⅱ.①张… Ⅲ.①法学—中国—文集
Ⅳ.①D920.0-53

中国版本图书馆 CIP 数据核字（2013）第 117104 号

责任编辑：罗　英　贾志远

出版发行：中国文史出版社
网　　址：www.wenshipress.com
社　　址：北京市西城区太平桥大街 23 号　邮编：100811
电　　话：010-66173572　66168268　66192736（发行部）
传　　真：010-66192703
印　　装：北京天正元印务有限公司
经　　销：全国新华书店
开　　本：170mm×240mm　1/16
印　　张：19
字　　数：331 千字
版　　次：2014 年 1 月北京第 2 版
印　　次：2014 年 1 月第 1 次印刷
定　　价：57.00 元

文史版图书，版权所有，侵权必究。
文史版图书，印装错误可与发行部联系退换。

前　言

　　本书收录了作者几十年法学研究生涯中辛勤耕耘的大部分法学论文,有近30万字,大多数都在中国相关杂志上发表。人的一生就是这样度过,平时忙忙碌碌,工作几十年下来,猛回首,发现竟然作者也留下这么多笔墨,为祖国的法制建设也增添了几块砖、几片瓦。

　　除了这几十万字的论文,作者也出版了十来本专著。有些是参编的,独著就有四本:2006年的《自然资源法治论》(21万字);2009年的《中国森林资源法律制度》(25万字);2012年的《森林生态系统法制化管理模式研究》(18万字);2013年的《法律新视野》(25万字)。加起来近百万字左右的。还做了很多的科研课题。最有代表性的是,2007获批的国家社科基金课题《个人信息保护法律制度研究》(作者为主要负责人,2011年结题),和2013年获批国家社科基金课题《森林生态系统法制化管理模式研究》(作者为主要负责人)。

　　从1986年开始,作者就开始从事法学教育和研究工作,至今整整27年光阴,一生为法学教育和研究努力着,工作着。现在也没有停止脚步。作者感到万分欣慰和自豪。作者相信,未来的岁月中,一定还会在法学领域中取得更多的成绩,为祖国作出自己应有的贡献。

　　总之,古人说,开卷有益。作者这本书的出版,总会对法学界同行们的研究起些抛砖引玉的参考作用,作者心足矣!

　　本书共分五大部分。第一部分,法理学部分。是作者对中国法德兼治的一些观点和认识。第二部分,环境保护法,收录了大部分作者在中国环境保护法方面的研究文章。第三部分,知识产权法,收录了大部分我在中国知识产权法方面的研究文章。第四部分,是作者早年对刑法、刑事诉讼法研究的文章。尽管年代久远,但是却反映了当时的中国法制状况和作者的研究成果,所以这次仍然收集出版。第五部分,其他,是作者在其他一些法学领域研究、发表的文章。

学无止境,研无止境。劲不可泄,志在千里!

作者 20013 年 5 月写于重庆大学法学院办公室

目 录
CONTENTS

第一部分 **01**

| **法 理 学** |

第一篇

法德兼治的实质和条件

法治崛起,时代的生命。

在健全民主法制下的法治,好似苍松翠柏,万古长青。华夏人对法德兼治的渴望,犹如大旱时节盼彩云。他们尝够了封建专制和人治的种种磨难,熬过了多少个颠沛流离的岁月,往往就怀有实行法德兼治这种强烈的愿望,今天实现了。正如《人民法院报》正义周刊讯:题目是"法院为两千民众做主",接下来是说长春市家喻户晓的"一尺柜台"连环案,沸沸扬扬历经 8 年,2000 多市民打赢了官司,3000 万元全部执行。报道的是一家公司为投资新建"亚细亚大楼",1993 年以合同形式向社会群众筹集 3000 万元。却为履行义务,两千群众愤而起诉求公正。经过多少周折,该案竟由最高法院审结,并批准当事人免交起诉费,吉林省最高人民法院减免本案审理和执行费 100 万元,两千多市民拿到了兑现款心喜盈盈。长春市民、退休工人苏维义拿到现金异常激动,他心里乐滋滋的告诉记者喜讯:我苦苦等了 8 年,还是人民法院为我们做了主(参见《人民法院报》2000 年 4 月 23 日,第一版)。

所以,离开了法治,人治的失误就会发生。邓小平说过:"建国后我们确实犯过不少的错误,包括严重错误的事。极"左"路线造成了一大批的冤假错案,80 年代初得到平反的已有 290 万人。没有立案审查而得到平反的比这个数字还要大得多。这些年几经周折,受到了不少损失,也延缓了建设的进程(参见《中国法制相》1987 年 10 月 14 日第一版)。曲折、教训是深刻的。曲折不是规律,在于人为。邓小平说:"曲折教训我们,为了保障民主,必须加强法制,使民主制度化、法律化,使这种制度和法律保持稳定。国家的事情,随领导人的改变而改变,或者凭领导人的看法和注意力的改变而改变,法律制度不完备则是另外一个重要的原因。即使像毛泽东这样的伟人,也受到一些不好的制度的影响,以致对党对国家对他个人都造成了很大的不幸。毛泽东虽说过斯大林严重破坏法制的教训,但由于没有解决哈派法律和制度上的实际问题以及其他一些原因,仍然导致了十年浩劫的"文化大革命"。不是说个人没有责任,而是说法律问题更带有根本性、全局性和长期性。

所以,我们要坚持发展民主和法制,这就是我们坚定不移的方针。科学、适用、明白的理论,像长江里的航标,不论风雨和雾霭,也能引导巨轮安全航行。邓小平的法制思想是邓小平理论的组成部分,堪称实践的升华,真理的象征。我们吸取了教训,实行法德兼治,就能达到众望所归的国家长治久安,社会繁荣昌盛。教训是无价之宝,像聪明的孩子不会在同一处重复摔跤那样,成了智慧的结晶。70 年代末,经过拨乱反正,沿着邓小平理论,一切向前看,全国上下精诚团结拧成了一股绳,横下一条心:"一手抓建设,一手抓法制",这就是"文革"后的中国人民对于法制建设的迫切需要,犹如枯木盼春天,庄稼盼甘霖。

在那红红火火的改革开放的新时期,中国人的一切聪明才智都用到了发展的刀刃山上,试看神州五方"两个文明建设"和民主法制建设热气腾腾!建设的崛起,法制的严明,到处在提倡并洋溢着"人人为我,我为人人"的热情。新的规矩。新的风尚,把中华大地点缀得格外清秀。中国人走上了好运!古人苏轼对法制就很有见地,他曾写道:"人胜法,则法为虚器;法胜人,则人为备位;人与法并行而不相悖,则天下安宁。"邓小平同志 1992 年初春的南立谈话,即坚持改革开放走向市场;坚持民主法制,站稳脚跟;坚持实事求是,齐奔小康脱贫困。1997 年,世界东方的北京春光明媚,党的十五大在此召开,打响了"依法治国,司法改革,保障人权"—神州惊雷的第一声。法治的花朵,只会在信仰的枝头绽开,正像"干旱的心田,只能靠真诚的细雨滋润。"

法治的基础,只能由法治的辛劳产生,像春时的庄稼,需要成群的蜜蜂传粉。近 20 年间,全国人大及其常委会共审议通过了 390 多部法律问题的决定,国务院制定了 800 多件行政法规,地方人大及其常委会制定了 8000 多件地方性法规,这样一来,方方面面有法可依,有章可循。1999 年 3 月上旬,全国人大代表聚会北京,审议通过宪法修正案、合同法、澳门特别行政区人大代表产生办法和其他法律问题的决定;并提议制定监督法,以保障执法如明镜;特别是修正的宪法第五条增加一款"中华人民共和国实行依法治国,建设社会主义法治国家"列为该条第一款,宪法明确规定了法治的必然性和不可动摇性。

我们衡量一个国家法治的进程,不能仅看出台了多少法律,那只是硬件。社会的执法、守法状况和人民法治观念是否增强,这才有保证。因为法律本身没有生命力,需要领导、执法者和守法者赋予它生命。只有这样的法治进程,才能有法德兼治的象征。

一、法德兼治的实质

法德兼治的实质就像树苗离不开树跟一样,法德兼治离不开民主,离开民主的法德兼治不可思议。

1. 民主具有本来的意义,民主与法治息息相依

民主具有客观实在性,这同人权一样是天赋而非恩赐。

人民本来应有的民主,包括人民具有的一切权利。(我国人大及其常委会是人民选举产生的权力机构,代表人民而开展工作)如民主立法权、维护宪法权、执法监督权、选举"一府两院"领导者权、任命和罢免有关领导者和法官、检察官权等,其实质是体现人民对国家的民主管理,从而实现依法治国始终不渝。邓小平同志主张的"民主法制化"具有深刻涵义。若法律对当然的民主权利都不明确规定,不把民主法制化,那么民主就有被剥夺的危机。不是吗?一部部封建专制史,由于君主帝王剥夺了民主,所以才出现了17世纪英国的洛克、18世纪法国的孟德斯鸠、19世纪中国的孙中山等启蒙思想家、革命先行者反对封建专制,要求民主立宪,主张民主法治和革新政治。他们前赴后继,所争得的民主并不是对民主的祈求,而是从剥夺者手里夺回了民主,得到了对民主本来面貌的恢复,并通过法律保障使民主的顽固坚若磐石。

2. 民主与法的关系十分清晰

现代国家的法应该是法治与民主,法有保障民主,并维护民主权利。即现代法律产生与民主,只有将民主意志上升为国家意志的法律,才堪称现代法律,才符合法的本质。

我们讲的法德兼治实质上是法治,是赋予人类关怀的法治,是执行现代法律的法治,即民主法制的法治。封建专制社会也有法律和法制,但不是民主法制,不可能实行法治,如圣旨压倒一切,任意超越法律。人治盛行,有法不依。所以,只有在真正民主基础上建立国家,并用民主程序制定法律。同时健全民主法制,才能实行法治。这对发展中的华夏来说,民主、法制、与法治是时代的潮流所趋。因此,民主与法切切相依,当具有本来意义的民主时,法律如庄稼迎来春风时雨,茂然而立。

3. 民主、法德兼治与领导的才智

法治兴邦离不开民主,领导人应当像保护自己的眼睛一样,维护民主权利。

民主权利,法治潮流,固然有其客观性,但与领导人的才智和作用又具有一致性,对民主、法治、法制领导三者之间都有一定的联系。离开了统一领导的民主,

法治像断了线的风筝任风飘游哪儿着地很难预料,将会发生什么稀奇古怪的事又有谁知?

当然,对国家的管理,领导人也离不开民主、法治,尤其需做到有法可依。"治国无法则乱,守法而不弗则悖,悖乱不可以持国"【《吕氏春秋》】便是一例。大家知道,人民是水,政府是舟,水平静而舟安,水动荡而舟颠,因而人民是为国之本,是社会之源,是法治之师。一个国家或一个社会,离开人民还有什么?没有民主,哪有法治?所以,法治、人民、民主法制、国家和领导人是一个同舟共济的整体,他们相辅相成而不可分离。只依靠人民,健全民主法制,加强和改善领导才能坚持和实行法德兼治。

法德兼治的路上,领导人严肃执法以身作则,就会做出前人未曾做出的奇迹。对执法者及其领导来说,"未正人先正己人已一样,对人宽对己严方兴正气。"(包公名言)真道是:依法治国样样有规矩,领导廉洁事事出奇迹。人们说"干部以身作则的行动,是凝聚群众之心的磁场",这是一种生动的比喻《法制日报》曾刊登领导以身作则有"三"的逸事:其一,董必武同志有三不许,即不许以自己的名义在任何部门搞活动,不许接受礼物,不许向地方要东西。其二,陶铸同志每到一个地方,都要宣布"三不准",不准请客,不准迎客,不准送礼。其三,谢觉哉同志有"三自",他把批评当做跟自己打官司自当"被告",自当"法官",自当"律师"。上述老前辈的逸事,多么亲切,是身教自律的楷模,是法德兼治难得的老师。

古人云:"政者,正也,子帅以正,孰敢不正;不能正其身,欲正人何?"①这句话不无道理。应当说,以法治于国,施仁政于民,国事家事天下事,事事以法,大事小事一切事都通过法律程序来解决,试看东方的文明神州,足以健康发展,天下屹立。所以,政者(领路人)在民主法制健全的条件下应当律己:言不中法不听,行不合法不为,事不依法不做,见有违法而阻止,力争法治为法制,把法德兼治充分体现出来,永远成为社会的规矩。

二、法德兼治的条件

在民主法制健全,增强法制观念的条件下,变昔日人治酿祸成灾,为当代法治造福连连,应是那领路人双肩上挑起的重担。

华夏是法治的华夏,华夏的人生活因为有了法治,才有光明、有权利、有创造、有发展;因而才似"荒山无路人有路",像诗文有味苦后甜那样,法德兼治有恒苦后甜。法制与法治是两码子事,封建社会也有法制,但与法治无缘。古人云:"徒法不能自行,有法不循法,法虽善与无法"。所以,有了法制,还不等于法治,更不等于法德兼治,在其理解上无需多言。中国立法甚多,工农商学兵样样有规范,民主法制日益健全,但法的执行和坚持法德兼治则是关键。老前辈彭真委员长曾说过,"我们现在有许多事情要做,首先是加强法制观念。"①这句名言对我们依法治国的今天,仍使人感到十分深刻和亲切。

所以,加强法制观念,进一步健全民主法制乃是坚持和实行法德兼治的基本条件。法德兼治的具体条件有三:

1. 实行法德兼治,严肃执法不可缓

大家知道,"严肃执法"是彭真同志的名言,是依法治国的重要条件。执法是否严肃,不仅关系到对法制的态度,尤其关系法德兼治的实行,所以我们对法的态度、法治观念和实行法德兼治要求必须两全。如果以法治,实行法德兼治而不加强法制观念,就会失去执法的严肃性,这不只是对法制的亵渎,更危险的是会滑进人治的泥潭。如果说,严肃执法是实行法德兼治的迫切需要,那么,普遍加强法制观念应首当其冲。只有加强法制观念,才能尊重法律,树立法的威严;才能视法为国宝,才能自律自廉,法德兼治;才能严肃执法,让法律成为捍卫人权的利剑。如果缺乏法制观念,那不仅会轻视法律,办事习惯凭想当然,而且贻害无穷,成为人治的灾难。

严肃执法分两卷,一为依法行政,一为司法公正,早就成为人民切切期待的夙愿。今举一副对联为鉴:你自律我自律大家自律政通人和一起浇华园上严法下严法上下严法励精图治共同绣河山

2. 实行法德兼治,执法监督当健全

执法监督是实行法治的重要条件。如同"权利有腐败的趋势,失去监督的权力,有滋生腐败的危险"一样,执法失去监督,不廉洁的现象就会滋生与蔓延。列宁谈及执法监督指出,一般是用什么来保证法律的执行呢? 第一,对法律的实行加以监督;第二,对不执行法律的人加以惩办。这种执法监督的说法单刀直入,一针见血,理浅言深,文字简练。

肖扬院长于1999年3月10日在九届人大二次会议报告工作时,强调"要加强对审判的舆论监督",其意义多么深远——这将有利于保证人民法院审理案件的公正,有利于调动诉讼各方的积极性,有利于提高办案效率,有利于提高公民的法律素质和法制观念,有利于建设一支高素质的法官队伍,有利于从制度上确保人民法院依法独立行使审判权。肖扬院长一口气道出了"六个有利",像放出了一颗颗推动司法公正和执法严明的连珠炮弹,打动了人们的心弦。对执法监督制度的健全,应当制定执法的监督法,切切实实地把执法监督纳入规范执法监督包涵

各级人大及其常委会对"一府两院"的工作监督,法院系统的司法监督,检察机关的法律监督,各界人士和人民群众的民主监督,新闻媒介的舆论监督等等,都可以通过法律制度达到健全与完善。

为什么执法中会存在一些弊端?这主要是对执法监督不力,造成执法时发生一些感情用事,甚至随便拖延。所以在健全民主法制,实现法治的今天,要把健全监督制度作为坚持法德兼治的重要条件来抓,千万不可怠慢!

3. 实行法德兼治,注重赏罚严明

如果说严明赏罚与厉行法制成比例关系,那么。赏罚不明与实行法治则反比相见。即赏罚不明和法不厉行的现象多了,就会产生法治的弊端。这样,凡主张法德兼治者,都殷切希望在法制上必须赏罚严明,实行赏罚两全。

法制史上叙述严明赏罚的事例很多,而以孔明为借鉴。他挥泪斩马后,以"咎皆在臣,授任无方"为由,启奏汉递"请自贬三等,以表情愿"由于孔明统军施政重法制、明赏罚,以致在内政管理上成为三国中最清明有序的典范。正如洪仁玕称赞孔明:所以见称今古者惟"器使群材,赏罚分明"这八个字义重礼贤。盖器使则人乱法,严明则人皆服法,无乱而服,即效命取胜之根源。只有实行赏不分贵贱,罚不分生疏的法制原则,这是我们推动法德兼治的重要一环。

人们相信:要巩固"改革、稳定、发展"的大局,就必须在法治道路上着意耕耘;把执法严、监督严、赏罚明的三者建成制度化、法律化,以有法可循;务使法德兼治成为法制,又将法制转化为法治,并且人人守信法制,就会在中华大地上到处呈现着法制的光明。这种光明不仅只是一种希望,而且能够完全实现:第一,依法治国写入了宪法,这是我国实行法德兼治的关键。第二,中央曾经向全体公民普及法律知识,是为实现法德兼治不可缺少的一个好的起点。第三,司法部在取得普法工作基本胜利时,曾在江西召开了"以法治市工作会议",是新世纪里四海之内实行法治的源泉。第四,全国上下正在尽心竭力地为实现法德兼治而大造舆论,促进早还在中华民族梦寐以求的夙愿。

人们的希望就在眼前,实行法德兼治到处都有体现。据报道:云南红河州有一位"十佳检察官"反贪局副局长,在 13 年的岁月中成长磨炼,面对腐败的激流迎头向前,在反贪的战斗中累次立功,为国家挽回了经济损失数百万元。他不愧为法德兼治的好检察官受到了人们的敬佩与称赞!(见《云南法制报》2001 年 7 月 18 日第一版)。又据报道:2000 年 4 月 25 日最高人民检察院作出决定,依法逮捕全国人大常委会副委员长成杰克,中央决定撤销他的一切职务,惩罚他严重腐败、贪污受贿的行为,毫不手软(参见《人民法院报》2000 年 4 月 27 日第一版)。

严法制,赏罚明,法德兼治即在眼前。该赏则赏,功成就,必有功果,功业优胜者赏得欣然;该罚则罚,孽自作,必有孽果,贪得无厌者罚严当斩。

见《法德兼治论》

第二篇

大道之行

条件可以创造,法德兼治的条件完全能够创造出来。为创造这些条件,就必须对法制史上的德治、人治、法治研究一番,以资借鉴。

治国之道,学术上众说纷纭。在古代,有礼治说,德治说,法治说,现代有法治说,人治说,德治说,法治人治合一说,法德兼治说。我们主张,学术之风,不仅文墨,重在实证,只有以事实佐证之说,才能折服于人,并且适用。事有比较,相形见绌,法治之说,已成潮流,且有成事作证。以法为本,法德兼治,可堪称治国的最佳大道。

一、法德兼治:两把利剑

大家知道,德治是儒学的重要内容。以孔丘、孟轲为代表的儒学,关于德治的主要内容是:"为政以德",以道德的感化作用来缓和社会矛盾;要实行德治,则必须以道德高尚的人来治理国家;要有道德,则求修身,"治国必先以修身为本";要有修养,则求身正,只有正其身者,才能"为政在人"。所以,儒学主张的德治,被历代君王利用来搞专制,实质和习惯上都成了君王的人治。儒学也承认法的作用,但强调"德主刑辅,以德去刑",把法律摆到次要的地位。作为治国方略,根据中华国情,适宜法德并举;它似两把利剑,完全能够扶正除邪,达到励精图治。

流传几千年文化的儒学,对于重教、倡德、感化等主张,有一定的历史价值,但是,如果立国之道,不重法律,以德为本,那么,对不讲道德又超乎法律之上的首领又作何治理?中华屡次换代更替的历史能说明德治的长治久安吗?所以,必须牢牢把住法德并举的两把利剑,才能足以励精图治。

有作者以唐代开国为例,佐证明君以儒学的主导思想,实行德治,可辟盛世。我们承认,封建社会里,明君开辟盛世的个人作用,但为什么历史上往往出现昏君葬送社稷,这种情况下"德"能治君吗?在正是儒学德治面对史实的无能为力。因此,能够说,在治国的大道上轻视法治而德治难行。

1. 德治离开以法为本是华而不实的

孔丘处于社会动荡、礼崩乐溃的春秋末期,当时他极力主张"为国以礼",要求"克己复礼",做到"非礼勿视,非礼勿听,非礼勿动",恢复周礼,以安天下。为此目的,孔丘及其孙子的门人孟轲等形成了儒家思想体系:(1)在哲学上,持天命论,谓"天命之谓信"。(2)在政治上,推崇仁义,主张德治,可谓"为政在德",明君修身,则天下有道。(3)在经济上,井田制度。(4)在道德上,倡忠、孝、诚、信,要求为民在德。(2)在法律上,反对"铸刑鼎",不搞成文法,认为有了成文法,会造成"民在鼎矣,何以尊贵,贵贱无序,何以为国"的结局。所以主张"道之以政,齐之以刑,民免而无耻;道之以德,齐之以礼,有耻且格。"即用行政命令和刑罚手段,可以治理犯罪,但犯者并不懂罪行可耻;倘若以德感化,进行教育,犯者就会感到罪行可耻而不犯罪了。这种主张行得通吗?

但看史实证明:礼治、德治的结果,非礼非德的到头来恰好是统治者自己;同样,以德感化治服犯罪,往往是到头来只落得唐僧的教训。所以,单靠德治,不能治君,也不能治罪,焉能治国!

2. 德治没有成功的借鉴

孟子主张君主"与民同乐,行仁有义",这有一定的历史价值和文化价值,但虽有史说盛世,可谓"雍雍穆穆,天下一家",但实际上是文字的修饰,顶多不过是一时的相对太平而已。因为这样的"盛世",治于何在,建设何在,发达何在,除了治民,还治什么,为百姓办了多少好事? 历史上建筑宏伟的长城、阿房宫、迷楼、故宫、颐和园之类,在当时供谁使用,路人皆知。我们的秦惠王、秦始皇建造了阿房宫为例,这个宫占地方圆达 300 多里,建的许多的宫和馆,跨过了山谷,把一望无际的高山大岭都遮盖了;专门供皇帝车辆通行的道路,从宫室到骊山,就有 80 多里长;还开了河道,把远远的樊川水引到了宫里,灌进壮阔的池沼中;宫里的一个前殿,从东到西有 90 尺,南北之间达 50 丈宽,上面可坐上万人,下面建有五丈旗;用最昂贵的建筑材料,横梁用兰木,大门用磁石。一处前殿就这么的壮丽,而正殿和其他宫室就可想而知。还有四通八达的双层高架复道,并与楼阁连接,通往咸阳。这样豪华之宫,专供皇帝"独享园林之乐",老百姓望而生畏,沾不上边。儒学主张君主与民同乐仅是空想。阿房宫被楚汉之战的项羽一把火焚烧,火三月不灭,多么遗憾! 历史同样证明,如果忽视法治,光强调德治天下,这样的德治没有成功之国。法治则不然。现代推行法治的国家,在法律面前人人平等,既能治国,又能治人,总统犯法也要受到弹劾。法治国家先后发达起来,不胜枚举了。

3. 离开法治的德治是人治的衣钵,适应专制的需要

历史证明德治必然导致人治,恰好成为专制者得心应手的面纱。这是德治维护专制,专制依靠德治赖以生存的面纱。事实上光强调德治的结果,往往是"只准州官放火,不准百姓点灯",君王有三宫六院,臣僚有三妻四妾,而百姓通奸要拿来问罪,寡妇改嫁要受到谴责妇女地位低下,"在家从父,出嫁从夫,夫死从子",这就是把德治用来治民最通俗的写照。可以说,德治恰恰是维护封建统治的护身符,为历代君王所利用,这是德治能占上风的重要原因。倡德治几千年,除了适应专制、人治利益的需要外,不足可取。比来比去,只有法治、德治紧密结合,不可偏极,法与德两手抓,两手都要硬,才能公正、合理、科学、奏效,才能适应现代中国发展的需要,才能畅行于法德兼治的治国之道。

二、还是法治可靠些

法治,以法治国的缩写,人治的对称。法治的全部意义在于人人遵守国家制定的完好的法律,依法办事,做到权利毫无偏私的公正。在学术上,法治可分为古代法治说,现代法治说,法德兼治说。

我国古代主张法治的代表人物有李悝、商鞅、韩非、慎到等。他们主张实行法治的共同点:①强调法的权威。法无等级之分,在适用刑罚上官民平等。商鞅说:"守法守职之吏,有不行王法者,罪死不赦。"执法者要做到公正无私,"不失疏远,不违亲近"②维护君主专制政体,只有秉权而立,才能垂法而治。③法信于民。认为"民信其赏,则事成功;信其罚,则奸无端。"④外国古代主张法治的代表人物亚里士多德(古希腊人)认为,"法治应当优于一人之法,"法治的意义在于普遍遵守国家制定的完好法律。

古代法治说与近代法治说的根本区别,在于是否维护专制。专制与民主是对立的,主张维护专制是中国古代法治说的特点之一。近现代法治说则不然,其共同的声音是主张民主,反对专制。强调法的作用,法治观点鲜明:①主张把专制主义下弊病丛生的旧法,改为民主的新法。如梁启超著的《变法通议》、《立宪法议》、《立法权论》、《法理学大家孟德斯鸠之学说》等书,基本观点是法的民主与民主的法,变专制为民主的专制"天之道也"。

②主张立法在民。认为出自命令的法律,不善不正。只有体现国家意志(公意)即体现国民多数意志的法律,才是公正善美的。立法机关不应也不能将制定法律的权力让给任何人。所以,法律应由国家组织人民共同制定,才能达到实现法治这一最终目标的。③主张执法严明,司法公正。依法行政,司法独立,是现代

法治的共同观点。法治是党和国家管理国家事务的基本方针,是人类文明发展的主要依靠,任何权力都依法行使,任何人都不得以权压法和以权乱法,个人的作用在法律范围内能够得到充分发挥。

法治是中国发展的大趋势、大潮流和金光大道。1992年初邓小平南巡谈话中,他总结了许许多多的社会经验,包括中国和外国的,无论是政治方面的抑或是经济方面的,比来比去,得出了这样的结论:还是法治可靠些。在当时,他的话具有最大权威性,是有哲理性的说服力。所以,中国人把他的语言归结为指导社会发展的《邓小平理论》。他的法治理论就像春天那样枯木犹再发,温暖万物又重生。法治在中国已成为不可阻挡的历史洪流,把所有人的言行都纳入法的轨道上来。

依法治国,法德兼治的同时,充分发挥德的作用,这是在法治问题上是两手抓,既要依法治国,又要廉政建设,既要加强法制建设,又要开展精神文明建设,前者表明法的功能,后者包含德的因素,这就是法德兼治的体现。

法与德有内在的联系。实行法治要讲廉洁,廉洁要求修身,修身足以养性,养性出道德。这样国家要靠法治,法治又倡道德,就会锦上添花。

三、法德兼治通大道

春秋战国时期,儒家提倡"礼治"、"德治",主张"道之以德,齐之以礼",反对用铸刑鼎,要求用"礼"来定亲疏,判嫌疑,别异同,明是非。儒家认为治国的根本在于贤人,"其人存,则其政举,其人亡,则其政息。"在儒家思想的影响下,纵观几千年的中国历史,重德而轻法的治国之道是行不通的,以情乱法的现象层出不穷。个人权力凌驾于法律之上,权就是法,权大于法,权可以压法。这些弊端延续到今天,并没有得到有效的革除。目前存在的种种弊端,在一些地方,一些人的工作中,或多或少都带有封建专制的色彩。因此邓小平同志曾深刻地指出:"旧中国留给我们的封建专制传统比较多,民主法制传统很少。"并且说:"要通过改革,处理好法治和人治的关系,处理好党和政府的关系。"

"法治"这一概念,自春秋战国时期的法家开始提出后,在近代得到一些杰出的思想家和政治家的提倡。梁启超主张变法,要求实行法治民主。革命先行者孙中山提出"只有以人就法,不可以法就人",主张以"权力制约权力"。而邓小平同志在总结了国际共产主义运动和我国革命与建设正反两方面经验的基础上,提出了"有法可依,有法必依,执法必严,违法必究"十六字方针。明确提出,只有依法治国,我们的国家才能兴旺发达。实际依法治国,建立法治国家,是社会主义市场经济与民主政治的必然要求。市场经济就是法制经济,在市场经济条件下,经济活动主体是独立的、平等的,他们之间是契约的关系,产生的竞争是自由、公平、有序的竞争,需要得到法律的保障、规范和引导。人民要实现当家做主、参政、议政的权利,也必须保证国家机构和工作人员遵守宪法和法律,完全按人民的意志和利益办事,既不能越权,也不能失职。

"法治"这一概念有着自己特定的内涵和适用范围,它并不排斥道德教化、精神文明建设对于国家的治乱兴衰的重要作用。在建设具有中国特色的社会主义的伟大事业中,继承和发扬民族的优秀文化传统和文明成果,提倡社会主义道德,加强廉政建设和精神文明建设,对于社会政治经济的发展具有巨大的能动作用。正因为是这样,中共中央2001年7月发出了关于开展《公民社会主义道德教育》的通知。该《通知》十分强调:在中国实行改革开放,进行社会主义建设取得重大成就,人民生活总体上说达到小康水平,但是,公民道德建设还存在着薄弱环节。当前积极开展公民社会主义道德教育具有非常重要的紧迫性、现时性。及其深远的历史意义。这个教育,全国各地务必抓紧抓好,使中国传统文化和优良作风发扬光大,把法德兼治和"双文明"建设紧密地结合起来。

依法治国,建设社会主义法治国家是一个长期的艰巨的过程,也是一个复杂的系统工程。依法治国、法德兼治将使我国不够健全和完善的民主制度与法制建设得到完善和健全,使国家各项工作逐步走上法制规范的轨道。廉政开设和精神文明建设也贯穿在经济和社会生活的各个方面。在大力提倡依法治国、道德建设,并付诸行动的过程中,共产党员尤其是党员领导干部越要坚定共产主义信念,身体力行社会主义道德,大公无私,清正廉洁,全心全意为人民服务;公民越要树立远大理想,培养优良品质,团结友爱,平等互助,并不断增强民主法制观念,形成扬善惩恶的社会风气。这样一来,法德兼治将使我们建设有中国特色的社会主义的伟大事业迈向新的高度,也将使我国成为富强、民主、文明的社会主义现代化国家。要实现这一奋斗目标,完成这一庞的系统工程,我们还要遵循以下原则:

1. 树立起法律至高无上的地位,建立完备科学的法律体系

我国是工人阶级领导的人民民主专政的社会主义国家,国家的一切权利属于人民,人民是国家的主人;共产党是国家政权的领导,党组织和党员都必须在宪法和法律的范围内活动。所有这些,都决定了社会主义法律具有至高无上的权利和地位,它高于个人的权威,大于个人的权力。任何人都必须严格遵守法律,依法办事,在任何时候任何地方都要坚持"法律面前人人平等"这一重要原则。

早在1978年12月的中央工作会议上,邓小平同志就提出了对立法方面的要

求,即"有法可依"。依法治国,要建立起相适应的科学完备的法律体系,凡是社会生活中需要法律规范和调整的领域,都要制定相应的法律规范,并且结构严谨,不相重复和矛盾。既要避免重复立法、部门立法争权夺利不顾整体利益的现象发生,也避免重蹈某些西方国家法律体系臃肿复杂的覆辙。

2. 保障公民的合法权利和自由真正实现

公民的权利内容非常广阔,包括人身权、人格权,以及政治、经济、社会、文化权利等。公民不仅享有宪法和法律规定的义务。为防止公民的合法权利和义务受到侵犯,保障公民民主权利,我国已制定了刑法、民法、行政法等实体法及刑事诉讼法、民事诉讼法、行政诉讼法等来保障,并逐步完善人民代表大会制度、政治协商制度等。法德兼治就是要求继续把保障公民合法权利与自由、保障社会主义民主的各个方面,都动用法律加以确认,并使法律法规都能体现民主精神和原则。同时使司法机关在防止和处理有关机关侵犯公民权利与自由案件时,有法可依,为公民提供有力的司法保障。

3. 健全监督舆论机制

权力失去监督和制约,就会产生腐败,导致专制。党的十四届四中全会决定指出:

"要把党内监督同群众监督,舆论监督,民主党派和无党派人士的监督结合起来,把自上而下的监督结合起来,逐步形成强有力的监督体系,以保证党的肌体的健康和各项任务的顺利完成。"随着民主与法制的发展,我国法律监督体系已初步完成,并取得了较好的效果。但是,法律监督工作不力甚至虚化,某些权利仍未得到有效制约,执法不严甚至有法不依的现象还十分突出,监督工作急待改进。实行依法治国,法德兼治。首先要从认识上进一步提高对法律监督制度的认识,其次要进一步加强对国家权力的立法监督、行政监督、司法监督和人民群众的监督,逐步建立系统的社会主义监督机制。

4. 提高执法队伍素质,保证公正执法

国家行政机关依照法定职权和程序,通过具体行政行为实施国家法律,用法律手段调整各个领域的活动,可以说,行政机关是国家与公民联系最广的机构。因此,提高行政执法队伍素质,保证依法行政尤其显得重要。在法治国家法德兼治过程中,司法机关独立行使职权,依法打击和惩罚犯罪,维护社会稳定;正确处理经济和民事纠纷,保证社会主义市场经济的健康发展。司法机关负担着如此重要的任务,因此,提高司法水平是实现依法治国、法德兼治的重要内容和基础保证。

5. 深入开展全民法制教育和道德教育

邓小平同志指出:"加强法制重要的是要进行教育,根本问题是教育人。"

要形成良好的法治社会环境,必须加强法制宣传和道德教育,提高公民的法律意识和道德意识。自 1985 年以来,我国先后进行了"一五"普法、"二五"普法、"三五"普法,以及"四五"……,我们要一如既往地把这项身势浩大的普法工作开展下去,使依法治国和法德兼治的观念深入人心,并付诸行动。

6. 努力提高全民族思想道德素质

在建立和完善社会主义经济体制的过程中,加强廉政建设和精神文明建设,引导人们通过诚实劳动和正当手段获取经济利益,大力提倡文明礼貌的社会公德和奉献社会的职业道德,对于依法治国的顺利实现有着不可低估的作用。如果说依法治国的精髓在于严肃执法、依法办事、违法必究,那么思想道德素质的提高就能祈祷一个扶正固本的作用。

建设社会主义法治国家,不是一朝一夕能一蹴而就的事情。通往法德兼治的路还很长,还有不少制度需要变革。我国坚定不移地朝着法德兼治的大道努力前进,在幅员辽阔的中国大地上,依法治村、依法治县、依法治市、依法治省,经过共同的努力,达到法德兼治的目标,在建设高度物质文明的同时建设高度的社会主义精神文明,建设好一个崭新的社会主义法治国家。

建设法治国家,特别需要执法部门本身首先搞好法德兼治。这个问题,有的法院做出了表率。例如:江苏省扬州市中级人民法院"以德治院方法多"(详见《人民法院报》2001 年 3 月 19 日)。南京市鼓楼区人民法院"以德治院成就显著(详见《人民法院报》2001 年 3 月 21 日)。江苏省姜堰市人民法院"以德治院生清风"(详见《人民法院报》2001 年 3 月 26 日)。这些法院实行法德兼治,从自身做起,堪称"正人正己",可敬可佩。

7. 建立"统一司法考试制度"统一司法考试

是指对法官、检察官、律师这项法律职业者的考试,其意义和作用在于:能促进法律职业统一观,因其职业的宗旨是维护公平、公正、人权和法的尊严,这一特殊使命有力地冲击了占传统地位的官本位思想;能促进这项法律职业的高素质要求,能体现法的权威和其职业的人性化;能促进这项职业中法律的语言、知识、思维、技能、信仰、伦理等六个方面的素养;能促进这项职业的自信、自尊、自强、自律,能互相监督与竞争;能促进法律专业人士司法论理体系的形成,促进法律的社会精英的成长,为他们开启了通往法律职业的大门;在观念上能促进改变"公检法是一家"为"法官、检察官、律师是一家",在就有了法律统一实施的信仰知识和专业技术的基础,而重在一个"法"字,人们对法官和检察官的尊重是对法律而非权力的尊重。建立统一司法考试制度,对中国实行法德兼治的意义和作用,实际上要比我们今天所预测的深得多,其历史影响令人热血沸腾,从普通百姓到法学专家无不为之欣欣鼓舞!

同意司法考试的报名资格,我建议只要具有法律本科毕业(包括电大、函大、自修的国家承认文凭)以上的法律专业人士,都可报名参加考试。这项考试内容,应以法律职业、技术知识为主,并测验理论、道德和哲学知识。考试结果,对取得律考资格证书的人士,由他们自选法官、律师、检察官等职业与国家实际需要相结合,统一录用。此外,我们建议:为有利于真正实现法德兼治,真正实现司法的人文关怀,真正提高法官的职业素质和社会地位,法官的产生除了统一的司法考试,人大命令相结合外,还可以有资深的律师中选拔和任命。

见《法德兼治论》

第三篇

法德兼治与人权保障

凡真正实行法治的国家,人权保障可能较好。我们国家实行法德兼治,人权能够得到司法的充分保障。因为人权对于法治的依赖,如同生物仰仗阳光、土地和甘霖,须臾不离。如果离开了真正的法治国家,就谈不上人权保障了。

一、发展是人权的根本保障

中国发展是总的趋势。经济发展,改革开放,法制建设,实行法德兼治,大施仁政,科教兴国等都在蒸蒸日上。这样的大趋势,是人权的根本保障。我们有了这个根本。再加上中央对法德兼治和人权问题都十分重视,所以,中国人权自然就能够得到最佳的保障。

集中到一点,可以说人权保障与坚持法治是成正比例关系的。越是坚持法德兼治,人权就越能得到保障。人民的生存权是人权的核心。人民生存的发展权是人权的关键。无论生存权还是发展权,中国现在和将来,都认真在努力,争取赶超世界,而成为第一流的人权保障国家。曾几何时,中国对人权问题,公开表明基本立场,态度十分鲜明。例如:1991 年 11 月,中国政府发表了《中国的人权状况》;1995 年 12 月,国务院新闻办公室又发表了《中国人权事业的进展》,从"公民政治权利"、"司法中的人权保障"等十个方面详细地阐明了中国人权保障的立场、实践、效果、还列举了若干事实,证明人权受到保护,并且还将进一步发展。

司法公正是人权保障的武器。例如周端刑事案,原判处死缓刑,十年后的今天,发现了错判,得到了昭雪,改判为无罪,重获得自由。(见《春城晚报》2001 年 6 月 9 日第 3 版)。当然这个案子还有刘胡东大律师最坚持真理和力争的一份功劳。我们希望那种习惯性的偏见早日终止。我们还希望人们从法治、事实和现状出发、转变习惯性的旧观念、消除偏见,正视事物的本质把"二分法"的哲学观点树立起来。

二、公正司法的魅力

从一定意义上讲,司法改革就是为了保障人权。因为法律千条,司法万绪,无不涉及人权。固然法与司法有保障国家利益、公共利益的内容和任务,但人毕竟是社会生活的主体,法是社会生活的总规则,而司法则是调节社会生活的准绳和手段,所有这些都离不开法治对人权的保障。1998 年 10 月 24 日晚间新闻的一则报道,最高人民法院肖扬院长指出:中国人权将进一步得到完全的司法保障;人权保障将进一步具体化、法律化;司法保障是人权最可靠的法律保障。人权,中国宪法作了规定,这包含人身权、财产权、名誉权、继承权、受教育权、生存权、选举权和被选举权,以及言论、出版、集会、结社、劳动、迁移等自由权利。这些人权的实现,一是要有法律,二是要有司法保障,三是要进一步普及法律知识,广大干部和人民群众都知法、守法、依法办事。如果当你的权利在法律范围内受到侵害时,你就可以起诉或者申诉,由执法机关通过法定程序来切实保护你的正当权益。例如:《家庭》杂志 1998 年第 4 期刊载的石东玉案,题目是"冤狱 2200 天,死刑犯重扬生命之旗",分明看出石东玉的人身权经申诉并走过曲曲折折的路,最终得到完全的司法保障。黑龙江省高级人民法院做出公正的再审判决,宣告石东玉无罪。他受 6 年多的冤屈,不仅得到昭雪,还得到 6 万元的赔偿。该案摘录如下:

1989 年 4 月 15 日,受冤人石东玉在说不清的冥冥之中,不明不白地身陷图圄。那天晚上 9 点多钟,某市公安局刑警队的人到了石东玉家,说"你跟我们走一趟"。使石东玉莫名其妙,像梦游一样被公安人员领走了。原来,1989 年 4 月 5 日夜里 11 点钟,黑龙江省伊春市友谊场防火员关传生突然被杀。现场勘查,被害人怀疑是军用刺刀所致。而石东玉是军人,他于 1989 年 4 月初从部队转业到伊春市友好区友谊林场工作。他转业刚回家就碰到祸从天降,他家与被害人关传生家仅一墙之隔;而且发案当晚,石东玉又去过杀人现场。在这种情形下,石东玉很自然就被认为是重要的犯罪嫌疑人。在刑讯逼供面前,"好汉不吃眼前亏。武力面前,石东玉承认了关传生是他杀的"(见《家庭》1998 年第四期)这样一来,1991 年 4 月 5 日,黑龙江省伊春中级人民法院一审判决,判处石东玉死刑。1991 年 5 月 13 日,黑龙江省高级人民法院复核认为,石东玉杀人案有 6 个疑点,故撤销原判发回重审。1991 年 12 月,伊春市中级人民法院重新审理后,再次判处石东玉死刑,缓期二年执行,剥夺政治权利终身。后来,此案被核准死刑,缓期二年执行,剥夺政治权利终身。此后,由于石东玉及其家属多次申冤,又由于马云杰 1994 年 4 月揭发了杀死关传生的真凶手是梁宝友,这对司法机关简直是石破天惊,有错必纠,有冤必雪。

黑龙江省高级法院和伊春市中级法院得知马云杰揭发杀害关传生的真是凶梁宝友的信息后,十分重视。马上同伊春市友好区公安局组成"89.4.5"案件复查专案组,进行复查。经反复查证,梁宝友杀害关传生是实。但是,事情却十分曲折,让人始料不及的是,梁宝友1990年10月被他人伤害致死,梁的妻子也已改嫁。似乎"死无对证"。后来,凭北京市公安局法医鉴定中心多少次检验,最后拿出权威性的结论报告:被害人关传生的血型为AB型,被告人石东玉衣服上的血型为AMN型、OMN型。鉴定证明,被告人石东玉衣服上没有被害人关传生的血。此案结果,由黑龙江省高级法院郑重宣告:原判认定石东玉杀人罪证据失实,认定石东玉杀人罪并处以刑均属不当,石东玉无罪。他终于获得自由。可以说,司法保障是人权最可靠的保障,一字不空。

石东玉无罪释放回家后,得到了邻居女子吴春梅的理解和帮助,并且恋爱上了。石东玉才得以悲剧开始,喜剧告终。

三、人权保障的事实

我们从石东玉一案昭雪得到这样的启示:①当法治还没有在司法部门完全落实的时候,无罪推定还没有在刑事诉讼中得到确认和采用的条件下,冤错案件是不可避免的;②在民主法制日益健全,并坚持实事求是路线的条件下,冤错案件又是能够纠正的;③石东玉案得到昭雪,完全证明了最高人民法院肖扬院长的结论"司法保障是人权最可靠的法律保障"

正像丰年的庄稼苗壮成长一样,我国民主法制建设正在日益健全和完善,伴随着人权保障也正在走向具体化、法律化、法治化。国务院新闻办公室公布的《中国人权事宜的进展》表明,对公民的生存权、经济权、政治权、劳动权、受教育权、妇女儿童合法权益、少数民族权利等的保障讲了许许多多的事实和措施。特别是对司法中的人权保障讲得十分明确具体,这就是,20世纪90年代,中国先后颁布和实施了《警察法》、《检察官法》、《法官法》和《监狱法》等一系列法律,并采取了其他许多措施,进一步加强司法中人权保障。

"人民警察为人民",是中国老百姓的流行语。为使人民警察保障人权的行为更加规范化,中国1995年2月颁布实行的《警察法》规定,警察必须严格执法,切实保障人民群众的安全,遇到公民人身、财产安全受到侵害时应立即进行救助;严禁警察非法剥夺、限制公民的人身自由;警察执行职务要接受社会和公民的监督;公民对警察的违法违纪行为有权向有关部门检举、控告。实践结果是,警民关系更加密切,有关部门收到的控告警察的信件比过去更少,表扬信件比过去更多。中国警察仅占总人口的7.4/万,低于西方一些主要国家20/万以上的比例。

《检察官法》《法官法》是1995年2月颁布并于同年7月起开始施行的。这两项法律中分别规定,检察官、法官有权依法独立行使检察权、审判权,不受任何行政机关、社会团体和个人干涉;在司法活动中,必须以事实为依据,以法律为准绳,秉公办案,廉洁公正。这些原则过去早有规定,现在进一步规范化、具体化,并得到更严格的执行。法院和检察院的执法水平又有明显提高。这两个法律,正着手修改,将赋予法官、检察官明确的独立行使司法权、将更有利于人权的司法保障。

近20多年来,中国的律师队伍发展迅速,加强了司法中的人权保障。到1994年底,全国律师人数已达83619人,比1990年增加近一倍,超过了在1995年发展到75000人的预期。在中国律师制度恢复20年的日子里,经过考试,律师已达11万多人(见《中国律师》杂志1998年第4期)外国的一些律师的数量和质量方面正在发展和提高,事务所也被允许在中国设立了代办处或办事处。当前,中国律师正积极着手开展法律援助工作,北京等地设立了法律援助基金,上海、广州等地还成立了法律援助中心,为公民解答法律问题,提供法律服务。

中国的刑法对罪与非罪有明确的界定。只有触犯了国家法律,才被绳之以法。中国的刑法中有危害国家安全罪,是指危害国家安全、图谋颠覆国家政权罪,即其主观上具有推翻国家政权的目的,客观上有危害国家安全的行为。仅仅持有不同的政治观点而没有危害国家安全的行为,不构成犯罪。

中国的监狱对罪犯实行惩罚与改造相结合、教育与劳动相结合的原则,宗旨是将罪犯改造成为守法公民。改造的手段主要是教育,包括法制教育、道德教育、文化教育、技术教育,同时组织罪犯参加力所能及的劳动。中国对罪犯未犯被剥夺的或未受限制的那部分权利依法予以保障。1994年12月,中国颁布并开始实施《监狱法》。这部法律共78条,其中涉及保障罪犯权利的有20多条。总则第七条明确规定:"罪犯的人格不受侮辱,其人身安全、合法财产和辩护、申诉、控告、检举以及其他未被依法剥夺或者限制的权利不受侵犯。"《监狱法》还具体规定了罪犯有受体罚虐待权、申诉权、通信权、会见亲属权、接受教育权、休息权、获得劳动报酬权、获得劳动保护和劳动保险权、医疗权以及刑满释放后享受与其他公民平等待遇的权利等等。为了切实保障罪犯的正当权利,《监狱法》对监狱的人发警察提出了严格、具体的要求,第十四条还列举了监狱人民警察在执行监狱管理公务中,必须禁止的各种违法行为。通过规范监狱人民警察的执法行为,在司法工作的各个环节中,中国反对逼供信,严格禁止酷刑,这方面有一系列的立法。中国于1988年正式加入了《禁止酷刑和其他残忍、不人道或有辱人格的待遇或处罚公约》。中国检察机关对监狱和看守所派驻了专门的机构和人员,检查和监督有无使用酷刑或其他虐待被监管人员的行为,一经发现,立即严肃查处。1994年,全国检察机关立案侦查的刑讯逼供案有409件,已侦查终结398件,违法的公安干警及其他有关人员受到惩处,包括死刑。

中国改造罪犯的工作成效显著。1994年,在监狱所办的学校里获得文化技术方面的毕业、结业证书的有21万多人。全年获得减刑、假释的罪犯达到28.2万多人,占押犯总数的21.96%。1994年,全国重新犯罪率保持在6%～8%,这在世界各国中是很低的。西方一些国家的重新犯罪率在20%～30%,有的却高达50%以上。20世纪末叶,在中国土地上,重新犯罪率未超过10%,这充分证明我们对犯人的改造、教育工作是成功的。与司法部门切实加强人权保障、实行法德兼治和司法的人文怀是有密切联系的。

见《法德兼治论》

第二部分 **02**

| 环境法 |

第一篇

森林环境权的法理支撑

一、森林环境权是对环境权体系的丰富和完善

环境是人类赖以生存和发展的物质基础,也是人类得以世世代代生息延续的家园,为人类所共有。人类在通过自己的劳动创造出丰富的物质财富和精神财富、推动人类文明不断发展进步的同时,也带来了使人类和地球难以长期忍受的趋势——环境问题。环境问题是指因自然变化或人类活动而引起的环境破坏和环境质量变化,以及由此给人类的生存和发展所带来的不利影响。

1960 年,原西德的一位医生向欧洲人权委员会提出控告,认为向北海倾倒放射性废物的行为违反了《欧洲人权条约》中关于保障清洁卫生的环境的规定,是侵犯基本人权的行为。虽然由于《欧洲人权条约》中未明确规定环境权的内容,控告被驳回。但却由此引发了是否要把环境权追加进欧洲人权清单的大讨论。之后,环境权问题引起了国际社会及各国的广泛关注。

60 年代初,在美国展开了一场举世瞩目的大讨论,即公民要求保护环境,要求在良好的环境中生活的法律依据是什么？在这场争论中,美国密执安大学教授约瑟夫·萨克斯提出了"环境公共财产论"、"环境公共委托论"的观点。他认为,空气、阳光、水等人类生活所必需的环境要素在当今受到严重污染和破坏,以至于威胁到人类的正常生活的情况下,不应再视为"自由财产"而成为所有权的客体,环境资源就其自然属性和对人类社会的重要性来说,它应该是全体国民的"共享资源",是全体国民的"公共财产",任何人不能对其任意占有、支配和损害。为了合理支配和保护这一"共有财产",共有人将其委托给国家来管理。国家作为共有人的受托人行使对环境的管理权,必须对共有人负责,不得滥用委托权。

1970 年 3 月,国际社会科学评议会在东京召开了"公害问题国际座谈会",会后发表的《东京宣言》明确提出:"我们请求,把每个人享有的健康和福利等不受侵

害的环境权和当代人传给后代人的遗产应是一种富有自然美的自然资源的权利。作为一种基本人权,在法律体系中确立下来。"从而更为明确地提出了环境权的要求。1972 年斯德哥尔摩联合国人类环境会议通过了《人类环境宣言》,郑重宣布:"人类有权在一种能够过着尊严的和福利的生活环境中,享有自由、平等和充足的生活条件的基本权利,并且负有保证和改善这一代和世世代代的环境的庄严责任。"环境权作为一项基本人权被确定下来。

国际社会的努力引起和推动了各国关于环境权的国内立法。一些西方国家相继在法律上确认了公民的环境权,如 1969 年美国的《国家环境政策法》、1969 年日本的《东京都公害防止条例》。许多国家还甚至在宪法中确认环境权或涉及环境权的内容,如南斯拉夫、波兰、葡萄牙、智利、巴西、匈牙利等国在其宪法中体现了保护公民环境权的内容,美国也有 5 个州明确的将环境权规定在州宪法中。从而使环境权成为当代宪法的新生基本权利。

森林环境权的概念一直没有人提出。作者认为,森林生态系统是一个独立存在的大自然中最重要的生态系统。森林生态系统现在已成为世界各国研究自然资源中的主要研究对象。森林生态系统在人类自然资源中的主干作用早已不言而喻。所以,我们研究自然资源法,很大的一块重心是森林资源法。森林作为自然生态环境的重要组成部分,研究环境权自然少不了研究森林环境权。研究森林环境权是对我们研究环境权很重要的一个方面。森林环境权有它自身的含义、特点和内容。

二、森林环境权的内涵

森林环境权,是指森林环境法律关系的主体对其生存、生活和发展所处的森林环境所享有的权利和义务,即主体有享用适宜森林环境的权利和保护森林环境的义务,是对基本环境权利和基本环境义务的再细分。这个概念有以下几个含义:第一,森林环境权是一种环境法律权利,具有环境法律权利的共性;第二,森林环境权是权利和义务的统一,表明主体在享有森林环境权的同时也负有保护森林环境的义务和责任;第三,森林环境权是由环境权派生出的一项权利,是根据环境权的客体(环境要素)对环境权的再细分,是对环境权的体系的丰富和完善;第四,保护森林环境的法律义务是实现森林环境权的前提条件。

森林环境权具有如下特点:第一,森林环境权的主体,包括自然人、法人、非法人组织、国家、人类,使得森林环境权兼具生存权、集体权、国家主权、人类权、代际权等的某些性质;第二,森林环境权的客体,即森林资源具有生态功能和经济功能,使得森林环境权兼有财产权、经济性法权和生态性法权的某些性质;第三,森林环境权的内容包括合理享受森林环境、开发和利用森林资源,保护森林资源和改善森林环境等方面,使得森林环境权兼具生存权、资源主权、发展权和生命健康权等的某些内容。

关于环境权体系,目前学界还有一定争议。不过对于将环境权根据主体不同而作的分类已得到大多数学者的认同,即分为自然人(个人)环境权、法人(单位)环境权、国家环境权和人类环境权。在此,作者也将森林环境权分为自然人(个人)森林环境权、法人(单位)森林环境权、国家森林环境权和人类森林环境权(下图)。

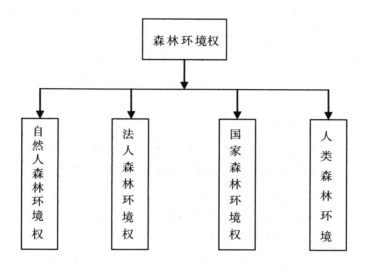

所谓个人森林环境权,是指自然人享有享用森林环境的权利,也具有保护森林环境的义务。

单位森林环境权,是指单位享有享用森林环境的权利,也具有保护森林环境的义务。

国家森林环境权,是指国家享有享用森林环境的权利,也具有保护森林环境的义务。国家森林环境权是一种国家主权性质的国家基本权利,是不可剥夺的国家自然权利,是国家作为国际社会成员必须承担的基本义务。

人类森林环境权,是指人类作为整体享有享用森林环境的权利,也具有保护环境的义务。人类森林环境权的基本意义是要求人类在开发保护森林环境资源时要顾及世界各国和人类后代的森林环境权益,为全人类及其子孙后代保护森林生态环境。

森林环境权是从客体的角度对环境权做的一个分解和细化,森林环境权的确立对于加强对森林资源的保护有重要而实际的意义,是丰富和完善环境权体系的一个探索。

三、可持续发展理论与森林环境权

1980 年,联合国环境规划署、国际自然和自然资源保护联合会(IUCN)制定的《世界自然资源保护大纲》首次提出了"可持续发展"的问题。1987 年,世界环境与发展委员会在《我们共同的未来》中第一次将"可持续发展"定义为"既能满足当前的需要,又不危及后代满足其发展需要的能力"。这一定义,将发展视为全人类的整体发展,既维护当代人的环境权,又维护未来人的环境权。因而"可持续发展"成为我们讨论人类环境权的理论基础。1992 年在巴西里约热内卢召开的盛况空前的"环境与发展大会",标志着"可持续发展"形成全人类的共识和全球性的发展战略。

可持续发展的发展观是人类的发展与自然的发展的平行发展。传统的西方工业化道路形成的发展模式,以工业增长作为衡量社会发展的唯一尺度。它体现为国际社会成员对 GNP(国民生产总值)和高速增长的强烈追求,把 GNP 的高低作为区分国家和地区经济发达与否甚至社会进步与否的基本标志。这种片面追求 GNP 增长的社会发展模式,已给人类社会带来了生态环境的严重恶化、自然资源的日趋短缺、对自然资源的掠夺式开发和利用等严重后果。而按照"可持续发展"的要求,则意味着发展必须有利于人类的持续发展,有利于人类所依赖的生态资源的持续存在和演进,兼顾人与自然的关系和今人与后人的关系两方面,且把人类社会置于整个自然生命系统中,将人类的发展与自然的发展看做是互为影响、互相制约的平行的发展。

可持续发展拓展了法律的公平价值,体现在当代人之间的公平和世代之间的公平两个方面。当代人之间的公平,要求自己在消耗资源的时候,要想到他人的利益,不要因为自己的消耗造成对他人的损害;发达国家的发展,不能牺牲后发达国家的环境利益。世代之间的公平,要求本代人在消耗资源的时候,要对后代人负起责任,给后代以同等的选择机会和选择空间。公平观上体现的古老道德文化传统,是节约、为了下一代,以及对人类社会的奉献。

可持续发展对法律的人道价值的拓展,体现为善待一切生命。人道一般是对人类而言,在环境法里,则不但要求人道地对待同类,而且要求善待一切生命。最低限度上,对人类以外的其他生命形式的人道,要求做到生态环境的平衡,根据生态平衡的要求保持大自然的自然生产力不被人类降低或者破坏。

可持续发展环境伦理观是一种新的环境伦理观,催生了森林环境权。可持续发展理论结合环境伦理学就形成了可持续发展环境伦理观。可持续环境伦理要求维护生态的长远利益,维护人与自然关系的和谐平衡,尊重生态环境价值和发展规律。由于森林的重要性,维护人与自然关系的和谐平衡关键在于维护人与森林关系的和谐平衡;可持续发展的保障就在于生态系统的平衡,在于森林资源与人的和谐平衡。森林环境权正是基于这样的思考而产生的。可持续发展不仅是指人类可持续发展,也是指包括森林资源等在内的生态系统的可持续发展,是指人类和自然共同的可持续发展。可持续发展必然要求森林资源的可持续性,森林环境权则是这种可持续性在法律上的保证。

四、生存权和发展权理论是森林环境权的重要基础

生存权作为明确的法权概念,最早见于奥地利具有空想社会主义思想倾向的法学家安东·门格尔1886年写成的《全部劳动权史论》,该书认为:劳动权、劳动收益权、生存权是造成新一代人权群——经济基本权的基础。生存权被揭示为:在人的所有欲望中,生存的欲望具有优先地位。

生存权作为明确的法律规范最早见于1919年的德国《魏玛宪法》。在其第二编第五章《共同生活》第151条规定:"经济生活秩序必须与公平原则及维持人类生存目的相适应"。第二次世界大战后,生存权的概念被各国普遍接受。法国1946年的第四共和宪法于序言中宣称:"对于全体人民,尤其对于孩童、母亲及老年劳动者,国家应保障其健康、物质上的享用、休息及闲暇。凡因年龄、身体或精神状态、经济状况不能劳动者,有向国家获得适当生活方式的权利。"日本1946年的宪法第25条亦规定:"凡国民均有营养健康及文化的最低限度生活的权利。国家就一切生活部门,应努力提高和增进社会福利、社会安全与公众卫生。"

可见,生存权包括两方面的内容:一方面是生命权,即人的生命非经法律程序不得受到任何伤害和剥夺;另一方面是生命延续权,即人作为人应当具备基本的生存条件,如衣、食、住、行等方面的物质保障。

发展权"是从基于满足人类物质和非物质需要之上的发展政策中获益并且参与发展过程的个人权利,又是发展中国家成功地建立一种新的国际经济秩序,亦即清除妨碍它们发展的现代国际经济关系中固有的结构障碍的集体权利。"第一个将发展作为一项权利规定的国际文件是《非洲人权和民族宪章》。该宪章第22条规定:"一切民族在适当顾及本身的自由和个性并且平等分享人类共同遗产的

条件下,均享有经济、社会和文化的发展权。"联合国曾几次通过决议,强调发展权是一项人权。

环境权与生存权具有密切联系。在发达国家,虽然封建制度对生存权的否定早已不复存在。但是由于环境问题的日益严重化,因污染导致的疾病正威胁、剥夺当代人的生存。因而发达国家亦面临因环境问题而导致的新的生存危机。在发展中国家,环境权与生存权具有更加密切的关系。一方面,比发达国家更加严重的环境污染威胁人们的生存、国家民族的生存;另一方面,由于严重的环境问题制约经济的发展又进一步导致贫困,再加上制度的不健全,有相当多的人口生活在温饱线以下。正因为如此,有些学者认为环境权的核心是生存权,有些学者认为环境权是生存权的当代内容。

发展权与环境权也具有十分密切的关系。有些人认为发展权与环境权是对立的,强调发展权,必然会牺牲环境权;强调环境权,必然牺牲发展权。我们认为环境权与发展权的关系是对立统一的。环境与发展的对立表现在:经济的快速发展必然会导致环境问题的产生,对环境的严格保护在短时期看制约着经济的发展。但在总体上看,环境与发展是统一的。表现在:发展导致环境问题,环境问题的解决最终依靠发展。

森林资源是非常重要的环境资源,对人类的生存和发展有决定性影响。没有森林就没有地球,人类也不可能生存下去,更谈不上发展。森林环境权与生存权、发展权的关系同环境权与生存权、发展权的关系相比是具体和一般、个性和共性的关系。森林环境权的最终目的还是解决人类的生存和发展问题,实现生存权和发展权。可见,森林环境权是实现生存权和发展权的一大保障。生存权和发展权为森林环境权提供理论基础,是其主要的理论根源。

作者发表于《学术界》2006 年第 5 期

第二篇

试论我国生态安全问题的法律对策

20世纪科学技术的长足发展,人类活动在广度、深度与力度等方面都突飞猛进,极大地改善了人类的生存状况和生活质量。然而,人类在利用与改造自然过程中,其利与害均得到了同步增长与扩大,随着工业文明"天使"的降临,人类也无可避免地打开了罪恶的盒子,各种"魔鬼"(灾难)接踵而至。由于人口激增和城市膨胀,过度消耗自然资源遗产出现了巨大赤字,生存环境普遍恶化,主要表现为粮食短缺资源枯竭、土地沙漠化、森林覆盖率降低、生物多样性锐减、全球气候变暖、臭氧层破坏、酸雨腐蚀和有毒废料发生全球转移等,构成所谓的全球生态环境问题。

一、生态安全问题的概念

所谓生态安全是指一个生态系统的结构是否受到破坏,其生态功能是否受到损害。当一个生态系统所提供的服务的质量或数量出现异常时,则表明该生态系统的生态安全受到威胁,处于生态不安全状态。因此安全包含两重含义,其一是生态系统自身是否安全,即其自身结构是否受到破坏;其二是生态系统对人类是否安全,即生态系统所提供的服务是否满足人类生存需要。生态安全是国家安全的重要组成部分,是国防安全、政治安全和经济安全的基础。

生态环境问题逐步上升发展成为生态安全问题。生态安全问题已经不是生态学理论称之为纯粹生态系统安全问题,而是一个涉及环境安全、健康安全、经济安全、社会安全和国家安全等的公共安全问题。生态安全已经成为21世纪各国政府的重要职责和目标。由于生态环境影响跨地域、跨国界,许多西方国家已将确保健康的环境质量和充足的自然资源以立法的形式纳入其国家利益和国家安全的范畴之内。而今处于经济快速、稳步发展的中国,在人口、资源、环境、生态安全等问题更是日益突出,生态安全问题已经成为影响我国国家安全的重大问题。

因此构建我国生态安全法律体系和针对生态安全问题作出法律对策已迫在眉睫。

二、生态安全问题给国家安全造成的威胁

（一）发达国家实施污染转嫁导致新一轮的生态侵略威胁我国生态安全

由于环境污染不受国界和边界的限制，随着经济全球一体化的发展，一国的环境污染也会给别国生态安全造成环境压力和威胁。许多发达国家假借国际经贸合作名义，通过跨国公司经营、直接投资等渠道，向我国转移其比较优势衰减的传统产业，而我国又未完全建立规避环境影响评价等预警机制，就从国外盲目引进高污染、高消耗的产业，造成结构性污染。甚至一些不法外商以兜售"资源性"废物、"技术转让"等欺诈手段，以经济利益为诱饵，通过直接贸易向我国出售陈旧设备、搞工业垃圾出口，大量增加外来有害废弃物，导致国家生态公害。另外，由于我国目前的环境政策法规标准相对一般发达国家较宽松，无法有效地阻止一些污染严重的产业、设备及有害废弃物以"合法"方式流入我国，从而威胁国家安全。据悉我国所引进的外资项目中属污染密集型占引进外资总额的 36.8%，仅欧共体国家在我国投资项目中的 20% 的污染密集型，美国在 1991~1993 年间向我国出口有色金属废液及废旧汽车蓄电池等废物达 12884 吨；1993 年英国出口到我国的废物达 4186 吨。另外发达国家利用国际保护臭氧层公约所禁止的工艺淘汰时间差，1992 年后以"技术转让"的形式在我国境内转移兴办了 1200 多家使用氟利昂的生产企业。发达国家陆续产生的环境问题在我国不断地发生，既增大了治理的难度，也成为制约我国经济发展、甚至危及公众身体健康、影响社会安定、关系国家环境安全的重要因素。

（二）生态安全直接影响我国公民的健康和生存，生态破坏将造成代际转嫁

生态环境直接关系到人类的生存与繁衍以及人类社会的发展，也关系到地球上所有的生物的生存。如果一个国家或地区的生态系统遭到破坏使人们失去了生存的条件，使其被迫异地安置，成为"生态移民"。如：内蒙古阿拉善盟由于居沿海干涸，迫使 2.5 万民牧民离乡背井。但无论人们迁徙到何处，都将耗费自然资源，都会不同程度的给自然环境带来压力。生态环境的破坏不仅给当代人造成巨大的生命财产的损失，还会造成生态问题的代际转嫁，给子孙后代带来不可逆转的深重灾难，最终危及整个国家和民族的安全与发展。

（三）增加他国动植物病害在我国传播的风险，威胁国内生物安全

虽然我国还尚未出现严重的非本土动植物病害疫情，但近年来在一些西方国家发生的口蹄疫和疯牛病传播的事实，预示着随着基因工程技术的推广、关税的

降低和非技术性贸易壁垒的取消及贸易渠道的多元化,转基因产品与作物的贸易量在一段时期内必会有一个较大的增长,从而提高了国外动植物的病害在我国传播蔓延的风险。

(四)生物技术在发挥效率优势的同时带来了国家生态安全问题

生物技术在我国是一个全新领域,目前在医药、工业、农业生产、资源开发利用、环境保护等领域取得突飞猛进的发展。生物技术在发挥效率优势的同时带来了国家生态安全问题。生物技术对生态安全带来的主要有三方面的风险,即生态风险、健康风险和伦理风险。生态风险主要指不当的外来物种引起的,通过直接捕食与当地物种基础资源(食物、水、营养、阳光等)通过杂交将基因到本地物种基因库、病原体直接侵入引起疾病传染等途径,可能形成生物物种的灭绝。据估计对外来物种所引起的经济损失统计,我国平均每年引起的损失达 574 亿元人民币。健康风险是指生物技术在使用或产品消费时对人体健康可能引起的接触安全和食用安全。

(五)国际环境贸易竞争对我国新兴环保产业冲击巨大,引起国家生态安全问题

环保产业是防治污染和生态破坏的物质基础,是当代产业结构调整面向生态安全的重要途径。我国是一个环境贸易市场极具潜力的国家,必将成为发达国家争夺的对象;但由于我国经济与科技落后,环保产业起步晚、起点低、规模小,产品单一、技术含量低,缺乏国际竞争力。环保产业无法作为幼稚行业加以特殊保护,而直面国际市场竞争。在市场准入、非歧视待遇的情况下,国际资本利用其资金、技术、管理、规模诸方面的优势,可以通过竞争挤占至全面控制我国环保产品及服务市场份额,迫使我国为数众多的中小型环保企业遭遇被兼并、转产或停产关闭的威胁;并在知识产权保护措施影响下,阻止向我国转让清洁生产技术、污染防治技术及资源综合利用和“三废”处理技术,从而阻碍我国新兴环保产业的顺利发展,造成实质性损害。

三、解决我国生态安全问题的法律对策

环境安全问题是在生产力不发达、增长方式粗放、经济结构调整的任务远没有完成的情况下发生和出现的,既有历史遗留的问题,又有发展中出现的新问题,既有国内环境问题,又有区域和全球环境问题。如何在经济持续增长、人口不断增加、城市化速度加快的情况下做好我国的环保工作,保障国家环境安全,笔者认为可从以下几方面去作法律对策。

（一）构建维护我国生态安全的国际屏障

首先坚持"可持续发展"、"尊重国家主权"、"不损害他国环境"、"共同但有区别"以及"损害预防"等国际环境法原则,积极参与国际社会有关环境问题的讨论、国际谈判以及法律文件的起草和修订,争取完善有利于我国和广大发展中国家环境权益的保障机制,促使改变目前发展中国家在维护其生态安全方面的被动局面。目前迫切需要推动国际社会修改有关环境国际公约,如充实《巴塞尔公约》与保护臭氧层的国际公约,明确禁止一切形式的污染转嫁(包括一些通过投资转移污染行业问题),制订投资和输出国政府的控制责任及惩罚措施,推动建立污染转嫁特别基金和污染损害赔偿等经济机制以及国际监控处理机制。

（二）适应国际与国内生态安全的形势,完善我国国内生态环境法体系

虽然 2000 年底国务院发布的《全国生态环境保护纲要》,从维护国家生态环境安全的战略角度出发,以遏制人为不合理活动所导致的生态破坏为主线,第一次全面的阐明了我国生态安全环境保护的指导思想和目标。但为了适应国际与国内生态安全的形势,还需要完善我国国内生态环境法体系。

我国应尽快制定一部综合性的《国家生态安全法》或《国家生态安全实施条例》,总体上对生态环境保护的方针、体制、制度等提出统一规范的要求,解决各单项自然资源保护和环境保护法现无法解决的有关生态环境和资源系统保护的全局性问题。在制定生态安全法时,至少要与城市建设、人类健康、动植物生命安全、公共安全产品强制性认证以及全球环境保护、动植物检疫、传染病防治、生态灾害防治、生态危机应急处理、构筑防御来自国外各种可能性的"生态侵略"等方面配套,并通过国内立法程序出台适于我国推广使用的环境标准及管理体系、环境标志、绿色包装的实施规范。建立以"预防为主"的生态安全法律体系。"预防为主"在法律上主要是重视规划的制订与实施。目前我国已制订了一系列"预防为主"的法律制度和措施。如:环境影响评价制度、"三同时"制度、环境许可制度、现场检查制度、清洁生产制度等,但都不能满足我国生态安全的要求,还需要进一步完善和补充。

从加强生态安全管理的角度,应当建立国家生态安全的预警系统,及时掌握国家生态安全的现状。有重点地建立和完善和专项的生态安全预警和防护体系。要建立国家生态安全的衡量标准,也就是可持续发展的标准,这个标准要能将生态系统维持在能够满足当前需要而又削弱子孙后代其需要的能力的状态。比如:气象预报体系、防汛体系、环境监测和预报体系。我们要像重视国防安全一样重视生态安全,建立相应的国家生态环境安全监测预警和快速反应系统,对一些严

重的自然灾害的人为的环境破坏事件作出预警以减少对国家生态安全的破坏。

修改和完善现有的单项资源和环境保护法,以适应市场经济与国际接轨的需要。既要体现国际公约的有关要求,提升对污染排放的控制标准,又要推行国际上已流行的"总量控制"、"全过程控制"的规则,还要充分体现"污染者付费"、"污染者治理"之环境成本内在化的原则。

(三)保护国家生态安全与市场经济紧密接轨

开发经济与生态环境之间要互相促进,主要是依据市场稀缺性为资源定价,明晰自然资源产权,以消除不当干预促使市场主体节约资源、保护环境,建立、完善自然资源的产权制度。完善市场经济制度,克服市场和政府缺陷,用规章制度使损害生态环境资源的外部成本和培育生态环境资源的外部效应都"内部化",迫使人们在经济决策时考虑生态环境资源的价值,建立生态补偿制度,从而由直接责任者承担生态环境资源破坏的全部代价,或使培育生态环境资源的人得到比从市场更多的好处,以加强干预促使市场主体节约资源、保护环境,实现国家生态安全。通过发展循环经济赢得经济发展与环境保护协调、和谐的发展。同时建立资源补偿、生态环境补偿制度与征管机制;建立生态建设与环境治理的资金筹措机制,国内由政策性银行安排专项优惠贴息贷款争取国际上的技术援助和资金支持。

与制定相应的鼓励和限制政策,来改变企业、家庭、农民和政府的行为方式,而不是将资源衰竭和环境恶化归咎于自然条件的限制,从而消极无为。生态安全问题的症结,不是物质条件对发展的限制,而是影响人类使用生态环境资源行为的适当的激励和约束机制的缺乏。建立合理的税收制度,针对那些有利于生态安全的企业适当减免税收,相反对那些给社会经济发展、环境保护造成损失,不利于生态安全的企业可以增加税收从而限制其生产。

作者发表于《经济与管理》2007 年第九期

第三篇

从制度比较视角探析土地林地制度的完善

"从人类最早的定居开始,直到工业革命为止,土地的耕作一直是社会的经济基础。土地不仅是财富,是谋生之道,是家庭生活的来源,而且是法律调整的主要对象。""不但如此,土地还是政权机构和社会结构的起点"。中国传统上是一个农耕之国,现今又处于工业化和城市化进程之中,因此,土地制度对中国经济建设和社会秩序的重要性不言而喻。土地资源是不可再生资源,森林资源也是重要的自然资源,土地制度和林地制度都是关系到国家资源保护和社会经济发展的重要制度。

就我国而言,林地制度和土地制度走过了相同的历史发展阶段,面临一些共同的问题。当然,由于土地资源的易商品化特性,尤其是土地在国家建设和经济发展中的重要资源地位,使土地所有权、使用权的相关制度得到了比林地所有权、使用权更多的重视。但从比较土地制度和林地制度的独特角度出发,可以发现土地和林地制度存在的关键问题,对完善我国土地制度和林地制度会有更多的启发。

需要说明的是,林地资源是森林资源、土地资源的重要组成部分,是林业发展的最基本的物质基础。但在本文中,"林地制度"不仅包括林地所有权制度、林地使用权制度,也包括了森林的所有权、使用权制度,甚至也包括林地之上的林木的所有权和使用权制度以及与林地相关的制度。因此,此"林地制度"为广义上的"林地制度"。而与此相对应,由于本文比较的是林地制度和土地制度,因此,土地制度之"土地",并不当然地包含"林地",而是"土地管理法"中的"土地"。这种略显混乱的用语,正是我国相关制度并非有序的表现之一。澄清、界定法律用语,作为学术前提,当然有利于有序、协调的法律关系和社会秩序。

一、林地制度和土地制度之重要区别分析

二〇〇七年十月一日生效的《中华人民共和国物权法》第一百二十四条规定："农村集体经济组织实行家庭承包经营为基础、统分结合的双层经营体制。农民集体所有和国家所有由农民集体使用的耕地、林地、草地以及其他用于农业的土地，依法实行土地承包经营制度"，从而以"物权法"的形式，界定了土地、林地的"承包经营制度"，是土地制度和林地制度发展的一个重要里程碑。

由于林地和土地的自然属性不同，资源开发方式不同，利用的经济目的和社会效益不同，对经济发展的影响不同，使我国在林地和土地方面的法律制度方面呈现出许多重要区别。

1. 林地和土地的制度需求紧迫性不同

土地是农业生产的基本要素，是城市发展的载体，而与土地相联系的房屋又是人们最主要的财产之一。土地的征用、补偿、土地的价格、土地供应政策、承包经营权的性质，都直接影响着居民的生活，对国民经济的正常运行，起到非常关键的作用。在我国工业化进程和城市化发展的现阶段，土地制度对国民经济和社会发展尤为重要。

作为一种自然资源，森林的经济价值也非常重要，林地制度和与之相关的森林资源的开发利用，对国民经济的战略意义不容小觑，但与土地相比较，林地与生产生活的关系并不表现得更为直接或更为普遍。因此，相应地，调整规范林地的法律制度远不如调整规范土地的法律制度完备。

2. 林地和土地的制度设计出发点不尽相同

正是由于两种资源对国民经济的影响程度有别，因此，在制定相关制度时的出发点和目的也就不尽相同。土地管理法的立法目的是："为了加强土地管理，维护土地的社会主义公有制，保护、开发土地资源，合理利用土地，切实保护耕地，促进社会经济的可持续发展"。而森林法的立法目的在于："为了保护、培育和合理利用森林资源，加快国土绿化，发挥森林蓄水保土、调节气候、改善环境和提供林产品的作用，适应社会主义建设和人民生活的需要"。一个关系到"社会主义公有制"，一个仅仅是适应"社会主义建设"。换句话说，土地制度关乎国家的基本社会制度，而林地制度只是经济建设的一个方面。

3. 林地和土地制度的学科归属不同

从我国现有的法学理论研究领域来看，土地作为一个重要的"物"来对待，从而使土地制度，成为物权法的重要内容和法律制度。而规范林地的森林法等，更倾向于归类于环境资源法,立足于资源的保护和有效利用。当然,作为林地的使用权,肯定也是物权中的重要组成部分,但整个林地制度,却首先作为环境资源法的重要内容加以归类。

4. 林地和土地的制度完备性不同

规范林地和土地的法律规范繁简不同,非常浅显地说明了这一区别。我国的立国根本,在于土地革命,因此,土地制度在苏维埃政权时就是重要的革命工作内容,其后不断调整的土改政策直接影响了近代中国的走向。中国问题的根本在于农村问题,而农村问题的根本就在于土地,不论是打土豪、分田地的建国前,还是社会主义改造后的人民公社,抑或是改革开放时期的家庭联产承包责任制,其核心问题就是土地权利的归属问题。而在经济发展中,城镇的土地作为不可再生之资源,在城镇建设、工业化和房地产产业的发展中,越发受到人们的重视,从而通过立法,逐渐形成了体系完备的土地制度。

相对而言,林地作为一种特殊的自然资源,虽然有其特定的地位,但毕竟不像土地一样关系到每一个国民生活和整体国家基本制度,因此,林地和矿藏、水流、山岭、草原、荒地等资源受到同等的重视,但无法单独与土地相提并论。体现在法律制度上,林地制度既没有像土地制度那样有深远的历史,也没有像现有土地制度那样规范严密。

二、林地制度和土地制度之制度相似性分析

虽然林地制度和土地制度有以上的不同,但毕竟林地和土地都具有"自然"、"不动"的固有属性,因此,林地制度和土地制度之间,有其他制度所无法渗入的相似性,而透过林地制度和土地制度之相似性分析,甚至可以发现我国相关法律制度的特殊面相。

1. 都是特殊历史之产物

一九四九年前,我国各朝代的土地制度是以"土地私有"为主要特征的土地制度。在私有土地的基础上,土地买卖自由,容易形成大地主庄园,形成雄霸一方、挑战统治格局的势力,因而兼并和反兼并是我国帝国历史上国家当权者最为关心的事项之一。一九四九年后,我国在进行土地革命的基础上,由重新分配土地、林地到农民自愿参加互助组;再从互助组发展到合作社;并从低级社过渡到高级社,最后形成了一大二公的人民公社体制;而从改革开放到当下的三十年期间,土地承包经营成为稳定的农村经济基本制度。在新中国建设过程中,土地制度和林地制度都具有强烈的历史阶段特色。

总的来说,一九四九年之前的土地制度并非现代意义上的法律制度,而是农业国家需要的基本的经济制度,与皇权和贵族的统治紧密联系在一起,并伴随朝代的更迭发生一些调整,然基本制度没有发生变化。一九四九年以后,社会主义改造运动,使土地的私有成为历史,从而奠定了全民所有和集体所有的土地制度。在建设社会主义市场经济的过程中,土地、林地作为重要的经济资源,基于如何发挥更多更大的经济效用和社会效益的目的,人们在实践中对土地、林地的使用开始了积极探索。在建设法治国家的进程中,这些探索和努力被不同程度地加以法定化,成为上述的土地和林地制度的重要表现形式。由于我国从计划经济下的所有权制度到现代法律意义上的所有权使用权制度的过渡尚未结束,因此,土地制度和林地制度均带有特殊时期的历史色彩和转轨时期的特殊印记。

这种特殊性在处理相关问题中时有表现。如《林木林地权属争议处理办法》就规定:我国在新中国成立后,尚未取得林权证的,土地改革时期,人民政府依法颁发的土地证和《中华人民共和国土地改革法》规定不发证的林木、林地的土地清册可以作为处理林权争议的依据;而土地改革后营造的林木,则按照"谁造林、谁管护、权属归谁所有"的原则确定其权属。再如,"土地承包经营权"是改革开放后的土地承包制度的产物,虽然经《物权法》所明确,但并不属于传统的物权,也和永佃权有明显的不同,具有鲜明的中国特色。

2. 所有权与使用权相分离之特征

我国一方面以宪法形式规定了森林资源、土地为全民所有、集体所有,一方面又试图在稳定所有权制度前提下,充分发挥资源的利用价值,以多种方式配置资源,并引入了使用权转让制度,因此形成了所有权和使用权相割裂的特色。在这个竭力调和基本制度和灵活制度过程中,在社会主义公有制的基础上,构造了颇具中国特色的土地和林地使用权制度,而且该使用权制度的具体内容也在不断丰富和发展中,带有相当明显的实用主义。

所有权与使用权相分离的制度,使所有权这一终极权属问题在一定时间内得以回避,但并没有使这一根本问题得到妥善解决,这种不彻底的权属分离状况,对所派生的使用权的行使、转让、收益等均有重大影响。

以集体林地使用权流转为例,在实践中,林地使用权流转的主要形式有:承包、股份合作、租赁、拍卖和转让等五种形式。其中承包是将集体管不了的统管山承包给农户或联户经营,收益按比例分成或上交承包费;股份合作是集体以统一经营的林地或林木所有权作为股份,其他单位或个人的资金、劳动力、技术等生产要素折成股份,进行合作开发;租赁是指集体将无能力经营的荒山、疏林、残次林、或采伐迹地出租给单位和个人开发,集体每年收取一定的租金;拍卖是指集体将无能力经营的荒山、疏林、残次林、或采伐迹地,一次性卖断给单位和个人开发经营;转让是指农户将自留山、责任山的经营权再承包或租赁给单位和个人开发使用。这五种形式,无论是作价还是确权,都因"归谁所有"这一终极问题没有彻底解决而派生出许多问题。

再以农村承包经营的土地为例,承包经营权是一种与所有权完全不同的权利,其本质是债权,由承包经营合同而来,农户根据承包经营权拥有了承包经营土地的使用权。在现实中,为维护农村的稳定,保护农民的利益,承包经营权逐渐物权化,并可以以各种形式流转。然而,与所有权分离的承包经营权,毕竟不是土地的真正权属,多少年不变的承诺,恰恰反映了变的可能,因此,没有所有权制度的调整,承包经营权的流转并不能解决农村的土地问题和经济问题。

3. 地和地上物相割裂之特色

按照现行的土地制度和林地制度,土地、土地之上的房屋,林地、林地之上的林木,所有权、来源于所有权的使用权,均分别为不同的主体所拥有和行使,使地上之物与地本身成了相互割裂之两物。

两种制度都以地和地上物的割裂为特色,客观上人为增加了土地、林地制度的复杂性。由于使用权人一般并不是所有权人,因此,在使用林地和土地的过程中产生的地上物的所有权和使用权也较为复杂。购买的房屋为购房人所有,按法理来说,该房屋所有人的所有权在没有被依法剥夺之前,应永世归原所有人所有,但房屋所建之土地的土地使用权是有期限的,该土地使用权期限届满后,如果在延期申请或土地出让金交纳中出现问题,则会出现丧失土地使用权的房屋所有权。这种"空中楼阁"情况同样适用于林木,因为林木的使用权与林地所有权相分离,而与林地所有权相分离的林木使用权又可以以各种形式流转,同样会产生林木和林地相割裂的情景。林地制度和土地制度不同,但这种地和地上物的割裂却如此相似,对研究法律制度,很有启发价值。

4. 权利主体之特别限定

由于我国采取社会主义公有制,因此,林地和土地的所有权主体要么是国家,要么是集体。而国家和集体都是集团的概念,是一种特殊的权利主体。在西方现代法律观念中,权利的渊头均应归结于个人。按照"社会契约"的观点,即使国家的权力,也是国民为了更长远的利益,通过社会契约的方式,将自己的权力让渡于国家的。组织、团队更是如此,没有个人的权利,没有个人授权,组织的权力和权利就无从谈起。

新中国成立后,按照社会改造的要求,由国家统一行使国民的权力,按照计划来调配资源和财富,以实现人与人之间的平等,消灭私有制,消灭人剥削人的制度,这是土地制度、林地制度全民所有和集体所有的政治理论背景,因此,所形成的也就绝不是以私权为基础的法权体系。因此,承认历史事实,套用现在不同的法权观念,则会发现土地、林地的所有权主体,均是特殊的法律主体。具体而言,无论国家还是集体,都有法律权利如何行使和法律义务如何承担问题。我国在对国有企业改制过程中,对所有和代理的关系已经做了积极的探索,而在集体企业改制方面,前些年曾对股份合作制抱有很高期望,而实践证明,股份合作制的企业制度并不能很好地实现制度设计者的目的。如何界定集体和成员之间法律关系,如何使集体成为法律体系中明确的法律主体,还需要长时间的实践摸索和理论探讨。

三、我国土地制度和林地制度的完善

虽然一九九八年修订的《中华人民共和国土地管理法》和同年施行的《森林法》,分别同时规定了土地使用权和林地使用权可以依法流转,使土地使用权和林地使用权的有偿流转有了法律保障,但由于土地制度、林地制度的复杂性,使土地、林地资源的使用、流转均应面临许多障碍,制约了土地资源和林地资源的有效合理利用。以土地使用权的获取为例,由于我国土地分为划拨土地使用权和出让土地使用权,两种不同的土地使用权在主体、获取资格、取得程序、使用目的上都有很大的不同。而在农村,则以承包权来试图替代所有权和使用权之间的不统一的矛盾,但承包经营权由于不能解决根本意义上的最终处分权,也即没有所有权的明确归属,导致流转、利用上种种困难。集体林地产权不明晰直接影响了集体林地使用权流转,而林地产权的各项权能边界不清晰,林地权属"四至"界限不清,也使《森林法》增加的第十五条,无法有效的落实。有的学者通过制度经济学的方法分析,研究认为我国林地制度产权模糊造成了"交易成本"过高,从而阻碍了林业经济资源的优化组合,形成了我国林地资源生产力低下的现象,指出我国现行的林地制度已成为林业产业化的制度障碍之一。

为完善我国的土地制度和林地制度,需要特别注意几个方面的问题。

1. 调整研究方法,提供解决实际问题的理论成果

法学理论研究存在许多问题,脱离现实是其中之一。有些研究是典型的政策注释,没有任何理论创建,也不针对具体的问题,仅仅是法律条文的重述,或者与现实需要相脱节,成为不解决现实问题的、"纯粹"的理论科研成果。这种现象在

涉及土地制度和林地制度的研究中更为突出。如有些文章在我国出台《森林法》后,论述依法规范森林、林木、林地使用权流转的意义、对象及规范、流转的标的和方式,目的在于说明森林法在我国法制史上首次规范了森林、林木、林地使用权流转,是森林资源使用权流转的法律依据,称此举必将有力促进林业改革和森林资源保护工作。这些对立法进行高歌赞颂的理论文章,对发现现实问题,完善相关制度,并无裨益。物权法通过立法程序后,更有许多的"理论成果"来论证这部法律的及时和好处,而对现实中的问题反倒熟视无睹。

中国近代和当代的社会变化无法与世界全球化进程相区隔,李鸿章感叹的"数千年未有之变局"只是一个起点。"社会的变化引发了学术传统的变化,作为经验研究的社会科学传统,主要是在市场经济社会中,在社会变迁中产生和发展起来的。其特点是试图发现社会运作的因果律,目的是预见、控制和改造社会,是知识的发现,而不再是对经典的解释"。理论工作者和立法者应该调整研究的方法,从提出真问题、解决真问题出发,提供能够解决实际问题的理论成果,配合实践,完善我国的土地制度和林地法律制度。

2. 正视利益需求,对所有权和使用权的分离加以利益协调

土地制度和林地制度之所以重要,并越来越受到普遍的关注,是因为土地和林地的使用、转让、征用、开发、保护等各环节,均涉及相关权利人的生存、生活和生产的资源占有和分配。社会经济的快速发展,使利用土地和林地资源的问题和矛盾得以展现,如果解决不当,则会产生各种纠纷、甚至诱发群体性事件,危及社会稳定和经济发展。

广泛吸收利益相关者对集体林地立法和执法的参与,这不但是我国社会主义确立的人民群众是国家主人的本质特征所决定的,而且也是集体林地正确立法和严格执法所不可缺少的。在调整土地制度和林地制度之中,应正视不同权利人的利益需求,如使承包经营权人真正享有对世的物权,使房屋所有权和土地所有权得以协调,使使用权人和所有权人合二为一,使土地和林地开发的利益不为少数机关、企业或个人所独占。土地毕竟是一种"恒产",关系到整个社会秩序的稳定,因此,只有正视各方的利益需求,才能形成各方认可和尊重的法律制度,从而以法律解决现实问题,维护各方的权益。

3. 尊重制度创新,就地和地上物的割裂进行制度弥合

任何制度的由来,都有其背后历史的因素。然而,法律制度虽然是从历史事实中脱胎而来,但并不能因历史的选择而成为必然正当的理由。"对某种行为选择所作的事后论证,并不能说明这种行为选择一定比另一种行为选择更合理或更

正确",因此,我们认清一种制度的历史背景,并不是为该种制度进行辩解,而是增加对该制度的认识,从而提出解决问题的更好的制度方案。

历史的选择是制度演进过程中的重要事项,制度就是在历史的选择中,逐渐试错而完善起来的。因此,完善土地制度和林地制度,有一个路径依赖的问题,需要我们注意。事实上,我国农村的"包产到户",就是在国家法律和政策容许之前,由不甘困苦生活的人民顶着巨大压力冒着无比风险而开始的。在探索如何有效利用林地资源,用好林地使用权的问题上,福建、湖南等南方集体林区为林地使用制度提供了多样化选择,对林地使用的制度创新和组织创新提供了新的研究标本。实践证明,任何仅仅依靠美好的承诺和理想的崇敬来制定的制度,并非一定能够实现美好的愿望。制度应该是"自生自发"的,国家在尊重私权的基础上,尊重制度创新的前提下,对实践中的首创精神给予宽容和支持,才能在不断辨别优劣中,在试错过程中,发现并固定较优的制度。

4. 关注"集体"法律主体,为集体和成员的权责利划界定规

《物权法》对国家所有权、集体所有权和私人所有权分别进行了规定,如第六十条,就是针对集体所有的土地和森林、山岭、草原、荒地、滩涂等规定如何行使所有权。但是,这种规定的意义,并不在于具体的可操作性上,而更在于《物权法》上对国家、集体和私人所有的不同界定。

在我国,土地和林地的所有者主体除了国家之外,就是集体。而集体这一概念,更多的是意识形态色彩,而非法律体系中明确的法律主体。应该按照法律的基本原理,对集体重新定义,并完善集体这一中国特殊的法律主体制度。简要而言,应包括集体中的成员权的获得、转让、灭失、集体共有权利的属性等等,以切实保护集体中的成员权益和集体的总体权益。

5. 正确厘定"承包经营权",完善土地制度和林地制度

正如上文指出,承包经营权并不是一种绝对的权利,而是根植于承包经营合同的一种权利,即使承包经营权可以在一定程度上进行流转,实质上也是一种"合同的转让"。因此,只有"相对"于承包合同主体的效力,没有"绝对"于其他主体的效力。这种土地或林地的承包经营权,与英国历史上的土地保有权相似,"保有权是一个比较小的社会的概念,……这个社会……没有余地容纳像所有权这样的抽象概念,各种权利均取决于对其领域地具有完全控制权的领主。保有人受领主支配,除了领主接纳他或承认其继承人的某种义务外,他没有任何可以称之为权利的东西"。不过,在中国,"承包经营权"这种保有土地权利的来源不再是"领主权",而是"国家所有权"。

尽管物权法明确了土地承包经营权是一种"物权",但这个物权取得和权利内容,仍离不开承包经营合同。承包经营权和永佃权、土地保有权、集体成员的身份权等割舍不开,因此,应厘定承包经营权,促成有序的法律制度和社会秩序。

6. 科学制定"所依之法",促成有序的法律制度和社会秩序

农村耕地使用权的法律地位与性质,近年来已有不少人论证属于与城镇土地使用权一样的法律地位与性质;林地使用权的法律地位与性质,虽然较少有人论及,但它毫无疑问地属于与耕地一样的不动产物权。《物权法》以一个整章的形式规定"土地承包经营权",但对土地承包经营权的具体权利内容留下了"法律规定"的空间,如规定"依法"实行土地承包经营制度,土地承包经营权人"依法"对其承包经营的耕地、林地、草地等享有占有、使用和收益的权利,有权从事种植业、林业、畜牧业等农业生产。因此,物权法规定的所"依"之"法",才是真正规范土地林地权利的法律文件。比如物权法明确规定"承包期内发包人不得收回承包地",但同时说明"农村土地承包法等法律另有规定的,依照其规定"。可见,"所依之法"之重要。

我们应该尊重首创精神,鼓励制度创新,因此,在制定或修改《物权法》所指的"所依之法"时,特别需要注意这一问题。按照大陆法传统,物权法定是当然的原则之一,但是,由于我国的林地制度和土地制度,无法脱离经济转轨这个大背景,可能有许多权利无法为物权法所"法定",如果采用"物权法定"之原则,对实践中的权利设定和制度创新采取遏制和敌视的态度,无疑会导致土地制度和林地制度中的有关权利的不伦不类,残缺不全,更无法形成科学、逻辑严密的土地、林地制度体系。因此,在创设、修改物权法之"所依之法"时,应格外用心,维护土地和林地相关权利人的权益,促成有序的法律制度和社会秩序。

四、结语

本文对我国林地制度和土地制度两种法律制度进行了比较研究,以分析两种制度异同的独特视角,来寻求我国土地和林地制度中存在的重要问题,继而探究完善相关法律制度的途径。本文指出,林地制度和土地制度,都深深打上了中国特殊历史时期的印记,由于路径依赖的原因,要形成制度合理、体系完整、科学的林地制度,尚需要积极不懈的长期实践和努力。具体而言,需要改变研究方法,提供解决现实问题的理论成果;正视利益需求,以法律解决现实问题维护各方权益;尊重制度创新、在试错过程中选择较优制度;要完善我国的集体所有权制度,尤其是"集体"这一特殊的法律主体制度;在法律制度上,要充分重视物权法"所依之

法"，促成有序的法律制度和社会秩序。

昂格尔在《现代社会中的法律》中指出，"法律的探讨与社会的秩序有密切的关系，个人利益与共识理论包括并依赖于相互冲突的有关规则的观点"，而"现代性问题的解决要求我们发现占主导地位的意识形态与日常生活经验之间的关系"。因此，只有正视与土地和林地相关的各种主体的欲求和利益，才能明确土地、林地法律关系中各种法律主体的权利和义务，从而减少意识形态表述对法律事实的干扰，继而形成权利义务明确，各守其职，各安其分，也即有序、有效、稳定、良性的法律制度和社会秩序。

作者发表于《法学杂志》2009 年第 5 期

第四篇

论循环型社会的生产者责任

一、循环型社会的生产者责任的扩张

人类社会在经历了漫长的发展阶段尤其是飞速发展的工业社会阶段后,由于近现代以来环境资源问题的大量突显,开始不断探索取代传统工业社会模式的替代性社会模式。从 20 世纪 60 年代开始,欧美发达国家先后采用末端治理模式、综合防治模式等进行污染防治,但终因其具有不可持续性而仅是昙花一现。直到1987 年《我们共同的未来》等报告中提出了可持续发展观,①在可持续发展观与可持续发展战略的影响下,主要工业国相继开始选择一种新型的社会发展模式——循环型社会。

所谓循环型社会,是指这样的社会:抑制产品等转变为废弃物等,并且在产品等转变成循环资源时,促进对其进行适当的循环性利用,以及确保对无法进行循环性利用的循环资源做适当的处置,从而抑制对天然资源的消费,最大限度地降低环境负荷。② 由于生产者对其产品的成分、生产工艺等非常熟悉,加之产品的设计大部分也是由生产者自己完成或委托他人完成,即使不是生产者完成或委托他人完成设计,在生产之前,生产者对将要生产的产品也会有全面的了解,并且对是否采用该种设计、是否选用某种原料以及采用何种工艺来生产等具有有决定

① 宋健:《我们共同的未来》序. 载世界环境与发展委员会:《我们共同的未来》[M]. 王之佳、柯金良等译. 吉林人民出版社 1997 年版.
② 郑少华:从对峙走向和谐:循环型社会法的形成[M]. 北京:科学出版社. 2005 年第一版. 第 20 页.

权。① 所以,在我们所实践与憧憬的循环型社会,仍然离不开"公司丛林"。② 也即是说,要在循环型社会模式下做到资源使用减量化进而废弃物的产生减量化,循环利用可循环资源,必然需要发挥生产者的巨大作用。所以,在北美,在欧洲,在日本,凡是出现"循环型社会"踪迹的地方,"公司"仍是主角,并出现了公司责任扩大(加重)现象。③ 在发展经济和治理污染并行不悖的循环型社会的循环经济模式下,生产者的责任得到了范围、时间和程度上的大大扩张,将会对自己的产品从摇篮到坟墓阶段都承担相应的责任。

首先,生产者的责任在范围上的扩张。在传统的法学理论中,生产者的责任主要是指生产者的产品质量责任与环境污染责任。但在循环型社会模式下,生产者的责任范围将扩张至要承担产品或包装物废弃后的回收、循环利用或者处置的责任。按照瑞典的隆德大学(Lund University)环境经济学家托马斯・林赫斯特(Thomas. Lindhquist)的观点,这种责任应包括环境损害责任(Liability)、经济责任(Economic Responsibility)、有形责任(Physical Responsibility)、物主责任(Ownership)和信息披露责任(Informative Responsibility)。④

其次,生产者的责任在时间上的扩张。在传统的法学理论中,生产者的义务主要集中在产品的生产阶段和消费阶段。但在循环型社会模式下,由于产品的生产者不仅要对所生产产品的质量以及生产过程中造成的环境污染负责,还要对其产品或包装物废弃后承担回收、循环利用或者处置的责任,生产者的责任链条被延伸到产品或包装物废弃之后的时间段,要对产品的整个生命周期负责。

再次,生产者的责任在程度上的扩张。在循环型社会中,随着严格责任在环境法中的运用,因果关系证明责任之转移,公害行为的刑罚化与赔偿之巨额化,我们可以明显感知各种法律将赋予生产者的法定义务与法律责任亦存在程度日益加重与扩张的趋势。⑤

---

① 参见申屠晓娟:论生产者责任的重构[J].《经济师》.2005(5).40 页.
② 郑少华:从对峙走向和谐:循环型社会法的形成[M]. 北京:科学出版社.2005 年第一版.第 107 页.
③ 郑少华:从对峙走向和谐:循环型社会法的形成[M]. 北京:科学出版社.2005 年第一版.第 107 页.
④ 辜恩臻:延伸生产者责任制度法学分析[J]. 梁慧星主编. 民商法论丛(第 30 卷). 北京:法律出版社.2004.621 页.
⑤ 郑少华:从对峙走向和谐:循环型社会法的形成[M]. 北京:科学出版社.2005 年第一版.第 107 页.

二、循环型社会的生产者产品质量责任

传统的生产者产品质量责任是指生产者生产质量不符合法律规定或合同约定的产品而承担的行政责任、民事责任与刑事责任。从发生条件来看，不仅提供有缺陷产品造成人身、财产损害或产品质量违反合同规定可能承担产品质量责任，而且生产、销售不符合法律规定质量要求的产品也可能承担产品质量责任。①从责任性质上来看，传统的生产者的产品质量责任是经济法责任，经济法责任是指由于违反经济义务而引起的经济法规定的不利后果，产品质量责任之所以是经济法责任，是由经济法的价值目标和生产者所承担的产品质量义务的性质所决定的。经济法具有社会性，以维护社会公共利益作为首要价值目标。生产者作为一个"经纪人"，以利润最大化作为其目标，在追求自己的利益的同时并不会自觉地考虑和维护社会公共利益，相反，生产者通常会以破坏社会公共利益（如生产假冒伪劣产品、污染环境等）为代价来实现自己的个体利益，以社会公共利益为其价值目标的经济法就责无旁贷地担当起这样的重任：通过国家干预规定产品的质量标准以及生产者对产品质量的义务，以促进产品质量的提高，保证消费者的生命、财产安全。②

在循环型社会模式下，生产者的产品质量责任也会有一定的拓展与扩张，不仅指生产者在产品生产完成时以及在产品进入流通领域被消费使用过程中应承担的责任，而且还包括在产品设计、原料选择时也应承担保证产品不会危及环境、人体健康的责任以及保证产品易于回收、处置与循环利用的责任，也即是前面所说的生产者生产了不符合法律规定质量要求的产品也可能承担产品质量责任，但这里的"法律"将不仅指《产品质量法》等经济法方面的规定，还应包括《清洁生产促进法》等环保法律法规的规定。

循环型社会通过循环资源的循环性利用及确保进行适当的处置，抑制对天然资源的消费，最大限度地降低环境负荷。③如果生产者的产品不是采用生态设计，选择的原材料不环保，使用的工艺不清洁，废弃的产品不利于回收、处置与循环利用，那么，在循环型社会模式下这些生产者的行为将被认定为环境不友好行为，其产品将会被认为存在着质量问题，生产者将因此而承担否定性的法律后果，

① 参见李昌麒、许明月：消费者保护法［M］. 北京：法律出版社. 2005 年第二版. 第 189 页.
② 申屠晓娟：论生产者责任的重构［J］.《经济师》. 2005（5）. 41 页.
③ 郑少华：从对峙走向和谐：循环型社会法的形成［M］. 北京：科学出版社. 2005 年第一版. 第 20 页.

而不问它的这些行为是否给他人造成了损失,其具体的法律责任形态有:责令停止生产和停止销售,没收违法产品和违法所得、罚款、吊销营业执照等,严重者可能会触犯刑律。如果生产者的环境不友好行为给他人造成了损失,则不排除可能承担相应的民事责任。

当然,扩张的生产者产品质量责任也依然具有社会性,也体现了国家运用法律手段来干预、矫正生产者的环境不友好行为,降低产品生命周期的环境损害风险,刺激和激励生产者绿色设计、清洁生产并对产品消费后环境友好回收,实现资源的高效、合理利用。

三、循环型社会的生产者环境污染责任

环境问题的产生,主要是由于各种不适当的人类活动所造成的,在近现代社会这种"不适当的人类活动"绝大部分就是指生产者的生产经营活动。由于工业化的加速,生产者改造自然的能力、规模和程度都迅速提高,生产者生产过程产生的"三废"污染大气、土壤与水体,同时还可能伴随着噪声污染、振动污染、光污染,以及由于不合理开发、利用矿产、森林等自然资源,造成植被破坏和资源破坏。但在相当长的一个时期内,造成环境污染的生产者只要没有对具体的人和财产造成直接的损害,就不需要承担任何责任。随着环境资源问题的加剧,人类开始对此提出质疑和反对。

为解决日益加剧的环境资源问题,1972 年西方 24 个国家组成的经济合作与发展组织环境委员会,提出了"污染者负担原则"或者说"污染者付费原则",明确了生产者的更大的环境责任,这种责任包括了生产者因实施环境污染行为而可能承担的行政责任、民事责任与刑事责任。该原则由于有利于实现社会的公平和有效防治环境污染和破坏,因而迅速得到国际社会的广泛认可和接受,并被确定为一项国家环境保护的一项基本原则。在我国,这项原则被叫做污染者付费、利用者补偿、开发者养护、破坏者恢复的原则,简称为"谁污染谁治理、谁开发谁保护"的原则。

这种生产者环境污染责任的承担,强调了从环境污染来源寻找责任的承担者。在循环型社会模式下,生产者环境污染责任也亟待一定的拓展与扩张,主要源于污染者负责原则本身在实践中会遇到一些不可克服的阻碍,致使其效力无法实现:其一,企业财力所不能,特别是依有限责任所建立之公司,当其已陷入破产境地时;其二,大量的复合污染,难以分清真正的致污者时;其三,环境问题发生的潜伏性与滞后性,当污染与环境破坏的严重性完全呈现,已无法再找到污染者时;

其四,作为一种经济诱因,污染者负责原则试图将所有社会成本"内部化",然而,实际上,污染所致风险并非可以完全"内部化",当仍存在一些无法内部化的环境危险时,①此时按照承担污染者负责原则是难以让污染者真正承担起污染治理与损害赔偿责任的。

可持续发展战略之实施,循环型社会之形成,当上述情况出现时可以社会连带责任之设计来校正污染者负责原则,稳妥地分担"损失"与责任,即:生产者未尽之责,由消费者连带承担责任;消费者未尽之责,由环保团体连带承担责任;环保团体未尽之责,由地方公共团体连带承担责任;地方公共团体未尽之责,由国家承担责任;国家未尽之责,由人类社会承担责任。如此以竭尽人类社会之所能,为后代人保全地球环境,为永续发展提供条件。②

四、循环型社会的延伸的生产者责任

生产者责任延伸制度的思想,最早可追溯到瑞典 1975 年关于废物循环利用和管理的议案。该议案提出,产品生产前生产者有责任了解当产品废弃后,如何从环境和节约资源的角度,以适当的方式处理废弃产品的问题。1988 年瑞典的隆德大学(Lund University)环境经济学家托马斯·林赫斯特(Thomas. Lindhquist)在给瑞典环境署提交的一份报告中首次提出延伸生产者责任 EPR(Extended Producer Responsibility)的概念。1992 年托马斯(Thomas. Lindhquist)倡议组织的专家研讨会上,Lindhqvist 系统地介绍了这一概念。"③Lindhqvist 认为 EPR 是生产者责任的延伸,生产者应对其产品在整个生命周期过程中对环境的影响负责,特别应负责对它们的回收(take - back),循环利用(recycling)与最终处理(disposal)。其重心在于生产者在其产品生命周期的消费后阶段所承担的责任。④ 托马斯(Thomas. Lindhquist)提出了延伸的环境损害责任(Liability)、经济责任(Economic Responsibility)、有形责任(Physical Responsibility)、物主责任(Ownership)与信息披露责任(Informative Responsibility)五种责任形式。

---

① 郑少华:从对峙走向和谐:循环型社会法的形成[M]. 北京:科学出版社.2005 年第一版.第 101 页.
② 郑少华:从对峙走向和谐:循环型社会法的形成[M]. 北京:科学出版社.2005 年第一版.第 104 页.
③ 辜恩臻:延伸生产者责任制度法学分析[J]. 梁慧星主编. 民商法论丛(第 30 卷). 北京:法律出版社.2004.604 页.
④ 参见云南日报网.http://www.sina.com.cn.2004 年 06 月 21 日.2006 年 3 月 25 日访问.参见武汉大学环境资源法研究所网站.2006 年 3 月 25 日访问.

在循环型社会中,责任随产品在生产者、销售者、使用者之间转移而呈现扩大的趋势。生产者之责任,已经突破传统民法、消费者权益保护法以及环境保护法等规定的生产者对产品质量、环境污染负责的框架,变成生产者对产品负责"从摇篮到坟墓",对产品的整个生命周期负责,这便是我们所称的延伸的生产者责任。

延伸的生产者责任的产生源于产品消费后废弃回收处理、处置阶段责任主体空缺而引发日益恶化的环境污染问题。由于大量的废弃产品被使用者随意丢弃,导致了我们始料未及的环境危害。譬如电池、电器、车辆、包装物等等,目前这些产品在废弃之后大部分被丢到垃圾中粉碎填埋或者焚烧处理,但这些废旧产品大多含有铅、汞、镉或者其他毒害化学物质,这种处理方式必将造成空气、土壤和水体的严重污染而造成环境和生态的破坏。① 粉碎填埋或者焚烧处理需要较先进的设备,需要大量的前期资金投入(末端治理的弊端),同时一国国土所能容纳的垃圾填埋量却有限,而且填埋垃圾本身也可能就是对土壤构成环境污染的一个重要源头。粉碎填埋或者焚烧处理会产生严重的烟、尘、气、水污染,甚至会产生如二恶英等有害物质。处置站点不可能通晓所有产品的产品信息,因而可能造成对产品的不当处理,不仅可能污染环境,而且浪费大量资源。② 生产者责任延伸制度的提出,弥补了废物管理中产品消费后废弃回收处理、处置阶段责任主体空缺。

延伸的污染预防责任是生产者主要承担的上游责任。废弃产品的环境影响,很大程度上来源于生产者生产之前的设计、原料和生产工艺的选择,如果能在产品生产的上游阶段给生产者设立法定义务,譬如欧盟于 2002 年 2 月 13 日公布的《关于在电子电气设备中限制使用某些有害物质指令》(The Directive on the Restriction of the Use of Hazardous Substances,简称 RoHS 指令)规定电子与电器产品的组成部分与制造过程都必须禁用铅、镉、汞、六价铬等四种重金属以及多溴联苯和溴化二苯乙醚两种溴化阻燃剂,便有助于预防和部分消除废弃产品的环境影响。生产者还必须承担延伸的回收、处置和循环利用责任。生产者必须通过实施回收、处置和循环利用行为来实际地参与处理其产品或其产品引起的影响,这包括建立并运转回收系统以及处理他们生产的产品等。生产者为其生产的产品的

① 丁敏:固体废物管理中生产者责任延伸制度研究[J].中国政法大学 2005 硕士学位论文.第 4 页.
② 丁敏:固体废物管理中生产者责任延伸制度研究[J].中国政法大学 2005 硕士学位论文.第 4 页.

回收、循环利用或最终处理全部或部分地付费,生产者可以通过某种特定费用的方式来承担经济责任。生产者有责任提供有关产品以及产品在其生命周期的不同阶段对环境的影响的相关信息。

作者发表于《经济师》2007 年第 11 期

第五篇

西部森林生态环境的保护对全国生态环境的影响

一、西部森林生态环境现状及存在问题

据有关资料统计,日前,全世界森林面积总共约为 420 亿亩,我国只有 17。3 亿亩。我国人均森林覆盖率仅为 12% ,还不到世界森林覆盖率平均水平的一半。我国的这些森林资源,有近 1/3 分布在西部地区。主要分布在西藏东南部、四川西部、云南西南部、贵州山区。其显著特点是:(1)树种繁多、林种齐全。西部地区地域辽阔、气候多样,形成了西部森林从北部天山的温带落叶林到南部西藏地区的亚热带常绿林,再到川滇黔山区的热带季雨林,以区系复杂、树种之多著称于世。而且林种齐全,用材林、经济林、防护林、竹林、薪炭林、特种林等林种均有分布。其中以用材林居首,约有 3.5 亿亩。在西部森林面积中,约占到 50%。(2)森林分布不均,覆盖率较低。西部地区的森林主要分布在西南。西北部地区森林面积只有 5340 万亩,占西部林区总面积的 12% ,平均覆盖率只有 0.68%。西部地区疆土辽阔,人均有林面积 2.16,亩,高于全国人均 1.8 亩的水平。但森林覆盖率只有 5.7% ,低于全国 12.7% 的水平。(3)林区的防护作用突出。西部地区大多处于我国的大江大河源头或上游流域。这些森林起着保持水土、涵养水源的作用,从而有效地调节我国大江大河干流及支流的经流量,减少中下游河床泥沙的淤积,保护中下游地区工农业生产及航运顺利运行。例如新疆天山、阿尔泰山区,西藏东部和雅鲁藏布江下游流域地区,川滇西部横断山脉地区等都是西部的重要林区。从总体看,由于我国森林资源较为贫乏,所以西部地区上述这些优质的森林资源,就更成为我国经济建设十分宝贵、必须珍惜的资源财富。

在国家经济建设中有着举足轻重地位的西部地区的森林资源,新中国成立以来得到了国家的极大重视和保护。党和政府为保护森林、发展林业,制订了一系列正确的方针政策。所有这些,对改造西部地区自然生态条件,保障农牧业生产,

满足国家建设和人民生活需要,都发挥了积极作用。但是,随着国家经济建设的迅速发展,人口的急剧增加,加之我们在政策上的几度失误,使西部地区刚刚恢复的林业建设又遭到破坏。其主要表现为乱砍滥伐,采育比例严重失调。当前的状况是,这里的大部分林区,采伐量超过生长量,有的甚至超过几倍,森林面积迅速减少。如云南省近 10 多年森林蓄积量减少 1.5 亿立方米,每年平均净减 1200 万立方米。仅西双版纳境内的基诺山,由于沿用刀耕火种的耕作方式,1980 年以前,平均每年毁林开荒达 5000 亩,森林覆盖率以每年递减 20% 的速度在下降。四川西部一些少数民族地区,森林资源的年消耗量已超过了生长量的 3 倍。

近年来西部地区森林资源破坏严重,大大破坏了本地区的生态平衡,致使各种自然灾害增多,严重影响了西部地区的经济发展和各民族经济生活的改善。例如,云南西双版纳傣族自治州,50 年代森林覆盖率达 60%,到目前已锐减到不足30%。造成自然生态的严重恶化,气温升高,雨量减少,风、旱,水灾等自然灾害频频出现。又如,川滇两省相邻的川西山区与横断山区,由于森林植被的迅速减少,金沙江等长江上游水系的土壤涵水能力明显下降,气候出现反常,江水中泥沙含量大大增加,致使近些年来,长江中下游地区的水、旱灾害频频出现。

二、与森林有关的全国生态环境问题

目前全国水土流失面积为 367 万 km,占国土总面积的 38。2%。40 多年来,我国因水土流失减少耕地 267 多万 km。每年流失的土壤厚度 0.2~1.0cm,约为50 亿 t。流失的养分相当于 4 亿 t 的化肥。流失的土壤造成河道及湖泊淤塞、河床抬高、水体富营养化、洪水泛滥成灾。例如,黑龙江省伊春林区由于森林面积减少,水土流失日益严重,贯穿全境的汤旺河年输沙量不断增加,80 年代为 70 年代的 3.8 倍。三江平原的穆棱县,因毁林开荒,导致严重的水土流失,在 30 年内,致使原来厚为 40~50cm 的黑土减至 10~20cm。其次,陆地生态系统的荒漠化是一个重要问题。目前全世界沙漠化面积达 40 多亿 km,而且还以每年 600 多万 km的速度扩大,30%~80% 的灌溉土地不同程度地受到盐碱化和荒漠化的危害。荒漠化会对土地的休养生息能力造成严重的和长期的破坏,对于赖以生存的植物群落和动物群落造成严重的威胁甚至是毁灭性的恶果。中国是世界上荒漠化最严重的国家之一,目前有各类荒漠化土地 17.7 万 km,占国土总面积的 18.2%。造成土地荒漠化的人为因素中,过度放牧占 34.5%,破坏森林占 29.8%,不适当的农业用地占 28.1%,其他占 7.9%。如我国北方有 11 个省(区),212 个县的 33.4 万km 的土地受到严重沙漠化的影响,危及 4200 万人口的生活与健康。仅"三北"地区每年约有 1333 万 km 农田受风沙危害。例如,科尔沁左翼后旗由于过度耕种,使荒漠化土地面积由 50 年代的 13.7% 增加到 70 年代末的 30.8%;内蒙古鄂尔多斯市库布旗沙漠,1950 年时宽仅 5km,号称"五里明沙",而现在已宽达 20km,许多居民被迫外迁。海南岛 1956 年有原始森林 86 万,占全岛面积的 25.4%,1980 年 33 万,占 9.8%,1994 年 6.43 万,占 1.89%。森林对雨水调蓄能力下降,河道在枯水期断流。充水期流入大海,地下水位降低,造成沿海平原土地严重沙漠化。三是水资源短缺。50 年代以来,全世界用水量急剧增长,农业用水量增长了 7 倍,工业用水量增长了 20 倍,生活用水量仅 1960~1975 年就翻了两番。此外,全世界每年排出的工业废水和生活污水已超过 4000 亿,从而造成了 55000 多亿的水体污染。据联合国统计,全世界河流稳定量的 40% 受到污染,不少国家受污染的地表水达 70%。耗水量的增加和水污染的加剧,是导致世界出现水危机的根源之一。目前全世界淡水不足的陆地面积已达 60%,40 多个国家水资源严重缺乏,约 18 亿人饮用的是被污染的水。水资源短缺问题在我国北方十分突出,广大农区普遍缺水,有效灌溉面积下降、地下水超采及水体污染等严重地制约了当地工农业的发展。即使在雨量充沛的南方也出现了水资源危机。森林的大面积减少或质量降低而引起的蓄水功能降低,以及随之而来的水土流失、水域淤塞,是造成水资源短缺甚至枯竭的主要原因之一。1949 年以来,全国减少了 500 多个湖泊。因泥沙淤积全国水库容量损失近 40%。云南省有一半水面积在 5km 以下的湖泊已经消失。黄河从 70 年代开始出现断流。1996 年断流已达 150 天,断流 700 余 km。1995 年断流造成的经济损失达 60 亿元,严重地影响了流域及其下游地区的经济发展。四是生物多样性锐减。由于森林正在大面积地消失,生物物种的减少甚至灭绝在近 20 年有加速的趋势,人们担心许多野生动植物在尚未发现其利用价值之前就已从地球上消失。森林是最庞大的生态系统,也是最丰富的生物多样性宝库。根据世界保护监测中心及世界自然保护联盟(INCN)的统计与估计,因原始森林破坏、全球气候变化、荒漠化、环境污染和人口增长等,致使生物灭绝的速度比自然灭绝的速度高达 1000 倍。并且一种物种的灭绝常常导致 10~30 种生物的生存危机。我国植物种类有 27240 种,占世界总数的 9.8%,脊椎动物类 4166 种,占地球动物总数的 9.9%,至少有略 1000~6000 种动植物的生存受到威胁或濒于灭绝的边缘。仅就我国受威胁的高等植物而言,其中有许多是在北半球其他地区早已灭绝的古老子遗植物,它们在发生上多数是古老的和原始的或新生孤立类群。所以,挽救珍稀濒危物种,保护森林资源,改善环境质量是我国乃至世界迫切需要解决的问题。五是自然灾害频繁。森林覆盖率及森林功能的降低是加重自然灾害的重要因素。水土流失、泥石流、山洪暴发等山地灾害都与森林的破坏有直接的关系。各种自然灾害给农业发展和经济建设带来了巨大损失。据统计,全国每年农作物受灾面积 2000 万~4000 万 km,减产粮食 200 亿,直接经济损失高达 500 亿~600 亿元。80 年代平均受灾面积是 50 年代的 2.1 倍,是 70 年代的 7.1 倍。

三、我国西部森林生态环境的保护对全国生态环境的影响

如前所述,西部森林占了全国森林面积的 1／3,保护西部森林生态环境,对全国生态环境的影响是不容置疑的。至少可以从以下几个方面认识西部森林生态保护对全国生态环境的作用:

(一)涵养水源、保护水土

森林与水的关系十分密切,也很复杂。民间讲,"林水一家,有水才有林,有林则有水",讲得很辩证。

1. 调节径流。总径流分为地表流、壤中流和地下流。从地表流看,下雨时,茂密的森林就像无数把"伞",这些"伞"有效地阻挡或削弱了雨滴对土地的直接冲击。雨水在下落过程中经过森林后发生了再分配:一部分直接落到地上,一部分被树冠截留。被截留的雨水或者被树木吸收、蒸腾,或者沿枝干慢慢下流入地。从壤中流看,丰厚的林下植被及腐殖质层,像海绵一样,减缓地表径流速度,使降水缓缓渗入土壤,从而有效地延缓洪水形成时间,削减洪峰,减少水患的发生。森林调节径流的巨大作用是延长水资源在流域的滞留时间,从而大大提高水资源的利用效率。我国西部是长江、黄河、珠江等大江大河的发源地,这些河流流经许多省份后出境或入海河流。在这些河流的干流或支流流域(主要位于西部地区)建设好森林生态环境,将有利于我国水资源短缺等问题。有数据显示:1998 年全国水量总量为 34311 亿立方米,其中入海水量 21321 亿立方米,出境水量 8136 亿立方米,两项共 29457 亿立方米。可见我国总水量的 86% 是入海或出境的。如果这86% 的水量通过森林的径流作用,能在国土延长滞留时间,那样带来的效益就不仅仅是解决"缺水"的难题了。

2. 蓄水。据科学家试验:一棵 25 年生天然树木每小时可吸收 150 毫米降水。22 年生人工水源林树木每小时可吸收 300 毫米降水。相比之下,裸露地每小时吸降水仅 5 毫米。林地的降水有 65% 为林冠截留或蒸发,35% 变为地下水。在裸露地面,约有 55% 的降水变为地表水流失,40% 暂时保留或蒸发,仅有 5% 渗入土壤。林地涵养水源的能力比裸露地高 7 倍。根据我国森林生态定位监测结果,4

种气候带 54 种森林综合含蓄降水能力平均值为 10.40 毫米。以此来计算,1 公顷森林含蓄降水 1000 吨,10 万公顷森林就是个一亿立方米的天然水库。正如农谚所说:"山上多栽树,等于修水库"。我国西部气候干旱,年降水量不足,还有大面积的戈壁、荒漠,这些因素决定了西部地区的蓄水能力有限。而西部作为"中华水塔",它的蓄水能力又直接影响到全国的生态环境。近几年来的黄河断流就是一个很好的例证。在西部地区植树造林,可以改善地表状况,提高其涵养水源的能力,充分利用有限的降雨,最终使"中华水塔"可以更好地发挥作用。

3. 防止水土流失。森林具有涵养水源,调节气候,促进水正常循环之功能。通过林冠和地面残留物对雨水的截留,不仅可减轻降雨对地面的冲击,而且还能增加雨水的入渗速度,减少降雨形成的地表径流。森林一旦遭到破坏,"调节器"作用将会失去。林地只要有 1 厘米厚的枯枝落叶层,就可以使泥沙流失量减少94%。在年降水量 340 毫米情况下,每亩林地土壤冲刷量为 60 千克,而裸地则高达 6750 千克,相差 110 倍。俗话讲:"山上和尚头,下雨泥横流"。荒山秃岭使得降雨时径流泥沙含量大,河床、湖底不断抬高,就是水土流失的结果。

西部大部分为高山丘陵区,冬春多风,夏季降雨集中的气候特点,而且占有25% 的全国坡耕地面积。暴雨一来,水土流失严重,同时森林的减少使得土壤涵养功能减弱,地表径流增加,水土流失加剧。目前西部水土流失面积 410 万 km^2,占全国的 83.31%,西部土壤侵蚀面积占国土面积的 65.56%。其中黄土高原水土流失闻名于世,水土流失面积达 43 万 km^2,每年入黄河泥沙高达 16 亿 t,严重威胁下游的安全,其中严重流失面积 27.6 万 km^2,有 50% 的侵蚀量超过 5000t/km^2,有些地方达到 10000~30000t/km^2。同时在宁夏、新疆、甘肃等地的风蚀,几乎年年出现,且一次比一次严重。西南地区则是水蚀为主,并伴随重力侵蚀灾害。保护好西部森林,将减少西部地区大面积的水土流失,不仅改善本地区生态环境而且阻止泥、沙、石汇入发源于此地的长江、黄河等重要河流,保护了中下游的生态环境。

4. 促进降雨,缓解水资源短缺问题。旱灾也是中华民族的心腹之患。20 世纪 50 年代全国年均受灾 1.2 亿亩,90 年代年均达到 3.8 亿亩。据统计,全国因干旱每年损失 2300 亿元。森林能有效地促使林地周围及周边地区的热量状况、水分条件、局部大气组成发生变化,因此可起到调节小气候,保护和改造环境的作用。森林一般可增雨 5%~20%,有人把森林比喻为"天然的抽水机"和"绿色喷泉"。盘根错节的林木根系可吸收水分,增加雨量。植被的破坏及其他因素的影响导致气候惊人的改变。森林植被能够影响成云降雨,是人类解决干旱问题可以发挥主观能动性的基本形式。怎样解释这一道理呢？简单讲，降雨过程一是要求地面要有大量水蒸气上升，这与地表反射率有密切关系。森林植被由于积蓄了大量太阳辐射，造成积温高，加之森林的蒸腾作用，使大量水蒸气上升，从而促进冷热空气垂直运动，使水蒸气在高空与冷空气相遇形成云滴。二是云中要有凝结核，森林植被所产生的大量腐质微粒随水蒸气上升，这些特殊的微粒是一种生物核，是可把云滴形成雨滴的最重要的凝结核。人工降雨的原理，就是向具备降雨条件的云层布撒干冰，以提供大量的凝结核。实践中森林植被增加随之降雨增加的实证很多。内蒙古赤峰市敖汉旗，几十年来植树造林 500 万亩，森林覆盖率达到 43.5%，1957～1960 年平均降雨量 373 毫米，1991～1999 年平均降雨量为 487.7 毫米，增加降雨 31%。青海海西蒙藏自治州都兰县南部香日德地区从上世纪 70 年代开始大搞造林，1990 年降雨量为 147.6 毫米，1999 年增至 363 毫米，近 10 年降雨量竟增加一倍以上。

在西部地区扩大森林覆盖率，可以解决该地区降水不足、土地沙漠化等问题，改善目前该地区生态环境建设的窘况。而且雨水通过地表径流和地下径流流入发源于该地区的大江大河，增加径流量，解决全国水资源短缺的问题。

5. 维持雪线。大江大河是母亲河，发源于雪山地带，犹如民族的动脉，而雪山则是"血库"。西部高山地带森林，由于所处海拔多在 1500 米以上，其促进降雪的机会更多。雪山地带的森林是维持雪线不上移、冰舌不后退的保护神，作用巨大，影响深远，关系民族的生存。比如仍保有森林植被的祁连山，其北麓发源石羊河、黑河，关系河西走廊和内蒙古西部人民的生存；西麓发源疏勒河，关系甘肃西部、新疆东南部人民的生存；南麓发源大涌河，关系青海湖和黄河的来水量。我国的大江大河多发源于西部地区，而西部地区生态比较脆弱。随着西部地区经济发展和生产规模逐步扩大，用水量也不断增加，原来生产规模条件下的生态平衡还会不断遭到破坏。因此，保护和培育西部山区森林对维持雪线就显得尤为重要。

（二）减少洪涝灾害的发生

西部地区在长期人类活动干扰下，大面积的森林被毁，致使生态系统发生了变化，即原始森林－次生林－灌木草丛－草场植被－农用地或裸地的演替，对林草植被的破坏降低了其拦蓄降水的作用。据实验，$1km^2$ 有林地比无林地多蓄水 300t，洪水历时可延长 18 倍，最大洪峰量可降低 50%，水土流失严重的地方，当下雨的时段，宝贵的水资源来不及到达土壤底部就会变成大大小小的径流流失掉了。水不但不能被人们充分利用，反而酿成洪灾。洪水冲走不仅有水土，而且还有盘根错节的树根、草根。植被的根系牢牢地抓住土壤，保护它们不会被水冲走。

如果失去森林的保护,大大小小的径流把土壤冲走,而随地表径流进入河流、湖泊、水库,又造成淤积、河床抬高、湖泊和水库蓄水量减少,缩短了它们的寿命,以致完全失效。在洪灾期间给人们的生命财产造成巨大损失。1981 年长江上游洪灾经济损失达 20 亿人民币。由于上游水土流失造成河道淤积,导致泄洪能力下降,黄河河床逐年抬高,黄河下游河段已处于"越淤越加,越加越高"的局面,黄河成为悬河,造成黄河历次大泛滥。从先秦到 1949 年,发生洪灾达 1500 次,大的改道 26 次,形成三年一决口,百年一改道。新中国成立后,虽没决口,但因泥沙淤积,河床以每年 10cm 的速度淤高。1958 年下游河道防御了 22300m3/s 的洪水,而 1993 年只能防御 6000m3/s 的洪水。在西部地区实施森林保护战略,恢复林地植被,通过森林的树冠拦截作用、树根的引流作用,减轻雨水对地表的冲刷,减少地表径流中泥沙的含量,最终减少下游地区河道含沙量。从而解决河流下游泥沙淤积,防洪困难的问题。

(三)防风固沙、抗御风沙灾害,减少沙尘暴的发生

我国是世界上受沙化危害最为严重的国家之一。全国沙化土地面积已达 174.3 万平方公里,占国土面积的 18。2%,大多数集中在西部地区。且每年仍以 3436 平方公里的速度扩展,相当于一年损失一个中等县的面积。沙漠化已成为中华民族的心腹之患。风和沙关系紧密。风是沙的启动力,没有风,就没有沙的运动。风蚀是沙漠化扩展的主要因素。从森林植被改善沙区生态的作用看,森林可以防风。风的危害主要是低空风,而森林植被正是防止这一危害的屏障。据科学家研究,在林带迎风面 5 倍于林带高度的距离、在背风面 25 倍于林带高度距离时,风速一般可减少 10% ~20% 。低空风在经过山谷地带时,由于"狭管"效应会加大风速,而山口、峡谷地带的森林可以减缓这种效应。试想,如果没有已建设 20 多年的"三北"防护林工程,我国"三北"地区的生态会恶化到何等程度?另一方面,森林可以固沙和改良沙地。森林里的乔木、灌木、草本、藤本等植物构成的庞大根系像一张盘根错节的网,不但可以牢牢地网住土壤,锁住沙丘,有效减少土壤流失,遏制沙化土地扩大,减少泥石流的发生,防止水利设施遭到破坏,还可以将大量的枯枝落叶转化为有机物,有效改善沙土的结构,提高土壤肥力。

我国西部北部分布大沙漠及风蚀地 604 万 km^2,整个地区降水量多在 100 ~150mm 以下,植被稀少,沙生物质多,风蚀强烈,是沙尘暴的尘源地。凡是沙漠化严重的地方,气候炎热干燥,水源紧缺,每到夏季气温高达 40 ~50℃ ,一到冬季,黄尘蔽目,飞沙走石,沙尘暴经常发生。在这样的地区增大森林覆盖率可以从源头减少沙尘暴的发生,减轻目前国内日益严重的沙尘暴灾害。

（四）调节气温、缓解"温室效应"

森林是气候调节器，是控制地球变暖的重要缓冲器。森林对太阳辐射有再分配功能。当太阳光辐射至林冠时，有10%~25%被反射至空中，35%~80%被吸收转化，林木叶面蒸腾作用大量消耗热能，使林区或森林附近地区的日温差小，减弱了冬季的寒冻和夏季的日灼高温危害。"大树底下好乘凉"就是这个道理。森林受到破坏，于是热风就会很容易形成，风暴就会肆虐成灾，对气候变化造成不良影响。

"温室效应"加剧已引起全球的关注，我国也给予了高度重视。"温室效应"，就是由于大气中二氧化碳、甲烷等气体浓度升高而引起的气候变暖。这已被列为21世纪人类面临的最大威胁之一。从1860年至今，地球大气中二氧化碳的含量提高了大约25%，其中一半是1960年以后增加的，使全球气温上升了0.5~0.7度。如果这一趋势保持下去并加剧，将造成灾难性后果。联合国政府间气候变化委员会研究报告预测，到21世纪末，气候变暖带来的两极冰川消融，将使海平面上升0.3~1米，届时东京30%的地面受淹，全球30%的人口可能迁移。我国珠江、长江、黄河三角洲也将严重受损。占国土面积18%的北方常年冻土地将解冻，一切冻土基础设施将破坏。温室气体增加的一个重要因素就是森林被破坏后减少了二氧化碳的转化。保护和培育森林成为减少大气中温室气体，稳定气候和改善生态的主要途径。而西部森林植被稀少，在该地区搞好森林兴建和保护工作，全国的气候状况将得到好转。

（五）减轻大气污染

森林与空气质量关系密切，具有净化功能。一是树木可吸附有害气体。如1公顷柳杉林每年能吸收二氧化硫720千克；刺槐和女贞等树种能吸收氟化氢；银杏、柳杉、夹竹桃等树种能吸收氟；加拿大杨、紫穗槐等能吸收致癌物质如安息吡啉等等。森林中的很多植物，如丁香、桦树，能分泌出杀菌的挥发性物质。二是对灰尘具有阻挡、过滤和吸附作用。林木叶面的灰尘经雨水冲洗后，又能恢复其滞尘功能。2001年世界十大污染城市西部就有3个，即贵阳、重庆、兰州，分别高居世界第一、第二和第四。二氧化硫排放量过高，致使西南部酸雨频繁，频率已高达80%以上，广西东部的酸雨出现频率高达90%。酸雨不仅使河湖水酸化，影响鱼类生长，而且能使土壤酸化，危害森林和农作物生长。如重庆南山原有马尾松2.7万公顷，至今已消失一半，并继续消失着。究其原因，是酸雨频率100%，ph值持续在3.6~4.8之间。西部地区的大气污染的状况已经严重影响了全国的大气环境，西部地区森林保护已经刻不容缓。

(六)保存和维护生物多样性

生物多样性包括遗传多样性、物种多样性和生态系统多样性。森林是一个庞大的生物世界,是数以万计的生物赖以生存的家园。森林中除了各种乔木、灌木、草本植物外,还有苔藓、地衣、蕨类等植物和鸟类、兽类、昆虫等动物及各种微生物。由于我国西部辽阔的疆土,古老的地质历史,多样的地貌和气候条件,形成复杂多样的生态环境,因而孕育出丰富的生物多样性。就物种而言,苔藓植物 2,200 种,占世界总种数 919%,隶属 106 科,占世界科数 70%,蕨类植物 52 科,约 2,200 种~2,600 种,分别占世界科数的 80% 和种数 22%。而包括昆虫在内的无脊椎动物,低等植物和真菌、细菌、放线菌其种类更为繁多,目前尚难做出确切估计。然而由于乱砍滥伐森林,致使各种野生动物的栖息地遭到破坏,使西部的生物多样性受到严重威胁。就生态系统来说,仅草甸而言,可分为典型草甸(27 类),盐生草甸(20 类),沼泽化草甸(9 类)和高寒草甸(21 类)。荒漠可分为小乔木荒漠、灌木荒漠,小半灌木荒漠及垫小半灌木荒漠共 52 类,此外高山冻原、高山垫状植被和高山流石滩植被主要有 17 类。西部地区区系复杂、树种繁多的森林资源决定了其在生物多样性的保护中必须采取更完善的保护措施。

作者发表于《生产力研究》2006 年第 10 期

四、西部地区森林生态保护的可持续发展

1992 年联合国环境与发展大会以来,森林问题特别是森林可持续发展问题作为全球环境问题中的一个必不可少的组成部分,受到了社会各界的普遍关注。1997 年 10 月在土耳其召开的第 11 届世界林业大会,把"森林的可持续发展——迈向 21 世纪"作为大会的主题,并向世界呼吁:所有国家应以更强的政治责任保证森林资源的可持续发展。随着可持续发展观念的普及和森林在履行《京都议定书》减排目标中作用的加大,林业正在被赋予越来越多的内涵。传统的森林经营模式正在被可持续经营所取代。这已成为全球广泛认同的林业发展方向。森林的生态保护与可持续发展正在被提到空前的高度,成为各国发展战略的核心问题之一。我国西部大开发中,这一问题的重要性同样已经不言而喻。我们在处理西部森林生态保护与可持续发展的关系上长期以来存在许多问题,阻碍了西部森林生态的保护,对西部自然资源的可持续发展十分不利。作者现就这一问题提出一些见解。

一、我国西部森林生态保护的现状

西部地区的森林资源十分贫乏,同时西部地区是长江、黄河、珠江三大江河的发源地,生态环境的战略地位决定着西部的环境安全直接影响着东部和全国的环境安全。为了西部林业的可持续发展,国家采取了一系列的保护措施:第一,实施天然林保护工程,停止采伐天然林,把森林植被管护好。2000年10月,国务院批准《长江上游、黄河上中游地区天然林资源保护实施方案》和《东北、内蒙古等重点工业国有林区天然林资源保护工程实施方案》,西部地区的天然林保护工作逐步展开。第二,建立防护林体系。从50年代起,中国就在内蒙古东部、华北北部营造防护林;从1978年起,中国又在西北、华北北部、东北西部建设"三北"防护林体系。这项被誉为"绿色万里长城"的防护林体系建设工程范围包括西部地区的新疆、甘肃、宁夏、陕西等省份。截止2000年底,"三北"防护林已累计造林2792万hm2,森林覆盖率已由1978年的5。5%提高到9%。长江中上游防护林体系建设,经7年的启动和全面加快实施,已累计完成重点造林面积700多万亩。第三,实施坡耕地退耕还林工程。中国政府已经制订出西部地区退耕还林还草的规划。根据这一规划,将用10年时间初步遏止西部生态环境恶化的趋势,到2050年实现再造一个山川秀美的西部,建立可持续发展的良性循环。财政部还将充分利用国外资金、机制和技术促进西部森林生态环境保护和建设,促进西部地区经济和社会发展良性循环。为了保障退耕还林规划的顺利实施,推出退耕还林的补偿机制,将从制度上保证西部森林的恢复与重建。第四,宜林荒山荒地造林,全面恢复林草植被。因地制宜地在荒山荒地种植适合该地区自然条件的林木,造林由国家无偿提供建立种苗;实行谁造林、谁所有,谁管护、谁受益的政策,但采伐要受国家法律、法规和采伐规程的约束。第五,实施建造农村沼气池。兴建沼气池,解决农村以林木为主要燃料的问题,"以气代林"可以在一定程度上改善目前滥采滥伐的现状,使得造林工作能够有效进行。

二、西部森林生态保护不力、不能完全适应可持续发展的原因

首先是《森林法》中有关规定的不足。森林法作为国家组织、领导、管理林业的有力工具,其目的是推广立法,加快国土绿化,改变我国森林资源贫乏和林业不发达的状况,运用法律手段来保护森林,发展林业。它对我国森林生态保护起着十分重要的作用。但随着社会经济的发展,它也明显出现一些不相适宜的地方。首先是《森林法》的立法宗旨,依据我国的立法传统,环境法与自然资源保护法规被视为是两个法律部门,而森林法通常归入到自然资源保护法中。虽然1998年修改后的《森林法》建立了森林生态效益补偿基金制度,但在《森林法》第一条关

于森林法宗旨的阐述中,却未从生态概念的高度强调森林资源是整个生态系统的组成部分,而仅仅规定森林法的宗旨为保护环境和提供林产品以适应经济建设和生活需要。这一规定虽然在形式上抛弃了资源经济本位的指导思想,但也存在一定不足。其次是对森林的保护手段上,修改后的《森林法》在森林资源的保护手段上,较之于从前已经有了很大的突破。例如,允许将特定的森林、林木和林地使用权依法转让和依法作价入股或者作为合资、合作条件。但从整体上看,森林法对森林的资产属性还重视不够。我国的森林资源保护措施主要包括植树造林、限额采伐、林业基金、封山育林、群众护林、防治森林火灾和森林病虫害、建立森林生态效益补偿基金、出口管制、征收森林植被恢复费,以及对集体和个人造林育林进行经济支持等等,总体上表现为一种管制型的立法,更多习惯于行政许可、行政命令和行政罚款等手段,如采伐许可制度,而较少运用民法手段和经济刺激措施。

二是林权不稳。尽管我国《森林法》明确把"稳定林权、林木、林地权属"作为其基本原则之一,但从新中国成立以来我国林业发展的历史说明林权不稳是我国森林遭受严重破坏和生态保护不力的一个重要原因。在新中国成立前相当长的历史时期里,我国大多数林区一直保持着森林资源私人所有为主的民有民营林业;新中国成立以后,森林资源一度成为工业化资本积累的重要来源,遭到大规模砍伐和破坏,传统的民有民营产权制度也经历了私人所有向初级社、高级社再到人民公社公有化的迅速转变,最后基本形成了集体和部分国家占有的公有公营产权模式;20 世纪 50 年代后期某些地方大办国有林场和森工采育林场,各村纷纷举办集体林场,通过集体作业、强度皆伐,以提高木材生产效率。在这种对森林资源所有权变动的过程中,随之而来的是对森林的大肆破坏,毁掉了大量宝贵的天然次生林资源,带来了严重的环境保护问题,也加大森林生态保护的力度。

三是森林管理存在弊端。我国对森林资源的管理比较滞后,一方面对森林的林业投入严重不足,管理体制不顺,这也是制约着森林资源可持续发展的因素。培育森林资源是一项以改善生态环境为主要目的的社会性公益事业,需要国家的特殊政策扶持和资金保障,这已成为世界各国的共识。长期以来。我们的计划经济在森林资源发展中烙上了深深的印记,认为森林资源无价,无偿使用和占有,国有森林所有权与使用权剥离,林业税赋过重,林业建设资金严重短缺,造成了越采越穷、越穷越采的恶性循环。另一方面林地管理滞后,制约森林资源发展。尽管不少地方最近一两年制定了有关林地保护的条例和法规,但林地管理还没有摆到各级政府部门工作应有的位置上。土地、林业、矿产等部门管理职能交叉,林地管理的法律和法规不配套、不健全,致使林地逆转现象严重,森林资源破坏加剧。

三、加强西部森林生态保护,确保森林的可持续发展

我国西部还是一个贫林地区,过少的森林资源不仅使我国的木材和林产品短缺、珍稀动植物减少甚至灭绝,而且还造成生态系统破坏、环境质量下降,水土流失加剧,由此而导致的荒漠化问题与频繁的洪涝灾害已对我国经济的持续发展构成潜在威胁,保护西部森林资源刻不容缓。针对我国森林资源的现状,西部森林资源的生态保护应把握以下几点:

更新《森林法》的立法宗旨。森林法既可以是资源经济本位的法,也可以是生态支持本位的法。森林资源保护的立法完善问题首先就要解决森林法的立法宗旨与本位问题。由于可持续发展思想已经见诸WTO的正式法律文件中,因此有必要在森林法中突出可持续发展的观念和立法要求,彻底转换传统的环境保护法与资源保护法分立的立法思维模式,将森林资源首先作为一项重要的生态要素。在环境法的整体框架下设计和构建森林保护制度,并从森林的生态属性出发,将森林的存续和森林的最佳利用确定为森林法的立法宗旨。在此同时,森林保护的手段问题上宜重视运用市场手段,因为破坏森林的很多行为的背后都涉及经济方面的利害关系。我们可以将经济利益与环境利益联系起来,将林区经济发展和森林的保护联系起来,利用市场的指引功能,通过诸如税收制度、森林采伐许可的总量控制制度和在此基础上的采伐许可证有条件的流通制度,有偿绿化与义务绿化相结合制度等的综合运用把森林开发所引起的环境成本内在化,来实现森林资源的效益最优化。

适当地扩大私有林的比重。当前我国林权主要分为国家林权,集体林权和公民个人林权。前两者占绝大比例,但总体上讲,在自然资源高消耗的传统粗放经济增长模式下,森林资源公有化经营体制不利于森林资源的可持续经营,难以形成森林资源、生态环境与林业经济的可持续发展的良性运行机制,难以避免"公有地悲剧"的出现。近50年的森林资源共有公营的经营实践以及长江流域严重的水土流失充分证明了这一点。因而我们可以适当地下放国有林,集体林的比例,扩大私有林的比重。一般意义上,私人所有权可以刺激所有权人高效率利用各种自然资源,促进资源的合理流转,具有较高的资源利用效率和资源配置效率,私人所有权也就被认为是一种有利于社会的制度安排。这样激发了农民从事森林资源保护和开发利用的积极性,提高了森林资源使用与配置的效益,从而保证森林的可持续发展。

加强对森林资源的管理。为了更好地推动森林资源的可持续发展,我国政府确定了以"扩大森林资源面积,提高森林资源的数量和质量;改善森林资源的林

龄、林种、树种结构;提高林地的生产率和利用率;逐步解决木材供需矛盾;提高林地的生产和利用率;逐步解决木材供需矛盾,解决农村燃料短缺问题,满足国民经济发展对林产品的需要。建立一个地域布局合理、生产力高、多层次、多功能的森林资源体系"为内容的森林资源可持续发展的总目标。①改革林业生产体制。我国的林区多为国有经营企业,林业布局分布不均,企业规模小而不精,经济效益差而没有拳头产品,竞争乏力,市场占有份额极低。随着市场化进程的不断推进以及市场竞争的加剧,市场竞争对产品结构和企业结构调整的力度明显加大,特别是竞争领域的产品和企业分化的日益突出。在一段时期内,许多国有林业企业由于受旧体制的影响还没有从原有的思路和框架中解脱出来,所以面临着外部市场优胜劣汰的竞争压力和国际竞争的挑战以及世界经济发展新格局所提供的机遇。面对压力、挑战和机遇,作为肩负着森林生态和经济建设双重任务的国有林业,必须从计划经济体制的束缚中解放出来,在制度、产业结构上进行一系列的大调整,固本培元、实现规模化、产业化,提高质量,创出名牌。只有这样才能在市场上占有一席之地,从而生存和发展,也才能为现有森林保护提供强有力的经济后盾。否则,所谓的森林生态保护只是一句空话,空中楼阁而已。具体来说,可以采取以下几种措施:②积极推进现代企业制度,不断扩大对外开放。伴随着现代企业制度的建立和完善,国有林业资源、资本的运营将不再是原有意义上的封闭式"一元化"经营了,而是开放式的社会资本的"多元化"经营。国有林业资源、资本的控股和参股,不仅对于提高国有林业经济的技术含量和国有林业资本的效益水平具有非常重要的作用;而且国有控股公司、林业集团公司可以通过投资、控股、参股、兼并等方式来控制和支配资本几倍乃至几十倍的社会资本,进而,全面带动林业产业优化升级、参与国际竞争等方面,放大自己的功能和作用。③林业生产企业所有制多元化。现代林业中的多种所有制不再各踞一方、各占一个领域,相互封闭、相互隔绝地排列组合。新格局所展示的将是一个你中有我,我中有你的立体网络。在这一新格局中,国有林业资源、资本不仅自身要提高整体质量,而且还应通过产权纽带控制、支配社会资本的配制和释放自身的潜能。④强化企业功能。股份制是现代企业主要的资本组织形式,有利于所有权与经营权的分离,有利于提高企业资本的运行效率。国家控股有利于扩大公有制的支配范围,增强公有制的主体作用。在我国,股份公司作为主要资本组织形式,所容纳的生产力远远没有全部发挥和释放出来。目前,国有林业经济发展就是要充分释放这种资本组织形式的潜能,并在产业升级、结构优化、企业制度创新以及吸引社会资本投入方面发挥核心作用。四是调整现行林政资源管理政策。在提高资源管理效率和有效性的基础上,放活流通体制,给予森林资源资产的经营者更大的自主权,并本着"管理一块,搞活一块"的原则,对国有商品林放开经营。五是实行轻税薄赋政策,改双重环节为单重环节征收农业特产税。六是合理进行存量资源的再配制。通过市场选择和政策扶持,培育和发展一批跨行业、跨地区、跨所有制的大型林业企业集团,是实现资源再配制和资本集中的必然选择。同时进一步抓好林业职工社会保障体系的建设,实现产业升级和技术升级,使国有林业经济在这些领域不仅有量的优势,更重要的是有质的优势。⑤采取森林认证制度。为了推动森林可持续发展,使森林可持续经营目标更具有可操作性,一些地方政府、组织、个人和林业企业也在采取积极的行动,以求保护人类赖以生存的森林。他们共同发起的行动之一就是"森林认证",并取得了一定的进展。所谓森林认证是一种试图把贸易,特别是国际贸易同森林可持续经营联系起来的行动。其做法就是帮助用户购买来自可持续经营森林的木材制造的产品。我国林业正面临着以木材生产为主向以生态建设为主的历史性转变。林业承担着改善生态、发展资源、促进发展的历史重任。加快森林认证工作是我国环境建设的需要,也是林业自身发展的需要。实现林业可持续发展,对于我国实现全面建设小康社会的宏伟目标具有重要意义。要完成这一历史使命,林业必须进行自身的制度创新。作为一项具有创新意义的手段和工具,森林认证以市场机制促进森林可持续经营,符合世界发展的潮流和我国林业跨越式发展的要求。开展森林认证是我国适应世界林业发展规律的具体表现,有助于促进我国森林的可持续发展,有助于我国林业的跨越式发展⑥严格执行采伐限额制度。森林采伐限额是保护、培育和合理利用森林资源的重要环节,坚持对森林采伐进行控制,制定合理的年采伐限额是客观控制森林资源消耗,保证实现森林永续利用的重要措施。而严格执行森林采伐限额制度是控制森林资源消耗、实现森林资源可持续发展的重要保障。具体来说必须实行森林采伐限额全额控制,分类管理,严格执行凭证采伐制度,进一步加强林木采伐管理;还要加大采伐限额监督检查力度,强化森林采伐限额执行情况的监督检查,依法严厉查处超限额采伐行为。对超采伐限额负有失职、渎职责任的管理人员和领导干部,依法严肃处理。对于年度采伐后未完成更新造林任务的单位,下年度不再核发木材采伐许可证。并严格对抚育间伐限额的管理,严禁挤占、挪用抚育间伐采伐限额。⑦实行森林管护承包责任制。管护承包责任制包含管护和经营两方面内容。管护是为了保证森林资源安全,加快森林培育,保证森林资产保值增值;经营是为了使职工有可靠的收入来源,激发职工进一步搞好管护承包的热情,巩固管护承包成果。职工群众没有经营收益作保证,管护责任也难以真正落实和保持持久。推行管护承包责任制的核心问题,是调动职工群众的积极性。而调动职工群众的积极性,必须贯彻物质利益原则,建立有效的激励机制。而林业作为特殊行业,森林作为生态资源,又必须突出保护和培育为主,必须同时建立制约机制。因为实行管护承包责任制的目的是保证天然林保护工程的顺利实施,促进国有林区森林资源尽快恢复,走生态、社会和经济效益协调发展之路,不断提高可持续发展能力。

作者发表于《农业经济》2007 年第 10 期

第六篇

资源法治建设在中国历史上的溯源

　　环境问题是一个古老的话题,我们的祖先自走出茹毛饮血的穴居时代、跨进文明社会的那一时刻起,就重视自己赖以生存的环境,意识到了人类与环境之间的协调关系的重要性,留下了许多宝贵的史料。在人类社会高度发展,环境问题日渐突出的今天,回顾我国古代在环境保护方面的有关内容,对我们今天的环境保护仍有很好的借鉴作用。

一、中国古代的环保思想

　　1. 认识到自然环境的好坏对国家兴衰、国家富贫具有重要影响的思想

　　西周时期,人们认识到保护山野蔽泽是国富民强的保证。《管子·立政》篇中讲到富国立法有五条,其中第一条就是"山泽救(救:即防止之意)于火,草木殖成,国之富也"。将山泽防火,草木生殖生长置于富国之道的首位。《国语·周语》中述周制说:"国有郊牧,疆有寓望,蔽有圃草,囿有林池,所以御灾也。"这说明当时人们认识到郊牧、圃蔽、林囿可以用来救饥荒、防灾年。而著名的政治家管仲则将诸侯之君能否严格地保护山林原泽的资源而不使其受破坏作为判断可否立为天下之王的标准。即:"为人君不能谨守其山林范泽草莱,不可以立为天下王"(《管子·轻重甲》)。这就足以说明人们对保护山林原泽等生态资源和环境的重视程度了。《孟子·梁惠王上》云:"不违农时,谷不可胜食也;数罟不入垮池,鱼鳖不可胜食也。斧斤以时进入山林,林木不可胜用也。谷与鱼鳖不可胜食,林木不可胜用,是使民养生丧死无憾也。养生丧死无憾,王道之始。"将环境保护上升到称王称霸的地步,这与管仲的环境保护思想可谓是异曲同工。

　　2. 崇尚和顺应自然规律的思想

　　早在先秦时期,人们就已经初步懂得了人类与大自然的依赖关系。《吕氏春秋》说:"夫稼,为之者人也,生之者地也,养之者天也。"也就是说人类的生产是依

赖于大自然的,所以必须遵循自然规律办事。

在 2000 多年前,中国伟大的思想家老子从对宇宙自身和谐的认识出发,提出了"人法地、地法天、天法道、道法自然"的理论。在这里,他提出了"人"、"地"、"道"与"自然"之间关系的重要问题,指出在"天"、"地"、"人"以及其他万物的生成至毁灭的全过程中,都不能离开道即自然规律的规制。人应该效法天地之道,对万物"利而不害",辅助万物成长,增进和维护自然的价值,而不应违背"道"的"自然而然"的特性,否则,一切过度的事情都不能持久,人最终都会受到惩罚。

比老子稍晚一些的道家思想家庄子,他的基本思想就是"齐物论"。他认为万物本是同一的,并无质的区别,所谓高低、贵贱、美丑等判断实际上都是人的主观"我见",他举"混沌"被凿七窍的寓言故事(《庄子·应帝王第七》)说明,用这些"自我观之"的功利心态去改造自然,就必然会造成对自然、包括人自身的自然的损害,而社会也就会分裂而变得不安宁。并进一步指出人应该尊重自然,尊重一切生命的原因,人的生命、禀赋、子孙都是大自然和顺之气的凝聚物。为此,在《庄子》一书中他特别强调人应顺应"自然"。孔子也曾言:"伐一木,杀一兽,不以其时,非孝也",将顺应自然规律的适时的伐木杀兽归入孝的行为对于违背自然规律的行为,古人们则认为其必然引起自然的惩罚。在汉代人们就知道了破坏森林会导致自然灾害。《后汉书》说:"新伐林木,亡有时禁,水旱之灾,未必不由此也。"将水旱之灾与违背自然规律的利用生物资源相联系起来。北魏著名农书《齐民要术》说:"顺天时,量地利,则用力少而成功多。任情反道(凭着主观,违反客观规律),劳而无获。"按照自然界的生态规律进行生产,就能事半功倍,获得较多的经济效益,反之则不然。

顺从自然规律,主要是遵循一个"时"字。所谓时,指的是动植物的生长发育成熟繁殖的季节。《逸周书·文解传》中说"山林非时不升斤斧,以成草木之长;川泽非时不入网罟,以成鱼鳖之长。"这说明了当时的人们就已经认识到了对林木的砍伐、动植物的猎捕要适应自然规律之"时",才能保障人们对该自然资源的合理利用,孟子说:"不违农时,谷不可胜食也;数罟(密网)不入洿池,鱼鳖不可胜食也;斧斤以时入山林,材木不可胜用也。"(《孟子·梁惠王》上)体现了生态效益和经济效益相统一、自然资源的利用与保护相适应的思想。

顺从自然规律,还要注意一个"节"字。所谓节,就是在使用和开发自然资源的问题上必须要有节制,不能掠夺性地使用资源。传说商汤见到郊外有人四面张网,认为"尽矣",把禽兽都捕尽了。于是他命"去其三面",不要一网打尽,竭泽而渔(《史记·殷本纪》)。捕鱼不用密网,不在树木生长时节砍伐,也都是为了有利于自然资源的再生。

3."天人合一"的"和合"思想

"和合"是中国文化生命之所在，它是被普遍认同的、一般的原则，是中国传统思想中人与自然和谐一体的理论，即人与自然相互依存，人不能脱离自然而独立存在。

西周末年，史伯提出"和实生物，同则不继"的深刻思想。这里"和"是"以他平他"，指不同事物和因素的结合，是差异性和多样性的统一。"同"是"以同裨同"，指完全相同的事物和因素的结合，是不能产生新事物的直接同一。因而"和"能生生不息"，同"则没有持续发展。史伯的这种思想与当代关于"生物多样性"与"可持续发展"的思想是完全一致的，至今仍有着重要价值。在《易经》、《内经》中把自然与人比作"大宇宙"与"小宇宙"的关系。《易经》将人视为是自然界的一部分，与天地合称"三材"，认为："易之为书也，广大悉备，有天道焉，有地道焉，有人道焉。"(《系辞下传》)强调在天地人的关系中要按照自然规律办事。孔夫子也认为应以天地人生生不息来追求和维持在时间和空间上的和谐与均衡，主张"节用而爱人"、"吾道一以贯之"，在理念上反对通过掠夺自然来增加财富和享受。道家代表庄子提出了"太和万物"的命题，意思是说在天地万物中本来就存在着最大的和谐关系，因此人们应"顺之以天道，行之以五德，应之以自然。人应该顺应天道的规律，按照五德来规范自己的行为，以适应自然的要求。儒学大师董仲舒则系统地表述了"天副人数"和"天人合一"说。他认为"天亦有喜怒之气，哀乐之心，与人相符，以类合之，天人一也。"人与天地具有感通性，天地的某些变化、迹象预示着人类社会的起伏、曲折，人的活动也会引起天地的回应，水旱、地震、山崩等自然灾害是天对人的谴告。如果我们撇开董仲舒的唯心主义体学和非合理的成分不谈，仅从环保的角度来审视它，其含义无非是说天（自然）是放大了的人，人是缩小了的天（自然），天和人具有高度的一致性、相似性。它的合理成分在于从整体、系统的角度处理人与自然的关系，视人与自然为息息相通、密切相关的，人的活动会引起自然环境的变迁，自然环境的变化教人"以察时变"，最终实现和谐一体的天人关系。自秦汉以来，各代的思想家都从不同的层面上对"天人合一"的思想进行了发挥和论证。例如：程朱学派提出了"人与天地万物一体"的观点，并以"参赞化育"作为"和合"的目标以处理人与自然的关系，维持生态平衡。佛教的"依正不二"原理也是对"和合"思想的阐发"，依正"是指"依报"（环境）和"正报"（生命主体），两者"不二"是说生命及其环境是不可分割的整体。由上论述，我们可以看出，在中国文化思想史上"，天人合一"是一个基本的信念，始终是中国人思维中或明或暗的一条主线。

总之,中国"天人合一"传统文化蕴涵着丰富的生态伦理思想,为世界历史所罕见,足以为东方生态伦理学之代表。

二、中国古代的环保机构

中国古代不仅有丰富的环保思想,而且许多朝代都设立了初具规模的环保机构。

我国从帝舜任命伯益为"虞"起,设立了虞、虞部、虞衡,是世界上历史最早的环境保护管理机构。《尚书》记载,一次帝舜召集大臣们议事。他问:"谁能替我掌管山林川泽的草木鸟兽?"众臣说:"让伯益来担任这个职务吧。"舜说:"好,伯益,你来担任我的虞官。"史书上说,伯益有丰富的生物学知识,他把山林川泽管理得很有条理,使草木生长得很茂盛,人们敬佩地尊称他为"百虫将军"。虞衡机构的目标和职责是保护各种生物和自然资源,负责制定管理山林川泽的政令,虞衡官员执行这种政令。它设有专职官员,如虞部下大夫、虞部郎中、虞部员外郎、虞部承务郎、虞部主事等。其中,虞师总管山林川泽政令,虞侯管理湖草,贮备薪柴。虞人,是各级专职虞官。专管山林、狩猎、湖泽的虞人,分别称为山虞、兽虞、水虞、野虞等。衡官,是虞官的下属,如林衡、川衡。

秦汉以后,山林川泽都归少府管理,具体分管的有林官、湖官、破官、苑官、畴官等,至唐宋时朗,虞衡又兼管了其他一些事务。据《旧唐书》记载,虞部之职"掌京城街巷种植、山泽苑圃、草木薪炭供顿、田猎之事。凡京兆、河南二都,其近为四郊三百里皆不得戈猎采捕。"在当时,虞部不仅管理山林川泽,且管街道化、物资供应等等。到明清时,虞衡机构除继续主持环境保护工作之外,还增加了采捕与陶冶,负责办鸟兽之肉、皮革、骨角、毛羽,已供祭祀、宾仪之需及礼器军实之用。

三、中国古代的环保措施

我国从四千年前的帝舜以来,就把自然保护列为国家重要任务,并逐渐制订和形成一套法律法规与政策措施,如荀子所说,保护自然是"圣王之制"、"王者之法"。据历史记载和考古资料述其要者如下:西周时颁发的《伐崇令》,就用兵之事明确规定"毋坏屋,毋填井,毋伐树木,毋动六畜,有如不令者,死无赦。"《逸周书·大禹篇》里的《禹禁》,是针对古代人口增长和垦殖发展,森林植被遭受破坏,引起水土流失、沙漠蔓延、湖泊湮废、水源短缺、气候变化、物种的分布变迁或灭绝等问题,制订了历史上最早的一部森林保护法。据《禹贡》、《管子》等记载,我国古代重视国土合理开发、利用与环境整治,特别是我国自古就设置自然保护区。齐相管仲坚决主张采用立法和执法手段,管理山林川泽和保护生物资源,明确提出"修火宪(法令),敬(同儆,警戒)山泽林薮草木"(《管子·立政》)。

秦朝的《田律》,是迄今所见到的古代环境保护法律保存最完整的文献,不仅是我国也是世界上最早的环境保护法律。在十八种秦律中有一种称之为《田律》,它有一部分专讲环境保护,包括古代生物资源保护的所有方面,如山丘、陆地、水泽以及苑囿、园池、草木、禽兽、鱼鳖等,非常全面。"春二月,毋敢伐材木山林及雍堤水。不夏月,毋敢夜草为灰,取生荔麛卵谷,毋毒鱼鳖,置井罔,到七月而纵之。唯不幸死而伐棺享者,是不用时。邑之近皂及它禁苑者,麛时毋敢将火以之田。百姓犬入禁苑中而不追兽及捕兽者,勿敢杀;其追兽及捕兽者杀之。呵禁所杀犬,皆完入公。其他禁苑杀者,食其肉而入皮。"

秦以后,唐宋两代的环境保护又有了一定的发展,特别是北宋重视立法、执法,以皇帝下诏令的方式,一再颁发和重申自然保护的禁令。唐玄宗李隆基采纳宰相姚崇和宋璟的建议,决定煞住滥捕滥猎鸟兽以制奇装异服的侈靡之风,发布诏令,命令将官中所有的奇装异服一律送至殿庭,当众付之一炬,并不许朝官吏民再穿锦绣珠翠之服,我国历史上最严重的破坏野生动物资源的事件才告结束。宋仁宗下诏,不许捕鹿取胎,不许戴鹿胎冠,如有违犯,严行断谴,并奖励检举揭发。

至明朝时,通过诏令的形式对突发的环境破坏行为进行控制仍然为明朝政府所应用。明朝永乐年间,土豪劣绅勾结奸商盗伐五台山山林,伐木者"千百成群,蔽山罗野,斧斤如雨,喊声震天",百分之九十以上的山林被砍光,转手倒卖,牟取暴利。针对五台山毁林事件,明朝万历皇帝发布诏令不论新木旧木,一概不准变卖,也不准再行砍伐,并责成有司日夜巡缉,遇有进山盗林者,立即捕获严办。这样才使一部分残林得以保存。

纵观中国历史上的环境保护的措施,大体可以分成如下几个方面:

1. 对动植物的保护

中国各朝各代的有为的统治者历来重视对动植物的保护,通过保障生物资源的可再生,来促进生物资源的合理利用。对动植物的保护主要是通过对动植物资源的利用的时间和利用的数量上进行控制的方式来确保动植物资源不会受到严重的掠夺性的破坏。如《礼记·月令》记述匕半年孟春正月到季春六月均有保护林木鸟兽龟鳖等生物资源的禁令。从孟春"禁止伐森,毋覆巢"到仲春"毋竭川泽,毋流破坡,毋焚山林,"再到季夏"树木方盛,命虞人入山行木,毋有斩伐。"月月都有明文规定。《逸周书·大聚》篇中说:"春三月山林不登斧,以成草木之长;夏三月川泽不入网署,以成鱼鳖之长。'这些都是从时间上来保证生物资源的合理利用的。

2. 防火

原始社会时期,由于野兽众多凶猛,人们为了逐禽兽并获取食物,用火焚烧森林原野。然而,这样做对动植物资源造成了极大的破坏,以至于"童山枯泽。"到春秋战国时期,人们逐渐认识到山林泽薮的价值及其火灾造成的危害,于是严禁在冬春之放火烧荒,因为此时气候干燥,草木黄落,最容易造成大火灾。一年用火陶冶及焚草莱的时间只限定在季春三月及季秋九月之间,其余时间严禁用火。《周礼·夏官》仁也记载:"季春出火,民皆从之,季秋内火,民亦如之。时则施火令。"这说明除做饭和取暖之外,春季一、二两个月及冬季二个月均是不可用火的季节。《秦律·田律》中也规定:"不夏月,毋敢夜草为灰。"其原因就是秋冬春三季气候比较干燥,草木枯黄易燃,如果在夜间放火烧草,会引起森林火灾,而夏季气候湿热多雨,草木青绿,在夜间将砍掉的草木烧成灰烬,不易引起火灾。这种规定是有一定道理的。

时至今日,频繁发生的生态危害与灾难已将生态环境保护与建设提到了刻不容缓的日程上。面对今天的土壤退化、荒漠化,水土流失加剧,森林面积与生物多样性锐减,洪涝灾害、沙尘暴频繁发生,我们在向西方各国学习其环保经验的同时,不妨翻开我国古代历史,借鉴些我国古代环境保护方面可以借鉴的经验。

见专著《中国试论资源法律制度》(现代教育出版社 2009 年)

四、西部森林生态环境保护的法律责任

随着市场经济的发展,森林破坏愈严重,对西部森林保护的紧迫性加强。国家实施西部大开发,应吸取开发沿海的经验和教训,提前采取措施保护西部的森林资源环境。加强保护西部森林的法律责任是保护西部森林生态环境的必然要求。由于森林保护法律的特殊对象,相关的法律责任在内容、形式和追究方式上有自身的特征。

一、西部森林生态环境保护法律责任承担的现状及存在的问题

(一)没有考虑生态的破坏

森林是一种可再生的自然资源,也是一种与环境息息相关的自然资源,作为自然资源,森林可以提供木材;作为环境因素,森林能够起到蓄水保土、调节气候、改善环境等功能。另外,森林是许多野生动物的栖息场所,森林构成一个庞大的

生物群落。现代社会对于森林的功能和价值更是赋予了新的意义,认为森林还可给人们提供娱乐服务、旅游疗养,生产丰富的森林产品,维持生态平衡,是推进可持续发展的重要组成部分。基于森林的特殊功能,加强对森林的保护成为可持续发展战略的重要内容。人类在古代就开始重视森林的保护,出现了违反禁令应受惩罚的早期规定。1975 年出土的云梦竹简上发现了秦代的法律,其中《田律》中有关于森林保护的规定,大意是:从春季二月起,不准进山砍伐林木,不到夏季不准樵薪,七月解除禁令。我国森林生态环境保护的法律以《森林法》为主,其他相关规定还散见于其他法律法规中,但都规定森林环境保护的法律责任主要为行政法律责任和刑事法律责任。《森林法》第三十九条至四十一条详细规定了破坏森林环境的法律责任,违法行为侵害的对象主要为森林的林木,并没有把森林生态系统作为整体进行保护。砍伐或毁坏森林不仅仅表现为破坏组成森林的林木,也破坏了与森林紧密结合的植被和野生动物的栖息场所,破坏了生态平衡。而我们现在是将砍伐森林和林木的依法赔偿,仅仅以林木的价值进行计算,显然没有把生态环境的破坏计算在内。作为法律责任,它不仅仅表达着社会群体的评价和希望,也表达着国家的评价与希望。① 保护森林既是社会群体的希望,也是国家的长远发展的需要。西部地区森林覆盖率为 9.88%,低于全国森林覆盖率 6.67 个百分点。新疆 1949～1984 年间森林面积减少 0.55 万公顷。四川岷江上游森林覆盖率由五十年代的 30% 降到现在的 18%,青海森林覆盖率为 0.3%,宁夏为1.45%,甘肃为 4.33%,西北三省(陕西除外)森林面积仅为 400 万公顷,只占全国森林总面积的 3%。西部森林面积的减少,森林覆盖率的降低,表明西部森林生态环境还在遭受着严重的破坏。社会的发展更让西部森林生态的破坏有了新的方式,如重庆市的歌乐山、南山、缙云山等森林公园乱建别墅群,破坏森林的现象十分严重。如何对造成森林生态破坏的严重行为给予有效的法律制裁,是我们不得不重新给予更高程度的重视的问题。

(二)没有完全体现对森林的补偿功能

森林立法的目的是为了保护森林资源和森林生态环境,相关的法律责任的目的归根到底要体现对森林生态环境的切实保护。《森林法》第八条将森林生态效益补偿基金法制化:"国家建立森林生态效益补偿基金,用于提供生态效益防护林和特种用途林的森林资源,森林的营造、抚育、保护和管理。"但这种制度经济是"补助"而不是"补偿"。在现在,仅有的这种补助还只是试点,没能使森林生态价

---

① 张恒山:《法理要论》,北京:北京大学出版社 2002 年 11 月第 1 版,第 457 页。

值从整体上体现出来。补偿金制度安排的交易成本在 40% 左右,成本是较高的(国家以每公顷 75 元的森林生态效益补偿,其中 30% 作为林业部门划定为公益林,这部分只能作为交易成本。有些地方从分配给农民和其他经营主体补偿金的 70% 中还有 10% 交出来作为公共基金)。由于较高的交易成本,森林资源经营主体的损失就不能得到有效的弥补。另外,营林投入存在极大缺口,表现在造林质量不高,单一人工林难以创造有效的生态平衡。加上管理疏忽,已成为不得不解决的问题。林业贴息时间短,规模小,不能发挥较大的作用。林业税费沉重,1999～2001 年松木、沙木和杂木的税费负担在收购价格中所占比重均在 60% 以上,使经营者面临亏损,严重挫伤其积极性。诸多问题,完全使森林的补偿功能不能实现。另外,森林遭受其他违法行为破坏,也没有得到应有的补偿。森林法保护的客体是特殊客体,是一种对全体人类的生存环境有重大意义的资源。森林遭受违法行为的破坏,行为人承担法律责任给予森林适当的补偿,不仅是保护森林资源本身所必需的,也是对其他人群起到起到教育和预防的作用所必需的。例如,集体所有的林木,由于集体的保护措施不够,致使林木因病虫害大面积死亡,此种情况下,由谁承担法律责任?如何弥补损害的森林资源?如果没有对森林的补偿功能,就没有实现立法的宗旨。我国开始逐渐建立森林生态效益补偿机制,通过国家投资,向森林生态效益受益人收取生态效益补偿费用等途径设立森林生态效益补偿基金,用于提供生态效益的森林的营造、保护和管理。既然建立了森林生态效益补偿机制,法律责任也规定对森林的补偿性就体现出立法的一致性。

(三)没有体现政府和社会的责任

森林生态环境保护无疑需要各方面的支持,法律责任的范围也应有所拓展,主要是政府的责任和社会的责任。森林是国家重要资源,保护森林是政府的重要职责。目前一些地方政府片面追求经济效益,忽略了森林生态环境的保护,致使大量的森林资源遭受破坏。经济总量上升,但森林的面积却在下降,生态失衡加剧。比如,我们一方面一个劲地强调要把天然林保护工程列入重要的位置,可是,在如何实施天然林保护的过程中,又经常对砍伐过的林地进行清理,把一些老树、死树运出森林作木材使用,林下杂草等也清理得干干净净。这完全不符合森林生态循环的规律。有些风景区和自然保护区的风倒木也成了人们抢运的对象。对林区树木的滥砍滥伐,使林区的形势日益恶化,资源缺乏,林业生产经济衰退,林区工人日益贫穷。美丽绝世、世界闻名的香格里拉自然生态保护区,一方面在争取国际社会保护的大力支持,而另一方面却在大式掠夺其珍贵药材、其他森林动植物等资源,旅游行业无法像美国黄石森林公园那样有节制的开发和利用。曾经碧绿无比的九寨沟五彩湖,现在也呈现出黄色……。森林法律责任没有政府责任,出现森林资源严重破坏的后果,往往只追究林业主管部门直接负责人的责任,没有把森林资源的损失看做是政府的责任。由于政府行政行为,比如修建公路,基础设施破坏森林,应相应的补种树木,却没有规定不补偿的法律责任。另一个法律责任表现在对保护森林的社会责任上,森林法对破坏森林的违法行为规定了详细的法律责任及处罚措施,对不作为的法律责任规定极少。比如法律规定公民有植树的义务,笼统的规定了一些法律责任,不能细化实施,公民植树义务就没有贯彻执行。

(四)不利于法律责任的实现

森林法律责任的立法应坚持客观性和科学性的统一,充分保护森林环境资源不受破坏,同时考虑到司法与行政的可行性,要有利执法,这是立法公平与效率原则的辩证统一。法律责任是前提,法律制裁是结果或体现。① 法律责任的规定不便于法律制裁的实行,法律责任就不易实现。我国现行森林法只规定对破坏森林的行为给予制裁,但在对破坏森林的恢复重建上保护不够。比如,森林法规定,盗伐森林或者其他林木的,依法赔偿损失;由林业主管部门责令补种盗伐株数十倍的树木,滥伐森林或者其他林木,由林业主管部门责令补种滥伐株数五倍的树木。但在实践中,林业主管部门对违法行为人的补种的监督存在诸多困难,补种十倍的树木,什么时候补种、在什么地方补种,补种能否存活等许多问题,致使问题拖延而使森林的破坏得不到及时的恢复。对于破坏森林的违法行为人没有经济能力进行补种,林业主管部门有义务进行补种。应以恢复森林遭受的破坏为第一重要,追究行为人责任为次要。加大森林保护的力度,确保危害森林法律责任的实现。又如,现行法律规定了森林公安机关处理森林治安案件的职权,森林法具体规定了森林公安处理治安案件的行政处罚权,但在实践中没有实施到位。

二、森林生态环境保护法律责任的强化

(一)强化对森林的整体功能的认识

强化森林作为一个生态系统,而不是林木的简单集合的认识。应该清楚的是,没有形成自然循环的树林不应成为严格意义上的森林。林区常常有许多不同种类的生物如森林、植被、野生动物共生在一起,它们相互制约、相互影响,使森林具有许多重要的生态功能。仅仅保护了林木,就没有保护森林生态环境。我们强调大量植树造林,形成了成片的人工林。但是林种单一,林中缺少其他植被和野

---

① 　沈宗灵:《法理学》,北京:北京大学出版社 2003 年 6 月第 2 版,第 373 页。

生动物,不能形成真正意义上的生态系统。森林防护林仅仅起到了防风固沙的作用,而没有发挥调节气候、改善环境的作用,被称为绿色沙漠。森林保护法律责任的强化要求不仅保护组成森林的林木,也要保护森林的生态功能。比如严重破坏森林地表的植被,将改变森林的土壤结构,也是破坏森林的严重行为。盗伐森林或者滥伐森林的不法行为,在由林业主管部门责令其补种的同时,应该考虑到森林的整体功能,决不能简单的要求其补种了一定数量的树木,也要考虑补种的效果。西部地区森林生态环境极为脆弱。西部大部分地区干旱少雨,年降雨量在800毫米以下,西北地区甚至在400毫米以下。年降雨量在100毫米以下的地区占了1/3。西部地区气候干燥,许多地方干燥度指数大于1。自然环境呈现森林—森林草原—草原—荒漠草原—荒漠的演变过程。西部没有大的草原,而是山地、丘陵占了大部。一旦植被遭到破坏,土壤迅速流失,土层变薄或者岩石裸露。植被再恢复十分困难。云贵高原、川西南、青藏高原石山、荒山、岩溶地貌比比界是,加上许多的戈壁沙滩。可以说,西部地区的森林资源如稍一疏忽,毁灭的速度将以数倍于中国其他地区增加!,因此,恢复和维护西部森林生态的任务十分艰巨。唯有强化对森林生态功能的整体认识,才能占据主动。

(二)强化对西部森林的补偿,增大违法的成本

从法理上分析,法律责任的承担应具有补偿性和惩罚性。森林的补偿有两种方式。森林生态补偿是通过有益(或者受损)的森林生态产品或者服务进行补偿,从而使森林生态外部性内部化,实现资源最优配置,正向激励森林生态产品的提供者。中国启动的狭义森林生态效益补偿首次将森林生态产品与服务问题纳入财政体系,在森林生态补偿的发展史上产生了巨大的转折。但这种补偿还不是真正意义上的补偿。严格意义上的补偿是取决于国家财政支持能力,如降低林业税费,改革营林投资的效益机制,撤销传统的育林基金,安排实现森林环境服务效益的最大化。用市场经济手段刺激森林生态产品和服务的良性发展。在这方面,要明确对补偿机制的建立和发挥效力的政府责任。解决干扰行政执法、行政不作为、滥作为等陋习和现象。

其次,增大违法的成本。森林生态环境有利于社会全体成员,部分不法分子为了一己私利破坏森林环境,其破坏森林生态环境的后果不应由社会全体成员来承受,而应由违法承担相应的法律责任。法律责任既要体现对违法行为的惩罚,也向违法者处罚经济补偿。法律责任的确定应考虑两个因素,违法的成本和法律责任的实现。从违法的成本上分析,违法的成本太低将不能有效制止破坏森林的违法行为。按照《森林法》的规定,砍伐森林和其他林木的,依法赔偿损失,林业主

管部门责令补种,拒不补种的,林业主管部门补种,由违法者承担费用。情节严重构成犯罪的追究刑事责任。从此条法律规定看出,违法成本偏低,违法砍伐森林被发现后赔偿损失和进行补种,对违法者没有额外的惩罚性规定,违法者为获取更大的利益将继续不惜一切破坏森林资源。如果对于砍伐或盗伐森林资源进行罚款,加大违法成本,将增强对违法行为的打击力度,保护森林资源不受破坏。

(三)强化政府和社会的责任

我国保护森林的法律责任中,没有明确政府和社会的法律责任。森林是一种分布地域广,总量极为丰富的资源,森林的主要所有权属于国家,个人或者企业对森林的保护作用是非常微弱的。森林保护的主体应该是政府和社会。评价政府的业绩不能仅仅以经济生产的总量作为标准,也要把不破坏环境和资源损耗的因素考虑在内。据了解,我国经济增长对资源的损耗比发达国家高出许多。评价一个地区的经济发展应把环境因素考虑在内。森林等重要环境损害将是政府行政失职的表现。在20世纪的最后20∽30年,国际上的森林管理体系发生了重大的改革,从森林持续收获和法正林体系,发展成为生态系统管理的理论体系。对于后者,不同的国家有不同的名称。美国叫生态系统管理或者新林业;欧洲叫自然林业或半自然林业。切合西部森林生态脆弱的特点,科学的森林管理体系更现重要。政府要树立多重的森林价值观,尊重森林自然性、多样性、持续性、复杂性的客观规律,减少人为干预,充分发挥自然生态自身的调节力量。政府要加大力度使森林管理走上真正科学的轨道。另外,追究森林保护行政责任的责任主体应有所扩大,由以往仅适用于具体行政违法行为的直接责任人和负有直接管理责任的公务人员扩大为地方行政首长。他们也应成为森林保护行政责任制度规制的对象。社会也是保护森林的主体。作为社会组成部分的全体公民,有保护森林生态环境的义务。如违反这一义务,同样应受到法律的制裁。我们还认为,可以把义务植树作为公民在所在单位个人考评的指标之一,这是一种行政责任。在西部,地广人稀,光靠政府林业主管部门的管理显然是不够的,应发动更多的政府机构、社会团体、企业协助管理他们邻近的森林。例如某公司设立的工厂附近有大片的用材林,虽然林木的所有权属于国家,公司对森林也有看护的义务。如果由于公司的过失致森林严重破坏,公司也应承担相应的法律责任。

(四)强化法律责任的处理

林业主管部门一方面有指导、管理辖区内森林的职责,一方面要打击破坏森林的违法行为。相对而言森林公安的职责更为单一,加强森林公安对破坏森林违法行为的打击力度能够有效的保护森林资源。我国现行的森林法律规定了森林公安的职责,可以代行部分行政处罚权。经过立法和实践的发展,森林保护治安管理相关法律责任有进一步完善的需要。第一,进一步细化法律责任。森林公安负责维护辖区内的社会秩序,治安案件案情涉及面广。森林保护治安案件有自身的特点,可能既涉及森林保护的内容,也有其他一般治安案件的内容。在处理这方面治安案件时,应始终把森林保护放在第一位,同时兼顾其他方面的利益。第二,强化危险行为的法律责任。森林破坏的一个重要因素是对一些危险行为的防范力度不够。森林公安的治安管理应加强治安巡逻,对可能危害森林的违法行为如用火不规范等进行行政处罚,切实保护森林资源不受破坏。第三,大幅度提高行政处罚中的罚款额度,提高违法成本,有效遏止违法行为。在司法程序上,保证行政复议、行政诉讼和申请强制执行的一致性。设立司法审查程序和司法移送程序。

现行森林法规定的法律责任有一些不十分明确之处,比如规定了某种行为构成行政违法,应受行政处罚,行为严重到一定程度构成犯罪追究刑事责任,没有规定刑事责任成立或不成立后原行政责任还是否承担,应怎样承担等。某种行为构成犯罪但情节轻微,是否应转送公安进行侦察。目前美、日等发达国家适用的一种做法值得借鉴,即行政责任与刑事责任的融合,形成所谓行政刑法,由国家环境保护行政管理部门依法直接追究违法者的刑事责任。① 森林保护是特殊的保护,保护措施应考虑法律效率问题,实现保护森林的最终宗旨。

三、森林生态保护法律责任的实现

《森林法》自 1998 年修改几年来,成为保护森林资源的强大武器,明确了国家、集体、公民在保护森林资源、合理开发林木的权利和义务,有关单位和个人违反了森林环境保护法律法规应当承担相应的法律责任。西部大开发实施后,西部森林生态环境面临被破坏的危险,加强对西部森林环境保护更显必要性和紧迫性。完善森林保护的法律建设,关键是切实实现森林保护的相关法律责任,没有有效合理的法律责任追究制度,法律条文将不能很好地执行。法律责任是法律强制力的保障和体现。法律责任的实现是法律价值最终实现的手段。法律责任的实现是一个系统的问题,要求法律责任的规定即要体现法律公平,也要便于执法人员追究违法者的法律责任。森林保护更多的是公法上的内容,有的学者提出了私法向公法的转化。民事责任向行政责任的转化更符合环境保护的要求和现代

---

① 周珂:《生态环境法论》,法律出版社 2001 年 3 月第 1 版,第 94～95 页。

法制发展的要求,更充分体现了国家环境保护的职能。① 森林保护的法律责任主要是行政法律责任、民事法律责任、刑事法律责任,下面分别论述。

(一)行政法律责任的实现

1. 我国西部森林生态环境保护行政法律责任的特征

(1)行政法律责任主体的特定性

关于行政法律责任的主体,学术界争论很大。有的学者主张行政责任的主体严格限制在行政权力主体的范围,这样更能有效的限制行政主体的权力;有的主张包括行政主体和行政相对人,把公务员的责任看作行政主体的内部关系;有的主张包括行政主体、公务员和行政相对人。笔者赞同第三种观点,认为这是一个趋势。成为西部森林生态环境保护行政法律责任主体,首先是行政法律关系主体,也是森林生态环境保护法律关系主体。《森林法》规定,国务院林业主管部门主管全国林业工作,县级以上地方人民政府林业主管部门,主管本地区的林业工作,乡级人民政府设专职或者兼职人员负责林业工作。一般而言,政府下属的林业主管部门及这些部门的公务人员可以成为森林生态环境保护的行政责任主体。实施了违反森林生态保护行政法规的公民和个人可以成为行政责任主体。为处理有些紧急事务,林业部门临时招募的工作人员在部门指令下行政违法,其行政法律责任由行政主体承担。林业部门内部监督主体在实施行政监督的过程中,因为监督不力导致森林生态环境的破坏,监督主体将承担相应的行政法律责任或刑事责任。政府作为保护森林生态环境的主体,也应作为行政责任主体。

(2)行政法律责任主体应是实施了违反西部森林保护的行政法律规范的违法行为,侵害了国家对西部森林保护的行政法律关系,破坏了西部森林的生态环境,造成一定的危害后果,应受行政处分或处罚的行政部门。行政违法行为是行政法律责任产生的前提,仅仅有法定的义务和职责并不必然导致行政违法,只有行政主体怠于履行或不履行法定义务并违反行政法规才能构成行政违法。如林业主管部门不是违反了行政法规就构成森林环境法律责任,林业部门必须在履行公务职能时才可能构成行政违法。政府由于不作为使森林生态环境遭到破坏,一样要承担不作为的行政责任。

(3)行为人的行为尚不构成犯罪。行为人的行为若违反行政法规并构成犯罪,根据刑事诉讼优先的原则,依法追究其刑事责任,不追究其应该承担的行政法律责任。《森林法》第四十六条规定,从事森林资源保护、林业监督管理工作的林

---

① 周珂:《生态环境法论》,法律出版社2001年3月第1版,第94页。

业主管部门的工作人员和其他国家机关的有关工作人员滥用职权、玩忽职守、徇私舞弊,构成犯罪的,依法追究刑事责任;尚不构成犯罪的,依法给予行政处分。从法条上看,责任人承担刑事责任便不再承担行政法律责任。实践中,行政相对人犯罪不再追究其行政法律责任;公务员犯罪,所在单位应给予其行政处分,这是基于公务员系统的内部规定,与行政法律责任的处分完全不一样。

2. 西部森林生态保护行政法律责任的承担

(1)行政主体的法律责任。包括政府、进行直接管理的主管部门和内部监督机构。行政主体的法律责任分为向国家承担和向行政相对人承担两类。行政主体代表国家实施行政行为,应向国家负责。下级行政主体按照上级行政主体的指令实施行政行为,应向上级负责。行政主体行政违法,上级行政机关有权对其进行行政处分。行政主体行政法律责任的承担方式有停止违法行为、责令履行职责、纠正不当的行政行为等。

(2)行政公务人员的法律责任。公务人员实施行政行为,包括抽象行政行为和具体行政行为,公务人员代表行政机关对外实施具体行政行为,因公务人员的过失致使行政机关对相对人违法的,行政机关向行政相对人承担法律责任;在行政机关内部,公务人员因个人行为的过失向行政机关承担法律责任。具体到森林环境保护的法律关系,主管部门有违法行为的,将追究主管部门负责人的法律责任。如林业部规定:林业主管部门不认真履行职责有下列五种情形之一的,追究该部门的主要负责人、直接负责的主管人员和经办人员的责任。超过国务院批准的年森林采伐限额下达林木采伐指标;超过国家统一制定的年度木材生产计划下达本地区或本部门的木材生产任务;非法批准建设单位征用占用林地、临时使用林地,或者擅自批准改变林地用途的;对上级机关批转、督促办理的破坏森林资源行政案件不组织核实、查处,或者不按照规定向有关上级机关报告案件办理情况的;因执法不严、监督管理不力或者对问题处理不当,导致本辖区发生破坏森林资源重大、特大案件的。随着森林行政管理部门的增多和综合性加强,参与森林管理的行政公务人员将许多行政部门。所以,还应具体规范各相关行政部门中公务人员的法律责任承担方式。

(3)行政相对人的法律责任。行政相对人的法律责任表现为行政相对人违反森林保护行政法律规定,应受行政处罚,尚未构成犯罪的行为。这里强调没有构成犯罪是因为行为人构成犯罪将依法被追究刑事责任,而行政处罚针对的违法行为社会危害性要小些。从现行的森林相关法律和法规可以看出,行政相对人承担法律责任主要有①履行法定义务。如采伐林木的单位或者个人没有按照规定完成更新造林任务的,发放采伐许可证的部门有权不再发给采伐许可证,直到完成更新造林任务为止,强行要求相对人履行法定义务;旅游企业在维护森林公园的生态保护中的法律义务;公民、集体和单位在造林和管理森林中的法律义务;公民、集体和单位在爱护森林生态环境中的法律义务。②接受行政处罚。包括申诫罚,资格罚,财产罚和自由罚等。③赔偿损失。

(二)民事法律责任

1. 民事法律责任的产生

按照《森林法》的规定,破坏国家所有的森林按照行政法依法进行赔偿和补种,破坏集体和个人的林木,受害方可以提起民事侵权赔偿。盗伐森林构成犯罪的追究刑事责任,不构成犯罪的由林业主管部门进行行政处罚,如果集体和个人的林木被盗伐,相关责任的确认可能重合,如果不明确责任追究的方式和程序,容易造成责任追究不能落实,使森林资源得不到合理保护。国家所有的森林重点保护,林业主管部门负责安排工作人员进行养护、巡查,破坏国家所有的森林,主要是盗伐和森林火灾,构成犯罪的追究刑事责任,未构成犯罪的追究其行政责任,不承担民事责任;林业公务人员行政违法,构成犯罪的追究刑事责任,未构成犯罪的由主管部门进行行政处分;破坏国家森林资源不承担民事责任,其承担的赔偿责任是一种行政法律责任。国家林业行政部门只承担行政法律责任。破坏集体和个人所有的林木,所可能承担的刑事责任与行政法律责任与破坏国家森林一致,另外林木作为集体或个人的财产,集体或个人有权寻求司法救济,要求破坏者承担民事责任,赔偿损失。这里因为林业部门的行政处罚要求盗伐者补种和赔偿,集体或个人的民事请求如何实现,违法者不能基于同一事项承担两次相同的法律后果。我们认为,破坏集体或个人的林木,构成犯罪的依法追究刑事责任,当事人可以提起附带民事诉讼寻求救济,犯罪行为人不再承担行政责任;不构成犯罪依法由林业主管部门进行行政处罚,其中应将受害人的损失考虑在内,依法赔偿受害人的损失,并责令相对人在别处补种规定的林木。

充分保障集体和个人对林木的所有权具有重要意义。林木属于集体或个人,它们把林木作为一种财产看待,国家号召保护林木的同时应进行正确的引导,保护林木所有者的利益,使国家和集体、个人的利益一致,达到协调发展的目的。国家管理森林的目的在于保护森林生态环境不受破坏。集体和个人的林木数量少,完全由林业主管部门进行管理不经济也不效率,如果让集体和个人管理,一则林木的所有者会尽心照料,二则也便于管理。林业部门进行总体规划,每年有限度的允许集体和个人进行砍伐树木,保证林农的收入的同时实现国家保护森林的目的。集体或个人的林木受到不法侵害,强化对其的民事赔偿,可以更进一步地调动集体和个人保护林木的积极性,达到我们最终维护森林生态平衡的目的。

随着我国市场经济的深入发展,森林体制改革正在进行。森林的功能也早由早期的保持水土、提供木材等原始的内容,朝向新型的森林功能发展。森林旅游服务功能向人们提供了风景游览、旅游产品;森林的经济生产功能向人们提供特质的干鲜果品及其他林产品、木制品、药材等;森林的可持续发展要求人们有节制地享受和索取森林资源。这些由于市场导入而引起的森林生态保护的革命,不可避免地要求人们的市场行为纳入民事法律规范的轨道。由此引发的损害森林环境的民事法律责任制度的规范化也必将开始。由此我们看出,传统的责任形式已经无法将现行的森林生态保护和经济运作中产生的民事纠纷加以解决。完善和建立一套切实有效的西部森林生态保护民事法律责任制度势在必行。

2. 民事责任的构成

一般民事责任构成的四个要件是行为的违法性,发生了损害事实,行为与损害事实之间有因果联系,行为人主观过错,即"四要件说"。损害森林的民事责任的构成要件中,行为人主观有无过错不是必备要件。行为人违反森林法的规定,实施了破坏森林的违法行为,违法行为与损害事实有直接的因果联系,行为人应承担相应的民事责任。在西部森林生态保护的民事责任构成中,更应强调无过错责任形式。森林生态保护的长远意义要求我们不仅对我们当代人自己负责,更要求对子孙后代负责。对违法行为的民事处罚严格些,就对森林生态保护的力度加强些。不要认为无过错责任形式是在这里任意扩大,细想之,恰好是我们追求森林生态环境保护的目的所决定的。

在民事责任的承担主体上,既可以是林业部门,也可以是其他相关的单位和个人,政府也可以承担不作为的民事责任。在民事赔偿的数额计算上,既要计算由于损害给森林造成的有形损失,也要计算无形损失。国外有人计算,损害一棵树,带来的直接损失是 30 ~ 50 美圆;而带来的生态损失(包括这棵树吸收二氧化碳、生产氧气、固沙固土、调节气候、杀灭病菌、给人们提供娱乐等)就是其 1500倍。我国有学者估计为 20 倍左右。我们认为不宜太大,也不宜太小,在 50 倍左右为宜。

(三)刑事法律责任的实现

我国古代就有破坏森林追究刑事责任的记载。《唐律疏议》记载,"诸毁伐树木,准盗论"。① 保护森林环境资源,对于严重破坏森林环境资源,必须加大惩罚力度,构成犯罪的依法追究犯罪人的刑事责任。由于刑法的罪刑法定原则,追究破坏森林的违法行为必须以《刑法典》和有关机关的补充和法律解释为依据。破坏森林环境资源的犯罪根据主体不同分为两类,行政部门公务人员的犯罪和一般自然人或单位的犯罪。

1 一般自然人和单位的犯罪

(1)重大环境污染事故罪。森林资源包括林地及林地内的野生动物和植物。环境污染事故犯罪行为对森林环境资源的破坏极大,化学物质可能破坏森林的土壤,妨碍林木和其他植被的生长;有毒物质可能令林内野生动物致死,具有严重的后果且危害的潜伏期很长,而且治理困难很大。此罪的犯罪行为表现为犯罪主体向林地内排放、倾倒或者处置有放射性的废物、含传染病病原体的废物、有毒物质或者其他危害废物,造成重大责任事故、致使公共财产遭受重大损失或者人身伤亡。主观方面表现为过失。

(2)非法采伐、毁坏珍贵树木罪。珍贵树木包括由省级以上林业主管部门或者其他部门确定的具有重大历史纪念意义、科学研究价值或者年代久远的古树名木,国家禁止、限制出口的珍贵树木以及列入国家重点保护野生植物名录的树木。保护珍贵树木有重大生态意义,林木也是一种植物,保护珍贵林木对于保存林木的多样性,使森林生态结构趋于合理是必需的。保护森林不能仅仅停留在森林覆盖率上,单一的林种容易导致生态失调,经济价值不高。要考虑到多种不同种类的林木有比例的存在。国家非常重视珍贵林木的保护,设立自然保护区进行特殊保护。《国家珍贵树种名录》规定的银杉、巨柏、红松等珍贵林木需要人为的进行保护。自然人或单位故意违法森林法的规定,未经省级林业主管部门批准,非法采伐、毁坏珍贵树木构成非法采伐、毁坏珍贵树木罪。此罪为选择性罪名,只要符合采伐、毁坏珍贵树木之一即构成犯罪。

(3)盗伐林木罪。所谓盗伐指①擅自砍伐国家、集体、他人所有或者他人承包经营管理的森林或者其他林木的;②擅自砍伐本单位或者本人承包经营管理的森林或者其他林木的;③在森林采伐许可证规定的地点以外采伐国家、集体、他人所有或者他人承包经营管理的森林或者其他林木的。自然人或单位以非法占有为目的,盗伐森林或者其他林木,数量较大构成盗伐林木罪。本罪主观要求为故意,

---

① 转引王玉德、张全明:《中华五千年生态变化》,华中师范大学出版社1999年12月第1版,第350页。

客观要求盗伐数量较大。

（4）滥伐树木罪。表现为经过林业主管部门的批准，持有林木采伐许可证，在许可证规定的时间采伐数量较大，已经严重破坏了森林的生态环境，主观上要求故意。森林资源的开采必须有限制的进行，各级林业主管部门有职责进行核查和监督。滥伐树木罪的成立与林业主管部门的失职密切相关，在追究单位和自然人滥伐树木罪的同时也要追究相关林业部门公务人员的责任。

（5）非法收购盗伐、滥伐的林木罪。表现为以牟利为目的，非法收购明知是盗伐、滥伐的林木，数量较大的行为。"明知"，是指知道或者应当知道。具有下列情形之一的，可以视为应当知道，但是有证据证明确属被蒙骗的除外：①在非法的木材交易场所或者销售单位收购木材的；②收购以明显低于市场价格出售的木材的；③收购违反规定出售的木材的。

（6）放火罪、失火罪。故意放火危害森林的行为构成放火罪。认定放火罪时应注意行为在林地里故意放火构成放火罪；在森林附近故意放火，没有引起严重后果是否构成放火罪未遂在实践中争议很大。根据法律规定，只要行为人故意放火有引起严重后果的危险就构成放火罪未遂。行为人在森林附近放火，放火的地点离森林的距离、火势的大小均是认真考虑的因素。森林火灾由失火引起的情况较为多见，是我国森林遭受破坏的主要因素之一。森林资源和人民的生命财产受到严重破坏。森林失火行为的行为人主观是一种过失，没有造成严重后果不构成犯罪。应区分疏忽大意的过失和过于自信的过失。疏忽大意的过失是行为人应当预见发生火灾的危险性，因疏忽大意没有预见，结果火灾发生；过于自信的过失是行为已经预见到危险的存在，但主观过于自信，对后果的发生持否定态度，结果火灾发生。

（7）其他犯罪。主要是伪造、变造、买卖国家机关公文、证件罪，盗窃罪，聚众哄抢罪等。如高法司法解释规定，伪造、变造、买卖林木采伐许可证、木材运输证件，森林、林木、林地权属证书，占用或者征用林地审核同意书、育林基金等缴费收据以及其他国家机关批准的林业证件构成犯罪的，以伪造、变造、买卖国家机关公文、证件罪定罪处罚。将国家、集体、他人所有并已经伐倒的树木窃为己有，以及偷砍他人房前屋后、自留地种植的零星树木，数额较大的，依照刑法第二百六十四条的规定，以盗窃罪定罪处罚。法律有其他规定的依法律的具体规定。

2. 林业主管部门或林业企事业单位工作人员的犯罪

（1）重大责任事故罪。林业工人不服管理、违反规章制度或者负责人强令工人违章冒险作业，因而发生森林火灾或者其他造成森林严重破坏后果的行为。本罪是特殊主体,必须是林业企业或事业单位的职工,且是直接从事生产、施工或者负责生产、施工的管理人员。主观方面为过失,造成了严重的后果。非生产性的林业行政人员和其他服务人员,因玩忽职守致使林场遭受重大损失按玩忽职守罪论处。

(2)违法发放林木采伐许可证罪。违法发放林木采伐许可证罪是指林业主管部门的工作人员违反森林法的规定,超过批准的年采伐限额发放林木采伐许可证,或者违反规定滥发林木采伐许可证,情节严重,致使森林遭受严重破坏的行为。高法司法解释规定,具有下列情形之一的,属"情节严重,致使森林遭受严重破坏":①发放林木采伐许可证允许采伐数量累计超过批准的年采伐限额,导致林木被采伐数量在十立方米以上的;②滥发林木采伐许可证,导致林木被滥伐二十立方米以上的;③滥发林木采伐许可证,导致珍贵树木被滥伐的;④批准采伐国家禁止采伐的林木,情节恶劣的;⑤其他情节严重的情形。本罪的主体很特殊,仅指各级林业主管部门的工作人员,不包括林业生产单位。本罪要求主观故意,且造成严重的损害后果。

(3)环境监管失职罪。负有对森林环境监督管理职责的各级林业主管部门和协管部门的工作人员严重不负责任,导致森林环境重大污染事故,致使森林遭受重大损失的行为。行为人犯本罪同时有滥用职权、玩忽职守、徇私舞弊行为的,从一重论处。

(4)其他犯罪。森林法规定,从事森林资源保护、林业监督管理工作的林业主管部门的工作人员和其他国家机关的有关工作人员滥用职权、玩忽职守、徇私舞弊,构成犯罪的,依法追究刑事责任。根据不同的情况,可以分别以滥用职权罪、玩忽职守罪、徇私舞弊罪论处,尚不构成犯罪的,由主管机关给予行政处分。

见专著《中国试论资源法律制度》(现代教育出版社2009年)

第七篇

西部森林生态环境保护与人口制约

森林生态系统是生态系统的主要子系统之一。随着森林资源的不断减少,自然生态环境不断发生着不良的变化。森林生态环境的保护正越来越引起国家和社会的广泛关注和重视。自1999年,国家实施西部大开发战略以来,就一直面临着如何处理好西部经济发展与生态环境特别是森林生态环境保护这一两难矛盾的问题。总结以往的经验与教训,关键在于更新观念,探索新的思路,分析西部森林生态环境保护面临的问题。人口因素是西部经济发展中的一大有素。处理好人口因素与森林生态环境保护之间的关系,从而保证以可持续发展为目标的西部地区森林生态环境保护自身的可持续性。

一、西部森林生态环境保护的迫切性

森林是陆地生态系统的主体,不仅可以涵养水源、保持水土从而达到减少水患、保护水资源的目的;而且还可以防风阻沙、净化空气、美化环境,从而达到减少灾害、改善人居环境、促进旅游业发展的目的;此外,森林又是经济和社会发展不可替代的资源,可满足人类对木材及林产品的需求;森林是多效益的生态系统,其在全球生态安全和经济社会可持续发展中起着关键性作用。

西部地区作为生态脆弱区和生态屏障区,又面临着生态环境不断恶化的趋势。一方面,我国西部既是生态屏障地区,同时也是生态脆弱地区和环境敏感地区。另一方面,西部地区又是中国经济落后的地区,面临的发展任务特别沉重。其实,我国在过去的几十年里一直很重视森林生态环境的保护工作。特别是从上世纪八十年代以来,采取了一系列具体措施,如天然林保护工程、退耕还林工程等。但在现实中,我国西部森林生态环境的恶化已是不争的事实。近些年来,水土流失、沙漠化、森林减少等现象日益严重。一年一度的沙尘暴不仅在西北地区肆虐,甚至长驱东进南下,横扫华北、华中、华东的诸多城市。对森林生态环境保护的要求无疑更为迫切,需要森林生态系统充分发挥他的多种功能,在西部地区,更需要是保土、保水的生态服务功能。据研究,作为西部地区的长江上游森林生态系统年水源涵养量为 $2397.2814 \times 108m^3$。通过对长江上游森林生态系统水源涵养效益的分析,长江上游森林生态系统涵养水源的总价值每年约为 1606.179×108 元,相当于长江上游 8 个省区国内生产总值的四分之一①。西部森林生态系统生态、社会和经济效益。我们不可不予以高度重视和发。

二、西部农村人口因素导致西部森林生态环境恶化

(一)人口的过快增长

在西部地区,越是不发达的地区,人口的增长速度越快。"以黄土高原为例,从解放初到 1995 年,人口增长了 163.8%,而同期全国的人口增长率只有 125.6%。同样,在 1953 年西北五省区的人口占全国总人口的比重为 5.79%,但到了西部大开发开始实施的那一年即 1999 年,这个比率已上升到 7.14%。"②

由于人口不断增加,人口的粮食消费需求也大幅度增长;同时,也意味着脱贫致富的压力增大。而且,作为父母,不管是东部发达地区还是西部贫困地区,都希望自己的子女在现在和将来能过上富足安康的生活。这种来自生存和发展方面的双重压力,造成对于粮食、牲畜等生活资料的需求增加。而西部地区的土地相对贫瘠,气候条件尤其是降雨在年际之间变化很大,粮食生产的稳定性很差,为了能够以丰补歉而减少粮食经营的风险,广种薄收的现象普遍存在。此外,相对于东部沿海地区,在西部地区农民的职业选择空间有限而且收入水平较低的状况下,种植粮食的风险较低而且技术要求不高,在农民家庭面临支出方面的困难时,粮食可以通过变卖而转化成货币,以应付农民家庭在孩子就学、婚姻、建房等多方面的支付需求。在粮食与货币可以互换的情况下,积累粮食等同于积累货币。所以,广种薄收是符合农民的行为偏好的。既然不发达地区多与条件恶劣的区域联系在一起,在优质耕地有限的情况下,索取粮食的压力就使得农民不断地开垦新的耕地,而毁林开荒对他们来说是一个不错的选择。不言而喻,农民家庭的子女越多,生存与致富压力越大,也就越有开垦更多耕地的冲动。有的专家说:"目前西北地区形成的沙漠化土地有 1700 万公顷。在造成沙漠化扩张的因素中,由水

---

① 邓坤枚、石培礼、谢高地:《长江上游森林生态系统水源涵养量与价值的研究》,《资源科学》,2002,9(5),第 71~72 页。

② 周民良:《退耕还林与退生还养》,《生态环境与保护》,2002,5,第 25~26 页。

资源利用不当形成的占 8.6%，真正由风力作用的只占 5.5%，而由于过度农垦、过度樵采等人为因素所占的比重高达 85.1%。"①因而，西部地区的人口增长速度越快，对该地区森林生态环境的影响就越大。由此可见，人类的经济活动是导致森林生态环境恶化的最主要原因。

(二)养老需要是人口增长的根本原因

生育不仅是一种社会现象，而且也是一种经济现象。农民的投入包括子女的抚养、教育、医疗、婚姻、建筑房屋等方面的费用，产出部分包括子女对老人的赡养。显然，对于生活在贫困地区的居民来说，农民的投入一般要远大于产出。而且，投入与产出之间的间隔时间较长，投入是在父母年轻时发生的，回报却是发生在父母年老的时候。投入是确定的，养育、教育、医疗等方面的开发"一个都不能少"。但大量的投入并不意味着相应的大量回报。父母对子女贡献从其出生就开始了，甚至一些父母直到 60 岁以后仍然继续做着贡献。对子女提供的是终生服务，但回报期间只是在父母进入老年阶段后才发生。父母为子女服务的时间大体为 40 余年，但是从子女那里得到回报的年限却只有 10 余年，如果从纯经济效益角度看，生养子女是最不划算的"买卖"。父母生育的子女越多，则在年轻时需要付出的越多，但其在年老时得到的回报却并不以相同的比例增加。

相对于东部发达地区，为什么不发达的西部地区的农民愿意多生育呢？如果从个体来说，我们可以将他们的生育偏好归结为自然本能、生活习惯等方面。但在有关计划生育的好处被广泛宣传，信息渠道又如此畅通的情况下，在西部落后地区，就是有那么多人愿意多生育子女！问题恐怕应该从以下几个方面去寻找答案："一方面，生育多个子女比生育一个子女可以得到更好的赡养保证。"②在一个自然条件比较恶劣的地区，多子多福、养儿防老的观念还是深入人心的。越是不发达地区，农民对未来的养老越没有安定感。从农民的角度看，育幼的目的是为了防老。由于不发达地区的环境相对恶劣，农民生育的强度较大，农业剩余十分有限。如果一对夫妇生育一个子女，则意味着下一代的单个家庭在未来要赡养四个老人。对不发达地区来说，这样经济负担显然是十分沉重的。多生儿育女就可以将养老负担让多个家庭承担，从而分散了老无所养的风险，也使得每个家庭的养老负担相对降低。假如赡养一对老人的生活费用每年为 1000 元，若父母只有一个儿子的话，则其负担为 1000 元；假如有两个儿子，每个负担的费用只有 500

---

①　周民良：《退耕还林与退生还养》，《生态环境与保护》，2002，5，第 26～27 页。

②　周民良：《退耕还林与退生还养》，《生态环境与保护》，2002，5，第 26～27 页。

元。另一方面,在西部地区,农村的医疗卫生相对较差,如果农民的子女有一个生病或者其他意外,还有其他子女可以顶上,养老的责总是有人承担的。① 除此之外,如果在众多的子女中能够产生一个出类拔萃者,父母不仅可以得到养老而且享受到的养老条件会更好。多生育子女意味着出现出类拔萃者的可能性增大。可见,无论从哪一方面讲,多生育子女都是因养老所需而决定的。

但是,对个人有利的事情不见得对全社会有利。在西部地区,农民具有相同的价值选择时,人口的更快增长就难以避免。与此同时,在人口过快增长的背景下,每个家庭拥有的资源数量将迅速减少。相应地,人均耕地会因人口的增加而减少,而家庭的增多和房屋的多建相应又侵蚀了耕地的数量。在其他因素不变的状况下,单个家庭拥有的经济资源相应减少,提供的养老剩余当然不会因之必然增加甚至有所减少。由此可见,在单个家庭来看,多生育子女所期望形成的 1 加 1 大于 1 的赡养效果,从全社会来看是不能成立的。由生育行为带来的大规模毁林开荒,对森林生态环境造成的冲击与破坏以及在增加会负担方面的效应,注定会出现 1 加 1 小于 1 的结局。② 在人口生育的数量日益增加的状况下,下一代生存环境将日益恶化,而养老的负担将显得更为沉重。

三、抑制西部森林生态环境的恶化的措施

通过分析西部森林生态环境恶化的原因,可以看出,控制人口是抑制其进一步恶化的关键。因而现在看来,西部贫困地区的多生育的表象是生的方面,但问题的实质是死的方面。如果能够截断子女出生与父母养老之间的联系,使父母的养老不再成为问题,多生多育的积极性就会大大的下降。因为教育和养育子女也是要花费成本的,而且在父母抚养子女成人后能否在晚年得到养老的回报带有很大的不确定性。毕竟子女能否养老与子女的生活能力、家庭负担和赡养意愿都有很大的关系。那么,既然贫困地区的个人养老不能单纯由子女解决,能否将其转化成由社会来加以解决呢?

目前,国家对农村的养老政策体现在一下若干方面:个人缴费为主,建立个人账户,突出自我保障,不给政府背包袱。在这个政策框架下,农村养老政策显然是主要面向发达地区和沿海地区。由于存在着嫌贫爱富的倾向,对于最需要养老的贫困地区,明显地带有某种歧视的意味。而事实上,一直以来,整个西部地区农村

---

① 周民良:《退耕还林与退生还养》,《生态环境与保护》,2002,5,第 26～27 页。
② 周民良:《退耕还林与退生还养》,《生态环境与保护》,2002,5,第 27～28 页。

的养老保障是一纸空白,农民也从未想过自己可享受国家的养老保障。另一方面,解决不发达地区的人口、环境与发展的问题需要控制人口实行有效的计划生育政策。目前,国家的政策是强制性的计划生育政策,可谓是典型的人口生产的计划经济。但是由于西部地区面积广大,地形起伏,居民点相当分散,行政管理和控制相对较难。在农民具有很大的理性选择的基础上,他首先考虑到的一个问题是,计划生育政策对我自己有什么好处?特别是在农民的养老问题没有妥善解决的状况下,强制性计划生育政策推行的效果往往很不理想。也就是说,在人口生产这个问题上,光靠计划经济是解决不了问题的。只有在以利益驱动为特征的市场经济的引导下实行诱导性的计划生育政策,让农民感觉到计划生育于自己有利,他们才会自觉地拥护这个政策。而最终的结果是,农民多生多育的生育模式得到彻底改变,人口的快速增长得到控制,森林生态环境的恶化趋势得到有效抑制,这才是解决问题的根本办法。

这里所谓的诱导性计划生育政策是指有选择的计划生育政策或者说是与计划生育相联系的养老政策。"你计划,我养老"。这一政策的典型特点,反映出养老政策的重点由个人养老向社会养老的方向的转移。而作为面向贫困地区的社会养老在很大程度上带有一定的福利性质。这也正是农民因减少生育从而导致减少自己的福利以服务于社会理应得到社会一定价值的回报。对个人和整个社会而言,可谓是一个双赢的结局。

既然我们把合理化的养老模式确定在社会养老的基础上,政策的实行自然需要社会形成合力。在具体做法上,可以采取以下几种方式来筹措、设计计划生育养老基金。"一是将减持国有股的部分资金划转过来。"①将以国有股减持等形式筹措的社会保障资金划分出一部分用于贫困地区的计划生育养老基金。在过去的计划经济时代,国家采取了重工轻农的政策,通过价格剪刀差剥夺农业与农民,并且通过输出城市人口来转嫁就业压力,使农民的利益受到很大的损害。从历史的形成看,今天国有企业的固定资产无疑有农民的贡献在内。所以市场经济体制下进行国有股减持时,给予农民一定程度的补偿是合乎逻辑的。"二是变更国家扶贫资金的使用方向。"②目前,国家每年都拨出大量的扶贫资金,但这样的扶贫资金往往行同"天女散花,不知飞到谁家"。扶贫究竟是扶项目、扶人还是扶教育、扶基础设施,往往带有很大的不确定性,核查起来也十分困难。扶贫资金在使用

---

① 周民良:《退耕还林与退生还养》,《生态环境与保护》,2002,5,第27~28页。

② 周民良:《退耕还林与退生还养》,《生态环境与保护》,2002,5,第27~28页。

过程中被侵占和挪用的状况相当普遍。在目前扶贫资金使用效率不高的现实背景下,可以考虑将一些扶贫资金划转到计划生育养老基金中。由扶贫到扶老,使资金的使用方向和用途更为明确,且在执行政策的过程中易于监督。"三是可以考虑出售二胎生育权。"①目前,一些先富起来的城市和沿海居民有着生育二胎的强烈愿望,甚至有些人不惜转换护照身份、漂洋过海到国外去生育第二胎,可以考虑将二胎生育权按照一定的价格向城市和沿海发达地区农村的居民出售。出售的收益可以用于补充农村计划生育养老基金的不足。"四是农民自己缴纳一部分资金。"②但是对缴纳的数量应该设置一个相对较低的标准。"五是通过社会等形式筹措基金。"③

诱导性计划生育与强制性计划生育模式比较起来,具有以下优势:一是执行与不执行计划生育政策在老百姓的个人收益上表现出一定的差距,对于一些农村居民有较大的吸引力;二是政策带有引导性而非强制性,执行起来相对容易;三是具有明显的示范作用,在执行与不执行政策的居民之间形成利益差别。可以考虑由国家出台一些面向独生子女的教育、医疗方面的优惠政策,在独生子女与非独生子女之间拉开档次。比如,可以考虑对独生子女赠与医疗保险,对于领取独生子女证明的年轻父母免费或者廉价提供计划生育药物、用具。四是基金可以在证券市场运作,以保持其保值和增值。基金的管理有必要按照市场经济的模式进行,在独生子女的父母进入老龄阶段时,从基金中拿出一定数量的现金逐月逐年发放给独生子女的父母。

四、以市场经济为手段治理和建设西部森林生态环境

从生物学的角度看,估算一个地区森林生态环境好坏的最简单的指标是人均森林拥有量,就是将一个地区的总的森林面积用总人口去除。控制人口的增长,减少人口的增长率甚至于减少人口的总量,可以使人均森林拥有量的分母减小;同时,可以减少对西部地区粮食和相应耕地的需求,算的是减法。显而易见,相对于减法,我们还可以做加法,即增加西部地区的森林面积,增加对于西部地区的绿色供应,从而可以使人均森林拥有量的分子增大。将减法和加法一起算,既调整人与人之间的关系,又调整人与自然之间的关系;这样可以使西部地区的森林生

---

① 周民良:《退耕还林与退生还养》,《生态环境与保护》,2002,5,第27~28页。
② 周民良:《退耕还林与退生还养》,《生态环境与保护》,2002,5,第27~28页。
③ 周民良:《退耕还林与退生还养》,《生态环境与保护》,2002,5,第27~28页。

态环境供给水平大大提高,而人的需求水平则相对降低,最终达到西部的经济、社会、环境和人口相对协调地发展。

现在看来,西部森林生态环境保护就剩下扩大森林的覆盖率这个问题了,具体而言就是现有森林的保护和退耕还林这两项重要内容。

(一)发展林业,保护现有森林

1、加强保护森林生态建设的法制工作

我国960万平方公里的土地上,森林仅占16.55%,其中天然林不足森林总面积的10%,其余全是人工林,而西部地区的天然林面积更少。但是,如此之少的现有森林却维系着13亿中国人的生态空间,现有森林一直在默默地为我们发挥着巨大的作用。如果稍有闪失,连这仅存的一点森林也遭到破坏的话,就更别妄谈退耕还林,可能中国的生态环境就此走到了尽头。同时,现有森林的保护对改善生态环境来得更快,也为将来退耕还林而新增的森林保护提供了保障;如果现有的森林都管不了,新造的就更管不住了。但现实中确实存在着林木管护的问题。就拿林业部门本身罚款创收机制来说,它实质上在激励乱砍滥伐。在有些乱砍滥伐严重的地区,老百姓讲得好,只有把林业站撤了,森林才能搞好;这是极而言之,但至少说明林业部门放纵乱砍滥伐而靠罚没收入发工资养人这个机制不行。因此,在市场经济基础上发展林业,保护现有森林,要进一步加快立法,并严格执法,依法护林。当前,在依法护林工作中,要突出采取以下对策:一是尽快建立健全以《森林法》为基础的由法律行政、法规、地方性法规、部门规章和政府规章相互配套比较健全的法律体系;二是加强普法,因为法律、法规、规章只有最大限度地被人民群众所掌握,并成为人民群众自觉行动的准则,才能真正实现依法护林的目标;三是加强执法,要加强执法机构和队伍的建设,实行违法必究、执法必严的原则,并认真推进执法监督制度,不断提高护林执法水平。

2. 国家用退耕还林的激励机制和优惠政策吸引农民

(1)补偿机制。"西部地区的农民离不开生他、养他的那片土地,无偿地让他们退耕还林,是不现实的,也是不合情理的。以往的教训、今天的实践都说明:任何一项事业,不首先关注最大多数群众的利益和要求,这项事业就不可能成功。退耕还林只有双赢,没有单独的赢家。群众受益,国家的意志才能实现。"①

"经济外溢理论认为,无论是环境破坏所造成的危害还是环境治理所带来的效益,往往都要外溢到其他地区。西部地区森林生态环境保护收益的不只是西部

---

① 王明林:《重庆市山区县退耕还林之策》,《中国林业》,2003,5,第9页。

自身,保护西部地区森林生态环境的成本也不应当由西部单独来承担,而应当由环境服务功能的受益者来分摊。"①让享受森林生态环境服务功能的地区和个人有偿使用环境保护的成果,这也是社会主义市场经济的要求。

从我国国情出发,可以从以下方面建立健全森林生态环境补偿机制:①财政转移支付补偿。经济学认为,当一种产品的所有者不能独享产品所带来的利润,而是与其他人分享,甚至其他人所得的利益更多的时候,该产品即为公共产品。提供公共产品,并以税收等手段向公共产品的受益者收回公共产品的成本,以维持公共产品的运行是政府的主要职责之一。政府通过公共支付体系为环境治理项目提供资金,是环境补偿的主要途径。②流域系统的补偿。西部地区是长江、黄河等大江大河的发源地。流域的上游不仅为中下游地区提供自然资源还为其提供流域系统。上游地区对自然资源的使用方式直接影响到为中下游地区提供的环境服务功能的数量和质量。大多数发达国家已建立起了由中下游地区固定受益人群向提供环境服务的上游地区补偿的机制。建立健全流域补偿的价格形成机制、定量化的经济技术方法、手段,是使我国流域补偿机制进入可操作层面的关键问题。③城市工商企业投资补偿。城市工商企业通过向退耕还林农户发放资金或者实物补贴形式,反租倒包退耕土地的使用权,雇请当地农民整地造林,为其提供就业机会和劳动工资,不仅弥补了国家对退耕还林补偿的资金缺口,而且是对西部地区生态环境建设的体制创新。变政府行为为市场行为,改官员操作为民间操作,对农村市场制度的建立和发展也会发生重大作用。④国际资金补偿。全球性的环境问题,将整个人类的命运联系在一起,环境领域的国际合作将成为我国可持续发展新的动力。西部地区生态环境治理和建设理所当然地受到全世界的关注和支持。现在一个比较紧迫的问题是在争取国际资金中如何与国际惯例接轨,按国际惯例办事,加强人才培养,为争取国际支持创造条件。

(2)减税政策。我们国家是世界上不多的向农民征税的国家之一。据统计,农民每年用于缴纳税费的支出大约占其人均总收入的10%左右,在贫困的西部农村尤其如此;而我们在职的国家工作人员,如果每年的总收入不超过9000元,就不在征税之列,基本上不缴税。这同样出现了一个不合理的现象,即收入少的农民缴税的比率高,而收入较多的国家工作人员缴税的比率低。因此,我们要减轻农民的负担,就是不应当向低收入者——农民收税费。但是,从各地目前的经济实力较弱这一点来看,完全不向农民征税不能一步到位。要减轻农民的负担,可

---

① 杜受梧:《探寻西部开发与保护的结合点》,《生态环境与保护》,2002,9,第25页。

以不搞齐步走、一刀切,可以针对具体的情况逐步实施。退耕还林工程就可以采取这种办法,把落实退耕还林与减免农业税挂钩,即把税费的减免与农民退耕还林实绩结合起来。例如:退耕还经济林的,每亩每年可减免 30 元;退耕还生态林的;每亩每年可减免 40 元。现在农户在土地上种植一般农作物,可以说是没有多少利润可言,如果再除去成本和劳力,有些甚至得不偿失。如果有以上减免方法,老百姓一定会积极主动参与退耕还林,这样既减轻了农民的负担,也可大力推进退耕还林工程,农民与国家双赢,何乐而不为呢?

3. 国家扶贫投资

居住在生态脆弱区的人口,绝大部分是截至目前尚未稳定温饱的贫困人口。他们为什么长期处于贫困状态而难以富裕起来呢?地处偏远,交通不便,信息闭塞,远离市场,环境恶劣,文化教育落后,生产力水平低下,发展基础又相当薄弱是主要原因。多年来,为了帮助他们摆脱贫困,国家付出了巨大的努力。但无论怎样扶,他们都难以摆脱贫困面貌;无论他们怎么努力,都无法赶超整个社会前进的步伐。只有他们走出大山,走出荒漠,汇入市场经济大潮,他们才可能彻底拔掉穷根,走向富裕和幸福。

国家扶贫投资,基础设施建设投资和社会事业发展投资将大大减少,而效益将明显提高。试想一下,有这么多人分散居住在边远偏僻的深山老林里,要实现"村村通公路,村村通电,村村通广播电视",国家要付出多么大的投资。而一条几十公里、甚至上百公里的公路和电力线路,只为几户、几十户农民服务,它的效益和效率又从何谈起呢?同样,为了提高文化素质,扫除文盲,国家要为这些边远分散的住户就近开办学校,而每个学校中从一年级到六年级的学生总共只有十几名,试想这样的学校教育质量能有多高?如果把他们迁入城镇,或集中到交通沿线居住,国家也不用花大量的投资去做效率很低的事情。

我们正在下大力气调整经济结构,包括产业结构、劳动力就业结构和城乡结构,加快工业化和城镇化步伐,如果让这么多人仍然分散居住在穷乡僻壤,工业化和城镇化肯定是遥遥无期的事情。只有把他们迁移进城镇,或就近集中起来,城镇化进程才会明显加快。进了城,他们才有可能成为现代化建设所需要的劳动力资源。让他们接近市场,接近科学文化,才有可能提高他们的素质,进而提高全民族的整体素质。

其实,仔细算起来国家在移民安置方面花点钱,比没完没了地去填扶贫窟窿,填修路、通电、通水、通电话、办学校,救灾救难这些窟窿要划算得多。当然,人口迁出后,生态得到保护和恢复,对整个经济社会可持续发展的促进作用更是不言而喻的。

4. 采取有效措施保护恢复后的森林生态环境

人类活动是造成西部森林生态环境退化的最主要驱动因素,要使恢复后的森林生态环境免遭再次破坏,必须从人的因素入手,解决当地农民的生存和出路问题,尽快地提高农民的生活水平,这才是治本,才能实现林区的可持续发展,进入良性循环。让农民尽快地富起来,改变落后的生活方式是一条非常重要的途径,包括调整农业结构,建立致富产业,在森林生态系统的恢复过程中加快产业置换以及寻找替代能源。

(1)寻找替代能源。上山砍柴是毁林的直接原因之一。不开发利用新能源加以替代,此行为就不可能终止,继续毁林也在所难免,因为老百姓不可能吃生食。同时,由于西部地区的多数山村交通不便,烧煤的成本过高,生活拮据的现状使他们中的多数人负担不起购煤的费用,烧成本更高的液化气简直就是奢望了。只有寻找更廉价、更实惠的新能源才是最佳的出路。目前,在一些地区推广使用沼气,既解决了燃烧问题,也解决了照明问题,且廉价省力,又无污染,是行之有效的好措施,深受老百姓喜爱,他们说"过去做饭满屋烟,现在做饭拧开关",极大地提高了生活质量和文明程度。但就目前的开发情况来看,不足之处在于规模小、进程慢,多数地方都还处于试点期。同时,由于初装费约需2000多元,这对于普通的农民家庭来讲,也不是一笔小数,他们中的多数人都想建沼气池却又拿不出钱。这就需要当地政府做好说服工作并帮助融资或贷款,引导百姓走开发利用新能源之路。可以在每村每组先搞一两家试点,通过它的廉价、便捷、实用、清洁等优点诱导百姓自觉推广。

(2)调整农业结构。把森林生态恢复与产业结构调整、农民增收结合起来,处理好"山绿"和"民富"的关系。陕西省就是一个很好的例证,"全省30多个县在退耕还林区域实行封山禁牧、舍饲养羊,为实施大范围管护和森林植被的自然恢复创造了条件。延安市吴旗县从1998年开始封山禁牧、舍饲养羊,不到三年时间,全县应退的155万亩全部退耕,农民种草110.5万亩,舍饲养小尾寒羊从2800只发展到10万只,载杏120万亩,农民人均纯收入由1997年的887元增加到2001年的1492元,实现了荒山绿化,走上了环境改善和农民增收的"双赢"之路。"①

(3)建立致富产业。改变过去广种薄收的粗放经营生产方式,在退耕还林中注意处理好生态林与经济林的关系,保证生态林占80%。对于20%的经济林,选

---

① 蒋高明:《让大自然恢复创伤》,《WEST CHINA DEVELOPMENT》,2003,3,第21页。

择优良品种,实行集约经营,使之成为农民增收和地方经济发展新的增长点。同时,把大批劳动力从单一粮食生产中解放出来,从事种植、养殖、加工、劳务输出以及社会化服务行业,使设施农业、舍饲养畜、果业、农产品加工等产业得到发展壮大,农村产业结构逐步趋向合理。"与 1998 年相比,延安市新增经济林果 119 万亩,日光温室 2.1 万棚,舍饲养羊发展到 56 万只,农民从事二、三产业的收入由人均 770 元增加到 931 元,不少农村出现"粮下川、树上山、羊进圈、人转业"的景象。"①

(4)发展森林生态旅游。恢复后的森林生态系统应当是一种可持续的系统,应当充分鼓励利用它的生态效益,而不是直接效益。这里,建立自然保护区、发展森林生态旅游不失为另一重要的替代途径。

"四川九寨沟就是一个突出的例子,原来的藏民是靠山吃饭的,以原始性的破坏自然为代价。1984 年建立自然保护区,发展起生态旅游后,所有藏民都变成了生态环境的维护者,大面积的森林靠自然力全面恢复。目前,门票与旅游观光车的收入两项,每年就达 3 亿多元。而实际上,九寨沟的经济带动远从四川成都和青海西宁就开始了,其社会、经济、生态效益远远大于九寨沟本身创造的价值。现在,居住在大中城市的人们渴望回归自然的呼声越来越高,自然保护区就是一个很好的去处。"②西部已有大批旅游城市把旅游业作为本地的支柱产业、重要产业发展。作为支柱产业的旅游业是个带动性很强的产业,关联度大,可以带动房地产、饮食业、服务业、旅馆业、旅游产品加工业等一系列行业发展,是农民致富的极好渠道。

作者发表于《Cross – Cultural Communication》2007 年第 3 期

---

① 蒋高明:《让大自然恢复创伤》,《WEST CHINA DEVELOPMENT》,2003,3,第 21 页。
② 《恢复中国的天然植被》,《WEST CHINA DEVELOPMENT》,2003,3,第 23～24 页。

第八篇

浅析完善中国森林生态效益补偿制度

一、森林生态效益

森林是指由树木和其他木本植物以及与其生长的灌木地、湖泊及沼泽地组成的协调共生的生物社会。森林一般具有两种功能。一是有形价值。如生产木、竹、林副特产品等,它既有成本,也有价值,可以进入市场交易,使森林经营者从中实现经济利益回报,故称为经济功能。二是无形价值。如森林具有保持水土、涵养水源、净化空气与水质、美化环境、提供游憩场所等功能,但没有价值载体,不能进入市场买卖交易,故称为生态功能。然而后一种功能长期被社会所忽视,使森林生态效益得不到补偿,制约了林业的发展,特别是制约了生态公益林的发展。

所谓森林生态效益是森林生态系统中生命系统的效益,环境系统的效益,生命系统与环境系统相统一的整体提供的效益,以及由上述客体存在而产生的物质和精神方面的所有效益。根据国家"九五"攻关专题"林业生态工程管理信息系统,效益观测与效益评价技术研究"文本,把森林生态效益界定为包括森林涵养水源效益、森林水土保持效益、森林抑制风沙效益、森林改善小气候效益、森林吸收二氧化碳效益、森林净化大气效益、森林减轻水旱灾效益、森林消除噪声效益;森林游憩资源效益等。从森林生态效益计量角度出发,把森林生态效益定义为在大气环流和太阳辐射的作用下,森林通过物理和化学作用,对生命和环境组成的地球生物圈提供直接和间接的有利于人类的,具有使用价值和"公共商品"特征的森林涵养水源、水土保持、改善小气候效益、净化大气效益等公益效能(不包括木材经济价值)。该定义指出森林生态效益是大气环流和森林共同作用的产物,即强调了森林生态效益的性质一公益效能。

二、我国森林生态效益的补偿制度的沿革

我国森林（生态公益林）生态补偿经历了一个从政策个别调整到国家立法普遍调整以及个别地方立法试点先行的渐进过程。

我国森林生态补偿政策立法调整的范围目前包括特定的国家重大生态工程建设项目与一般型的生态公益林日常管护活动之两个主要方面，主要是指国家组织实施的天然林保护工程、退耕还林工程及防沙治沙工程等。但是早期的生态补偿政策较为零散、行政调节的随意性强，缺乏明确的补偿方案。

1998 年《森林法》修正案中明确规定："国家设立森林生态效益补偿基金，用于提供生态效益的防护和特种用途林的森林资源，森林的营造、抚育、保护和管理，森林生态效益补偿基金必须专款专用"不得挪作他用。"到目前为止，全国已有部分省、市出台了生态公益林建设和补偿办法。

从 2001 年起，为了加强重点防护林和特种用途森林的经营保护工作，提高经营者的积极性，国家林业局又在全国 11 个省区，进行森林生态效益补助资金发放试点，许多省区已经开始着手研究和制定森林生态效益补偿费（税）实施细则。

2004 年 12 月 10 日，《中央森林生态效益补偿基金制度》正式确立并在全国范围内全面实施；其重点是对公益林管护者发生的营造、抚育、保护和管理支出给予一定补助的专项资金；基金的补偿范围为国家林业局公布的重点公益林林地中的有林地，以及荒漠化和水土流失严重地区的疏林地、灌木林地、灌丛地；同时中央政府将先期拿出 20 亿元人民币，对全国 2666.67 万 hm^2 益林进行森林生态效益补偿。

尽管如此，由于森林生态效益补偿本身所涉及问题的复杂性，但在实践中仍存在不少问题和不足。

三、传统的森林生态效益补偿制度面临的困境

1. 对经济利益的最大化追求

传统的森林生态效益补偿制度是建立在传统的经济系统基础上，从森林资源来看，传统经济系统只关注其工具性的外在的经济效益，忽视了作为生产要素的森林资源的内在生态价值；只关注当前的消费，忽视了森林资源本身的有限性；不顾森林生态环境的承受能力，恣意的消费、破坏、污染森林资源，忽视了森林生态环境进行自我调节的阈值。森林给砍伐者带来极大的经济效益，然而过度砍伐森林导致生态失衡，产生了生态危机。

2. 以传统的"人类中心主义"为主导的生态价值理念

传统的人类中心主义(也称狭隘的人类中心主义)把人看成凌驾于自然之上的主宰者,认为人类可以无限制地开发、利用森林资源,否定人类对自然规律的尊重义务。公元前 5 世纪,恩佩德克莱斯提出,自然界是由火、土、水和空气四种不变的元素组成的混合体。后来希腊社会形成了自然与人类相区别的意识,这种意识认为人是万物的尺度。在这种意识的影响下,苏格拉底、柏拉图以及亚里士多德从各自的研究领域阐述了轻视自然的思想。在此基础上,西方社会出现了认为人可以控制和改造自然的人本思想浪潮。这种忽视生态规律的思潮,正如来斯在《自然的控制》一书中所指出的,是"生态危机的最深层的思想根源"。狭隘的人类中心主义必然会导致人类利己本位主义、集团利己本位主义、代际利己主义、粗鄙的物质主义和庸俗的消费主义、科学万能论与盲目的乐观主义的泛滥,从而受到了广泛的批驳和摒弃。

3. 强调生物平等主义的价值理念

生物平等主义者从敬畏生命和尊重大自然两个角度阐述了人们的环境道德责任,强调生物平等主义的价值理念。敬畏生命观者认为伦理的本质是敬畏生命,人的意识的根本状态是"我是要求生存的生命,我在要求生存的生命之中"。那么,人只有像敬畏自己的生命一样敬畏其他的生命,在自己的命在去体味其他的生命,把动植物视为自己的同胞,并在其他生命遇到困难的时候去帮助他们。史怀泽博士在《文化与伦理》中具体阐述了敬畏生命的伦理观。他认为,伦理就是人不仅要敬畏自我,还要以敬畏自我的态度去敬畏其他的生命;每个人的生存要具有真正的价值;就要把自己的生命中的一部分奉献出来,给予需要他的人和其他的生命体以关怀。因此他呼吁为动物的保护制定伦理学规则。

尊重大自然的伦理学者则认为,每一种生命的存在,除了具有对于人之需要的价值之外,还有其自身存在的价值。在人类出现或发现他们的价值之前,他们就已经存在了。每一个生命体都是生态系统中的一个链节,在生态系统的物质循环、能量流动以及信息交换的过程中发挥各自的特殊功能。每一个生命体的缺失都会使生态系统的平衡不同程度地会出现波动,缺少的生命体多了,生态系统就会变脆弱,甚至崩溃。作为生态系统中一个环节的人,他也要尊重作为其他环节的其他生命体,这对人类自身或对于自然体中的其他生命而言,都是有利的。《世界自然宪章》指出:"每种生命形式都是独特的,无论对人类的价值如何,都应得到尊重,为了给予其他有机体这样的承认,人类必须受行为道德准则的约束。"因此,尊重大自然的伦理学者认为人类应该抛弃人比其他物种更优越的观点,树立物种平等的观念。

四、传统的森林生态效益补偿制度存在的问题

1. 补偿主体范围过于狭窄

传统森林资源生态效益补偿制度将补偿基金的主体仅限于国家和受益人。国家通过财政拨款来扶持生态林的建设与维护,但国家财政资金极其有限,对森林生态效益补偿资金的投入可能会无限期搁浅。此外,森林资源的受益者绝大部分是居住在林区以砍伐森林为生的居民。而这些居民作为资金扶助主体,不仅不会使生态效益补偿制度有效实施,还可能导致这些贫困居民面临生存危机。如果补偿基金的责任完全由国家和受益者承担,那么森林资源生态补偿制度必然会因为国家和受益者不堪重负而流产。

2. 资源仅当做客体加以保护

传统的森林资源生态效益补偿制度把森林看做是营造、抚育、保护和管理的对象,把森林资源仅当做客体加以保护,从功利主义出发来思考问题并进行法律制度设计。这种制度的目的仍然是为了满足人类的需求,不承认森林具有自身的价值和生存的权利,这无疑是"人类中心主义"为主导的生态伦理观念的体现。

3. 林的保护仅局限于树木和其他木本植物

传统的森林资源生态效益补偿制度忽视了对林木周围生态与环境的保护,只孤立地看待林木的保护问题。事实上,森林是一个开放的系统,它与周围的环境密不可分,只有把它放在生态系统的整体中来进行保护才是合理的,才能更有效地保护森林资源并发挥其生态效益。将森林资源的生态补偿仅局限于树木和其他木本植物的观点是缺乏整体主义思维的。

4. 生态效益补偿资金严重缺乏

补偿资金几乎全部来源于〔中央与地方)财政拨款,筹资渠道过于单一。尚未真正建立依靠政府、社会、市场等多元化筹资机制所应形成的生态效益补偿基金,财政负担重、财政转移支付缺乏稳定可靠性,难以满足我国大约有 1 亿生态公益林营造与管护的实际需要。

5. 生态效益补偿标准难以确定

从理论上讲'森林为社会提供了无偿生态服务,使得森林经营者私人边际收益小于社会边际收益,导致森林供给不足。为了解决森林有效供给问题,应为森林经营者提供额度为社会边际收益与私人边际收益之差的额度补偿。但在现实中,要确定私人边际收益和社会边际收益是十分困难的,目前对森林生态效益计

量和补偿标准问题还没有统一标准。

6. 公益林补偿的标准偏低

就补偿的标准与程度而言,在目前的行政主导体制下,补偿标准确定的主要依据是补偿主体的承受能力(即财政支付能力),没有导入市场运作机制,无法对生态公益林所能提供的生态服务价值充分把握,因而难以科学合理地确定补偿标准。

7. 补偿的对象范围覆盖不全面、界分不明确

现有 8.06 亿亩重点防护林和特种用途林(位于大江大河源头和大型水库周围)未列入补偿范围;对广布各地的集体公益林,除了广东省地方补偿政策与法规已将其不做区分地纳入调整之列以外,全国其他省区尚处于立法调整的空白。另外,国家与地方的政策立法均未明确划分森林生态效益补助资金和天然林保护工程建设资金、退耕还林补助资金以及其他森林资源保护资金的界限,难以避免重复安排补助资金的现象。

五、建立森林生态补偿制度的理论依据

1. 经济理论基础

(1)公共物品理论

森林的过度砍伐与利用的首要原因在于人们对森林生态功能都有使用权,而个人对森林的损耗、枯竭不必承担相应的成本。在经济学中称其为"公地悲剧",是指对森林生态资源地保护就如同灯塔的修建、道路的维修一样,是一种非排他性的公共物品的提供。它在消费上不具有排他性,只要它存在,无论何人即可消费。由于缺乏安全、专一、排他性的产权使得森林资源不能自由的投向最有效的用途,所有人都可无节制的争夺使用有限的森林资源,导致了"公地悲剧"不可避免地发生。

森林生态补偿制度的建立的目的就是为了防止和补偿"公地悲剧"。人们愿意享受森林资源却不愿为此支出,常常出现"搭便车"的现象。此时尽靠市场的作用是不够的,单纯的通过市场是不能保证森林生态系统的有效保护。因为,在环境保护领域中,个人理性并不必然的产生集体理性,个人的最优选择与集体或社会利益往往是背道而驰的。当森林生态系统遭到污染、破坏时,作为理性的个人是不会考虑森林生态的补偿,而只顾自己去享受新鲜空气、优雅环境。因为大多数人都希望别人去努力而自己坐享其成—这种现象经济学中称之为"搭便车",所以森林生态的保护与补偿单靠理性的个人,甚至集体都是无法实现的,而只能由

政府通过对所有使用环境公共物品的人按一定标准收取税、费的方式来实现森林生态的价值补偿。

〔2〕外部效益理论

外部经济与外部不经济,一般称为"外部性理论",其基本含义是指某个人在市场外影响到另一个人的福利。外部不经济就是指某个人的行为对别人产生了不利影响。乱砍伐森林就是一个典型例子。森林生态资源作为一种非排他性却又有竞争性的公共资源,一个人的使用会对社会上其他人产生一定的外部效应,引起社会和私人纯产值的差异。比如就伐木工人来说,砍伐森林是他们生存的来源,他们可以将砍伐的树木制作成不同商品在市场上进行买卖,从而获得利润来补足生活所需。但从社会的角度来说,森林资源不仅自身作为商品的功能还有保持水土、涵养水源、净化空气与水质、美化环境、提供游憩场所等生态功能。并且许多国家的科学家经过多种经济计量方法证实,森林生态的价值远远超过其经济价值。就森林资源的蓄水功能来分析,在林地,森林涵养水资源占降水的55%成而在裸露地,约55%的降水变为地表水流失。据测算666.7hm^{2}的森林涵养水源量相当于100x4013容量的水库。所以砍伐森林从私人角度看是盈利了,从社会角度看是亏损。对于这一类属于市场体系之外的"负外部性",政府的干预是必需的,政府可以通过规章制度的制定或鼓励措施的实施迫使个人在决策、经营中承认环境的价值。使得滥伐森林者不得为之,若为之应受到相关法律法规的处罚。政府可以对乱砍伐森林者或森林资源的享受者征收一定比例的生态价值补偿金。外部效益理论不仅适用于对滥砍伐森林行为负效应的消除,其实通过其他手段来刺激正的外部效益对森林生态效益进行补偿也是很有必要的。比如政府对自筹基金进行种植、保护树木的企业或个人给予奖励或减免税收,这样可以促进此类正外部效益的出现。

〔3〕可持续发展理论

可持续发展是人类21世纪发展的理性选择,而且标志着人类发展观的一次新飞跃。最早提出可持续性概念的生态学家认为可持续发展意味着"保护和加强环境系统的生产和更新能力"。

可持续发展理论反映着经济和社会发展对林业建设的新要求。森林作为陆地生态系统的主体,林业作为生态建设的主体,是实现可持续发展的重要基础,因而也是实现经济社会健康发展的必要条件。因此,着眼于中华民族的复兴和富强,保护资源和环境,促进人口、资源和经济协调发展,实施可持续发展战略,必然成为我国经济发展的重要内涵。同时,经济社会的发展也深刻改变着人们传统的生存和生产方式,对森林资源作为生活和生产原料的单一经济需求,逐步发展为提供林产品、保护生物多样性、保护自然文化遗产、发展森林文化等多样化需求。

2. 价值基础

森林生态效益补偿机制的建立与发展,从其内在的价值取向而言,正是协调诸种权利形态之间的冲突。主要是协调公民环境权与生存权、发展权之间的冲突。随着环境污染的日益加剧,"生态环境危机"成为威胁人类生存和制约经济发展的直接因素,人类才开始意识到生态环境与人类的命运息息相关,人类应该尊重自然,与自然和谐相处,只有保护生态环境,才能使人类生活在舒适的环境中。《人类环境宣言》明确宣示:"人类有在过尊严和幸福生活的环境中享受自由、平等和适当生活条件的基本权利并且负有保护这一代和将来的世世代代的环境的庄严责任。"而生态效益补偿机制的建立正协调了这三种权利之间的矛盾。通过这种机制,国家对生态公益林的经营者的经济利益给予合理的补偿,使经营者的生活和生产经营得以维持和发展,并维护了他们的生存权和发展权;同时,由于林区居民的生存权、发展权得到了保障,也就维护了公民的环境权。因此,就森林生态效益补偿这一现代法律制度的终极价值取向而言,协调环境权与生存权、发展权的冲突乃是这一制度产生与发展的价值动因。实行森林生态效益资金补偿,不仅仅是为森林资源的保护管理提供资金来源,实质为公民享有环境权、生存权和发展权等基本权利提供了可靠保障,协调了公民各方面权利的冲突。

3. 法学理论基础

法是确定和保障人权的有力工具,人权只有得到法律的确认和保障,才能真正实现。从治国的实践经验来看,只有依靠法治才能保障一项制度的长期存在与有效运作。对于森林生态效益补偿机制而言,如果要保证其长期有效的运作,确保其不随时间的推移个别领导人的意志变化而改变,达到有效地协调公民的环境权、生存权和发展权之间的矛盾,确保公民诸种权利的最终实现,就必须从制度建设的角度出发,使之依托于法治来巩固其制度基础。

六、我国森林生态补偿的制度完善与机制创新

1. 法律制度方面的革新

(1)树立可持续发展与共同发展的发展观。并同发展是森林生态补偿的法律制度的创新和完善既能使环境法的价值目标更好和更快地实现,又能够促进市场经济和环境保护工作的可持续发展。将生态公益林建设与保护列入国家可持续发展的中、长期规划。将可持续发展观载入森林法律、法规中。

〔2〕完善有关森林生态效益补偿机制的立法程序。提高立法的质量和水平，切实保障人民的切身利益。例如，在进行森林生态效益补偿机制的立法时，要广泛听取林区居民的意见，充分了解事实、了解林区居民的意愿，在广泛听取各种意见的基础上集思广益、正确决策。这样的立法，既可以兼顾民主与效率，又可以预防立法的偏颇与缺乏，从而保证法律的合理性、可行性，提高立法质量。

（3）要对各种影响林业保护和管理的法律进行协调。虽然我国颁布了《森林法》《水法》等法律，但我们应该意识到要把森林、水、土壤等视为一个整体来考虑，因为它们三者对维持生态系统来说都是至关重要的。如果没有适当的保护土壤和淡水资源，仅仅保护森林是毫无意义的。尽管国家的森林立法是恰当的，各种法律之间还是有可能存在需要弥补的重大裂缝。

（4）延展森林生态补偿制度的横向与纵向调整范围。公益林补偿对象无论是国有或集体的以及无论是国家重点生态公益林还是地方公益林均应予以合理补偿；

（5）借鉴国际碳排放权交易机制。研究我国政府已批准加入的《京都议定书》之有关分担碳排放限制的责任条款，尽快制定我国碳排放权交易的有关法律政策，如造林回收二氧化碳的确认、检查、论证方法和规则等。

（6）建立评估体系。建立科学的森林生态社会价值核算评估体系，确立科学、合理的核算标准和统计方法。

〔7〕规范运作程序。建立和健全森林生态效益补偿资金管理制度，强化资金使用的监督约束机制。

2. 森林生态效益补偿制度的资金筹措方式

森林生态效益补偿制度的重要内容包括补偿资金的筹措方式，主要有以下几方面途径：

（1）国家财政拨款。生态公益林的建设是一项服务社会，受益于全民的公益事业，从理论上应由国家财政负担，政府设立专项基金，国家财政拨款。国家可通过财政专项补助、事业拨款及免税的形式，为森林生态效益补偿制度提供资金扶持。

（2）向森林生态功能受益人收取生态补偿费：为了防止"搭便车"的现象，应向所有森林资源收益人征收生态补偿费包括：工业用水和城镇居民生活用水，木材加工，征用、占用林地，狩猎，野生动物养殖、经营，森林旅游，风景区的商业活动等。可考虑向相关的电厂、水厂、森林公园和风景名胜区等按照一定比例提取生态补偿费。

（3）建立全国统一的生态税。从税收中获得生态效益补偿基金。税收的功能是满足国家提供公共物品和服务的需要、履行政府职能的财力保证。生态公益林属公共物品，其补偿资金应属财政公共支出范围。

（4）生态法人公开募集森林生态补偿基金。生态法人，即指那种持生态主义主张的环保社团。生态法人可以向社会筹集资金，其来源渠道可以是国际组织、外国政府和国内单位、个人的捐款或援助。

（5）发行生态彩票。政府通过发行生态彩票的方式，向社会公众募集森林生态补偿基金。

（6）利用 BOT 融资方式融资。在 BOT（Build，Operate，Transfer）方式中，政府部门就某个基础设施项目与私人公司或项目公司签订特许协议，授权承担该项目投资、融资、建设、经营、维护，并在一定期限内移交。在特许期内，项目的业主向项目的使用者收取适当的费用，特许期满后项目业主须将该项目无偿移交于给政府部门。利用 BOT 方式为基础设施建设开辟了财政预算外的资金来源渠道，能加速基础设施建设，将 BOT 式应用于森林生态补偿制度，可以加速资金筹措，尽快改善生态效益的维护。

作者发表于《林业经济》2005 年第 4 期

第九篇

森林资源法制化管理浅析

一、森林资源经营管理的进展

当今社会,森林可持续经营已经是世界各国普遍接受的一种新的森林资源经营理念。所谓森林可持续经营是社会经济与自然系统多种要素综合作用产生的人与森林的新型关系。这种新型关系的建立,需要对过去森林生态系统经营中某些不利的因素进行改造,如森林的法律制度、管理机制和投入机制。这种新型关系的确立是以人为本,强调森林对人现在的和长远的多种服务功能。目前由150多个国家和众多国际组织参与了制定和实施森林可持续经营标准与指标的活动,已形成的标准与指标体系有国际热带木材组织进程、赫尔辛基进程、蒙特利尔进程、亚马逊倡议、非洲旱区进程、中美洲进程、近东进程和非洲木材组织进程。这些进程虽然在结构和内容上有些不同,但在理论、目标和方法上是相似的,都是为了寻找获得森林多种效益的可持续经营功能,把森林作为一个复杂的生态系统来进行探讨,包含了以下7个基本要素:森林资源状况、生物多样性、森林的健康活力、森林的生产功能、森林的保护功能,社会经济效益及需求,法律政策和机构框架。它们之间具有明显的地域特征,反映了与区域的经济、政治和文化的联系。我国参加了蒙特利尔进程。该进程1993年通过,有12个国家参加,涉及欧洲之外的寒温带林、温带林,包括7个标准、67个指标,涉及生物多样性保护、森林生态系统生产力的维持、森林生态系统健康和活力的维持、水土资源保持、森林对全球碳循环的保持、满足社会需求的长期多种社会经济效益的保持和加强、森林保护和可持续经营的法规、政策和经济体制。

基于新的森林经营理论,世界各国先后产生了一系列的森林经营模式,这些崭新的森林经营模式直接指导了林业生产实践。每种经营模式都通过不同的经营技术实现。这些新的森林经营模式可分为:①农业式经营。这种模式是以木材生产为宗旨,通过对土地的集约经营,最大限度地产出木材,以获得最好的经济效益的森林经营方式。早期的森林永续利用理论将森林与农作物同等对待,特别是德国实行轮伐制将天然林改造为人工林。现在东南亚国家、南非、澳大利亚、新加坡和我国南方沿海省区营造了大面积速生丰产林,是典型的农业模式。森林的起源主要为人工林,或将天然林改造为人工林,森林的采伐方式主要是皆伐。法正林理论认为,这种经营模式可以在短期内充分发挥土地的生产力,森林经营者可获得较高的经济效益,同时为市场提供充足的木材,支持木材加工业的发展,满足社会的需要,增加就业机会,具有较高的社会效益。在市场经济体制下这种经营方式具有较强的市场竞争优势,有利于资金、劳动力通过市场配置向林业流动。但由于过渡的使用土地,造成土地退化,同时由于经营强度大,容易造成水土流失、环境污染等,所形成的森林生物多样性低,林分结构单一,生态效益差,甚至对自然生态环境造成一定的破坏;②系统型经营。这种经营模式强调,在一定的环境条件下形成的森林生态系统的结构以及生态系统各组成部分对林木生产的促进和制约作用,同时强调森林生态系统功能对外部环境的影响。森林经营的成果不仅仅是林木,而且是整个森林生态系统,木材生产不仅仅是森林收获的手段,而且是森林生态系统结构调整的手段。其经营的目标具有双重性,一是提供林产品,发挥森林的经济效益;二是保持森林生态系统的完整性和生产力,发挥森林的生态效益。经营的主要对象为天然林,或将人工林改造为接近天然林结构和特征的森林,采伐方式主要为择伐。美国和欧洲林业发达的国家主要推行这以经营模式。这种经营模式的优点是充分考虑了森林资源的系统性,注意维护森林生态系统结构的稳定性和功能的多样性,符合森林生态系统的演替规律,有利于森林经济效益和生态效益的统一配置和森林效益的长期发挥。缺点是经营理论和技术复杂,需要掌握森林生态系统内部各要素相互作用的机理,森林采伐的约束条件多,技术要求高,经营成本增加。;③保护型经营。这种经营模式实际上是排除人为活动对森林生态系统干扰,促进森林生态系统的自然演替,发挥系统的功能。世界各国的自然保护区和近年来亚洲国家确定的禁伐林是这种经营模式的典型。

　　森林资源管理包括林地管理、林权管理、森林采伐限额管理、林木采伐许可证管理、伐区调查设计管理、伐区管理、森林资源调查、木材运输管理、木材经营加工的监督管理等。这些管理的内容相互联系,相互支持构成了森林资源管理系统。上世纪90年代以前我国的森林资源管理的主要任务是控制林地的流失和林木的过量消耗,因此,实践中形成的森林资源管理体系主要是以控制为主。在森林资源相对稀缺,森林经营秩序混乱的情况下,这种控制起到了非常有效的作用,上世纪 90 年代后我国的森林资源持续保持森林面积和蓄积双增长。当前森林资源管理的外部环境正在发生深刻的变化,国家的经济体制由计划经济向社会主义市场经济体制转变;森林的经营理念由传统的永续利用向森林可持续经营转变;林业建设由以木材生产为主向以生态建设为主转变。同时,为保护和改善生态环境,国家投入了巨额资金启动了天然林保护工程、"三北"和长江中下游地区重点防护林体系建设工程、退耕还林还草工程、野生动植物保护及自然保护区建设工程和重点地区以速生丰产用材林为主的林业产业基地建设工程,经营的主要目标是保存和恢复生态系统的完整性,保护生物多样性,发挥森林的生态效益。

二、我国森林资源管理法律制度的弊端

首先,在我国,林地管理法律制度的实施存在许多问题,主要有:森林法和实施条例中关于林地管理的法律规定不具体,操作性不强;林地登记制度落实不到位;林地管理单一,缺乏与森林和林木管理的有机联系;在征、占用林地中,控制不严,有以地换钱的腐败现象;植被恢复费制度执行不到位,收费挪为他用;毁林开垦等减少林地的行为较多,法律规定的处罚力度不够;缺少具体的可操作的林地流转法律制度,导致林地流转管理中林地流失严重。

第二,承包经营管理法律制度缺陷主要表现在:法律依据不强,法理基础不稳,缺少一部专门的森林、林木和林地承包法;承包范围有限不清楚。承包主体受限制,承包时间也有限制;承包管理不到位,没有专门的承包经营管理机构;承包期间的承包权转让、转包及继承规定不健全;承包经营权属不明确。

第三,民有林存在一些制度障碍主要是:林地使用制度不完善。土地利用的效益取决于使用制度是否完善。林地使用权不稳定、不完整,流转不自由,政府和部门干预过多,林权使用者受到各种限制,缺乏经营自主权,交易成本大;税费负担沉重。我国税制改革虽将原木的产品税和农林特产税并为农业税,但在生产和收购两个环节对买卖双方同时征收,构成重复征税。同时,国家规定,对林木生产者和国有林场免征增值税,但实践中却实行不了;筹集资金困难。林业生产投资需求较大,银行认为森林经营风险过大,林业贷款的还款期长,不愿意贷款。由于贷款难,直接影响了民有林的集约经营。森林中的活立木又不能作为抵押资产,因此森林资源的抵押权无法实现;森林资源经营风险大,保险公司也不愿意受理森林保险业务,也限制了民有林经营者的借贷能力;我国对森林资源消耗采取严格的管理措施,因为管得过死,限制了投资者对森林资源的科学经营、有效利用和自主经营,没有很好地发挥林业经营者的积极性,严重影响了民有林的发展。

第四,我国对国有森林资源经营由国家林业行政机关依职权管理。因此,太宏观的行政化管理制度,必然是政企不分,国有森林资源资产所有者的经济主体地位始终没有真正确立,在实际经济运行中往往以

行政管理取代对国有资产的经营管理;由于政企未完全分开,林业行政管理部门的资产所有权与宏观管理权也未分清,导致各主体权利不能保障,权责关系不清晰,企业法人财产权不能确立,现代企业制度没有真正建立起来;由于林业企业没有真正的森林资源所有权,国家的宏观管理进入企业,资产运营的监督方面,低效的宏观经济监督权代替了所有权的内部监督,所有权内部监督行为弱化,从而导致国有森林资源失控,资源资产流失,国有森林资源经营管理监督流于形式。

第五,分类经营管理的理念没有真正现代化,林种划分还沿用传统的做法,划分的类别较粗放;生态效益补偿金发放途径少,范围窄。

第六,我国的森林资源监测制度始于建国初期,20 世纪 70 年代已经初步形成体系。1989 年成立了东北、华北、西北、中南 4 个监测中心,各省也有自己的调查队伍。半个世纪的实践,已初步形成了符合我国的森林资源监测体系,但也存在一些问题:调查内容比较单一,只是对林木的蓄积、材积进行调查,对资源阶段性现状进行调查,没有动态变化的调查数据;利用技术手段进行调查的仅限于地面森林资源,对森林资源的整体性调查没有实施。

第七,尽管国家对超限额采伐的行为加大了整治,但超限额采伐依然存在,这说明采伐限额制度的执行甚至采伐限额制度本身弱化。森林采伐限额作为国家对森林和林木采伐限定的最大控制指标,是具有法律强制力的,任何单位和个人都应当遵守,国家每年都限定了采伐数额,但超限额采伐实际上在我国森林采伐中是一个公开的秘密。1999 年,国家林业局组织对森林采伐限额执行情况进行抽样检查,被抽查的 17 个县(市)中有九个县(市)存在超限额采伐的现象,被抽查的 10 个森工企业局中有 7 个存在超限额采伐问题,分别占抽查数的 52.9% 和 70% ,有的县(市)和森工企业局超限额采伐高达 140% 。云南省昌宁县西桂林场 1999 年的采伐指标为 10100 立方米,但实际采伐 15800 立方米,超限额采伐 5700 立方米。国家林业局后来几年对森林采伐限额情况检查表明,被检查发现的超限额采伐单位数量虽然有所下降,但问题仍然普遍。

超限额采伐屡禁不止,主要原因是采伐量制定的依据受到质疑。由于森林资源本身的动态性和复杂性,森林资源的数量、质量及内在结构都处于不断的变动之中,这种特点决定了行政辖区或经营单位制定森林年采伐量的复杂性。各经营单位是根据森林资源规划设计调查的结果提出森林年采伐量的,但是,具体的经

营单位特别是国有林场,由于其首要的经营目标是发展地方经济及维持本单位的生存与发展,他们更少甚至根本不愿意考虑其经营行为的生态效益,加上现有的体制缺乏促使他们在自己的经营行为中注重生态效益的内在及外在激励,他们显然更倾向于通过多报采伐量来获得经济效益。因此,他们制定并上报的合理年伐量的科学性、准确性受到怀疑;对于违反采伐限额制度的行为,森林法、刑法等法律法规规定了应当承担的行政责任、刑事责任,其中确定的处罚措施是明确而且严厉的,但是,很多超限额采伐行为是由地方政府与企业法人引起的,有关数据表明,在 1994 年至 1998 年间发生的超限额采伐行为,除了有 10% 是由于群众性的滥砍盗伐引起的外,其余的超限额采伐都与地方政府和企业法人有关。而且,在很多情况下,超限额采伐行为也并非是简单的违法、犯罪行为,其背后大都有很多无奈的理由,有的森工企业是为了清偿沉重的债务或者为了支付工人工资、维持企业的基本生存条件而被迫超限额采伐。有的地方政府甚至完全是为了公益事业被迫超限额采伐。对于这样的违法犯罪行为,执法部门、司法部门都感到不好处理。

《森林法》第三十二条规定:"采伐林木必须申请采伐许可证,按许可证的规定进行采伐;农村居民采伐自留地和房前屋后个人所有的零星林木除外。"森林法及其实施条例还对林木采伐许可证的核发权限作了相应的规定。凭证采伐制度是保证森林采伐行为能够按照核定的采伐限额及木材生产计划进行的管理制度,林政部门也正是通过核发采伐许可证实现对采伐限额的监督管理,核发采伐许可证的部门不得超过批准的年森林采伐限额和年度木材生产计划发放采伐许可证。但是,至今为止许多林政部门仍然存在超限额发证、发人情证、关系证等,严重破坏了国家的法律规定,而且迟迟得不到处理。

三、我国森林资源法制化管理的举措

（一）林地管理

林地管理就是要按林地用途进行管制,控制林地流失,防止森林资源掠夺性利用。要做到防止林地流失首先要合理界定林地用途。国家要在林权流转中加大对林地用途的管制,确定以树为准和以地为准的标准结合来确定林种利用方向。其次要设定林地用途许可。林地用途需经过林业主管部门的批准,应当根据设定行政许可的要求,明确许可的条件、期限,增强用途管制的操作性。再次要拓宽收益途径,严格控制森林采伐。林地管理法律规定要具体可行,严格执行林地登记和变更法律制度,严格有效的控制对林地的征用和占用,把森林、林木和林地

作为一个整体来进行统一管理,加大执法力度,有效处罚毁林开垦等减少林地行为,严格执行植被恢复费制度。

(二)承包经营的管理

尽管承包经营权的权利属性在理论上还存在一定争议,但森林资源的承包经营权应该是一种物权类型权利并应通过法律形式确认下来。我国《森林法实施条例》第十五条规定,"用材林、经济林和薪炭林的经营者,依法享有经营权、收益权和其他合法权益。"依照目前学术界的普遍看法,只要在保证林地不得非法转为非林地以及遵守国家森林规划的大前提下,森林资源承包经营权就不应该受到发包方的过多限制和随意收回。同时,确立了森林资源承包经营权的物权性质,还可以抗辩林业部门的管理权、集体经济组织的所有权对承包经营权的不法侵害,也摆脱了给承包人带来巨大负担的名目繁多的"乱收费"现象。因此,制订一部森林、林木和林地承包法,为承包经营管理提供有力的法理依据和坚实的法律基础。在新法中,应规定扩大承包范围,健全承包管理机构,扩大承包主体范围,扩大承包期限,加强对承包期间的转让、转包和继承的管理,制定承包经营管理的配套措施,在承包经营内容上,明确承包权利人对所承包的森林、林木和林地及林下附属物的占有、使用、收益和处置的权利。只有这样,才能真正使森林经营管理现代化、科学化,有利于承包权利人的效益回收。

(三)民有林的管理

我国民有林的林地使用制度,虽然给予了民有林的发展基础,但是仍然不足以促进民有林的快速发展。应尽快明确民有林的法律地位,在森林法中,确立民有林的权属、经营管理、采伐管理等法律制度,完善轻税赋政策,仿照我农业减免税费的政策,对民有林放宽、减免税费,多渠道扶持民有林发展。应尽快建立、配置多种形式的筹融资制度,为民有林持续、健康发展提供资金保证;调整商品林资源管理措施,尤其应重视采伐消耗管理的规定。

(四)林业企业经营管理的法制化

林区经济社会可持续发展应建立多元化投入、社会化服务、产业化经营的新机制。因此,破除国有林区原有的、僵化的、旧的经营机制,探索适应社会主义市场经济的管理模式是十分重要的,尤其完善分类经营管理法律制度,建立新的林种划分制度,细化林种类别,分类管理,有针对性地经营管理,进一步实现了林种的最大价值。还应当出台植被生态效益补偿条例,扩大现有的补偿范围,包括民有林。拓宽补偿资金的覆盖面,加大资金数量,使补偿资金真正发挥作用,建立适应市场经济体制的分类经营管理。有一个相应的发挥作用的直接管理机构,才能保证分类经营管理工作健康、有序地开展。因此,必须建立适应市场经济的分类经营管理机构彻底解决管理者缺位的核心问题,在明晰产权的前提下,建立管人、管事、管资产相结合的、责权利相统一新的国有林资源管理机构。国有林管理机构作为政府的派出机构,履行出资人职责,享有所有者权益。国有林管理机构受国家(出资人)委托,在承担政府管理职能的同时,作为森林生产经营的组织发包方,委托经营。与森林资源使用者之间建立林价制度,实现林木买卖关系。这样,在权属及责任、义务、利益明确的条件下,实现森林资源真正的国家所有。

(五)森林资源监测的管理

我国森林资源监测的范围、任务都在发生转变,因此,新的资源监测法律制度应相应制定一些适合这种变化的新的规范,如要由单一林木蓄积调查为主的资源调查向森林资源和生态状况综合监测转变;要由资源现状调查向动态监测转变;要由以地面调查为主向地面调查与应用科学技术全面结合转变;要由单独的技术调查向技术和执法性相结合的调查转变。

(六)采伐管理

我国森林资源正处于休养生息阶段,森林资源的数量和质量并没有实现根本性的好转,生态系统仍然十分脆弱,并且这种状况并不能在短期内得到解决;国有森工企业及国有林场仍然存在债务负担沉重、经营效益低下、投资不足甚至无法支付职工工资等情况,如果完全取消采伐限额制度,国有森工企业及国有林场为了改善企业本身的生存状况,势必又回到原来依靠采伐森林维持生计的老路。但我们将采伐限额制度的适用范围限定在国有林区也并非可取。森林资源的生态服务功能是一个整体,并不会因为它是国家所有、集体所有或私人所有而有所区别。虽然现在集体及私有林木占全部森林资源的比例较小,其中私有林占全国森林面积的比例不到12%,但它对整个林业的发展及生态系统的改善所起的作用是不容忽视的,私有林业的比重在将来可能会有所扩大。如果取消对集体林业的采伐限额制度,集体所有的森林可能重新被肆意砍伐,由于我国大部分集体组织特别是林区集体组织的公共积累有限,抗风险能力和投资,不能排除集体组织希望通过采伐林木的方式尽快增加公共积累、举办公益事业的可能,甚至不能排除少数掌握权力的人以集体的名义砍伐林木谋取私利的可能。

因此,我国看来仍然只有坚持采伐限额制度。为了解决制度本身带来的问题,我们应着手完善一些措施:①由国家林业局会同有关部门制定森林分类区划标准与方法,各地按照区划标准与方法尽快完成森林分类区划工作,在将森林资源区划为公益林和商品林的基础上,将公益林进一步区划为国家重点公益林和地方重点公益林,将商品林进一步区划为天然商品林和人工用材林;②对于重点公益林特别是国家重点公益林,实行禁伐,严格保护,只能进行抚育性采伐或者改造性采伐;对于天然商品林实行限伐措施,确保人工商品林的采伐额度。对天然商品林和人工商品林分别编制采伐限额并执行;③建立生态效益补偿基金,纳入中央和地方财政预算,对公益林分别由中央财政和地方财政给予相应的补贴;对集体及私人业主营造的林木被区划为公益林的,由国家收购,不愿意被区划为公益林的,当地林业主管部门应当与集体或私人业主签订禁伐、限伐协议并给予相应的补偿;对于私人业主营造的商品林,其不愿意继续经营又不能转让给他人的,也应当由国家予以收购并给予一定的补偿;逐步建立生态公益林补偿金缴纳制度,要求生态公益林使用者,直接受益于生态公益林的供水、风景旅游、林地矿产开采、征占用生态公益林林地等经营单位或个人缴纳生态公益林补偿金;④应当加强对公益林、天然商品林在伐区调查设计、伐后验收、采伐更新等各个环节的监督检查;⑤严格管理采伐许可证的发放对象、范围、有效期,并严把凭许可证进行采伐的程序;对采伐许可证的使用、交换进行跟踪查检,严防以假充真;对采伐许可证的发放、使用进行全程监督。

另外,对于野生动植物资源的管理、森林病虫害的防治以及林业种子资源的管理等,国家也应尽快建立和完善相应的法律制度。我国关于野生动植物资源多样性保护目前尚无系统的法规。《野生动物保护法》是由全国人大常委会制定的,但其立法内容中无野生动物多样性保护。仅《野生植物保护条例》对野生植物的多样性予以了规定。因此,全国人大常委会应对《野生植物保护条例》、《水生野生生物保护条例》和《野生动物保护法》进行修改、完善并由国务院编制《中华人民共和国野生动植物资源多样性保护条例》。还要加快森林病虫害防治立法步伐,改变实施细则滞后、法规不配套的现象,加强立法解释工作,使法律规范更加切合实际情况,为制度的实施提供适应形势、有力、操作性强的依据。注重程序立法。

作者 2010 年参加全国环境法学会论文

第十篇

城乡统筹的现状和法律构想

6月7日,重庆和成都设立城乡综合改革试验的通知发出,这就意味着两地必须大胆创新在重点领域有所突破,实现城乡一体化的机制。这不仅是为实现两地的城乡统筹所需进行的工作,对全国展开轰轰烈烈的城乡统筹的革命也有里程碑意义。

什么是城乡一体化呢? 对它的定义,社会学家,经济学家,规划学家等各执一词,没有一个标准的定义。党的十六大提出,城乡统筹发展是面向乡村的城乡经济社会全面发展。"全面发展"目标既是全民共享目标,又是社会全面进步目标。促进城乡经济社会协调发展,推动全国深化改革、实现科学发展与和谐发展发挥。

城乡统筹是一个中国特色的词语,它是中国作为一个发展中的大国在特殊的历史条件的战略选择。党的十六大提出,"统筹城乡经济社会发展,建设现代农业,发展农村经济,增加农民收入,是全面建设小康社会的重大任务。"十六届三中全会提出科学发展观,落实"五个统筹"的思想。即统筹城乡发展、统筹区域发展、统筹经济社会发展、统筹人与自然的和谐发展、统筹国内发展和对外开放。其中,落实城乡统筹发展是其中的关键。

统筹城乡发展。逐步改变城乡二元经济结构,重点难点在农村。在工业化初期,广大农村为了支持工业化付出了巨大的代价,城乡之间的差距越来越大,不断拉大的城乡差距不仅是地区差距越来越大,也激化了社会矛盾,不利于构建和谐社会,不利于社会主义现代化的建设。现在工业化达到相当的程度之后就反哺农村,实现工业与农业的协调发展,城市与农村的协调发展。使城市和乡村在政治、经济、社会、文化等方面的差距逐步缩小。

要逐步改变二元化结构,科学编制城乡一体化体系,促进城镇有序发展,农民梯度转移,并不是单纯的说是城市消灭农村。他需要从经济和文化多方面的融合,使农村城市化,而城市并不是保持不变,在农村城市化的过程中城市也要不断走向现代化。城乡一体化并不仅仅是一个城市乡村相互结合的结果,它还表现在一系列为了这个结果而进行的措施当中,这个过程需要从以下几个方面着手:

第一,要首先把县城和部分基础较好的城镇发展起来,但是我们不能简单地认为城乡一体化就是发展农村经济。除了给当地的乡镇企业实行适当的政策倾斜,加大投入和指导外还可以积极引进城市企业落户,通过先进的技术支持和保护农业农村发展,解决农村剩余劳动力。还要积极发展具有较大潜力的镇县,建设一小城镇为中心向更广阔的农村辐射,加快农村人口的城镇转移,提高郊县的城市化水平,通过工业化和城市化实现农村人口向城镇人口的转变,缩小城乡的差距。要实现这个目标的主要重点在农村,但是并不是与城市无关,比如共同富裕原则要求先富的带动后富的,城乡一体化要求城市要支持和带动农村的发展,真正实现我国经济社会全面、协调、可持续发展。

第二,要加大环境、交通、电力、信息、教育、文化、卫生等基础设施方面在农村的建设。目前城乡居民享用的公共资源很不均衡,据 2002 年数据,我国卫生总费用 5684.3 亿元。其中农村卫生费用约占总费用的 22%,其余的 78% 为城市居民所占有。而在总人口中只有 36.2% 是城镇居民。这种差距的悬殊会使城乡之间的差别越来越大,必须大力加强农村在这些公共资源方面的建设。特别是教育方面,人才是发展的主要动力,如果能改变农村人的思想素质将会为农村的发展培养起一支强大的生力军。2001 年农村小学生平均经费 900 元,而城市和县镇小学生平均经费 4015 元。构建现代村庄精神文化,提高农民素质是最重要的内驱力和非经济动力。加强农村精神文明建设对物质文明建设也有重要意义。一方面精神文化状况将会极大地影响着农民思想意识观念形成、培养、变化,如果不从精神改变农民,很多根深蒂固的思想还会在他们心中,就算是达到了城镇化,村民们都过上了现代化的生活,但是这也只是表面上的统筹成功,我们希望的和谐社会不仅仅是每个人的物质生活达到一定的标准,而是要从政治,经济,文化各个方面的全面进步。另一方面农民的思想意识观念及其变化又决定着村庄的前途和命运,没有农村社会的全面进步和农村人口素质的全面提高,实现农村城镇化就没有基础条件。但是在发展农村的同时一定要注意农村的环境,现在个西方大国走过的先污染后治理的老路已经给我们提供了前车之鉴,我们现在农村的蓝天白云,青山绿水也是一项宝贵的资源,在发展农村经济的同时我们一定要协调好发展也良好环境的共存。

第三,社会保障制度的健全。社会保障是现代国家最重要的社会经济制度之一。经过多年的发展,城市的社会保证体系经济趋于完善,真正做到了"壮有所用,老有所养",广大的城市居民安居乐业。但是社会保障的重心却一直在城市,农村居民的保障还是传统观念中的"生儿防老"。建立健全与经济发展水平相适应的社会保障体系,是经济社会协调发展的必然要求,是社会稳定和国家长治久安的重要保证。现在有大量的农村剩余劳动力也辗转进入城市,从事着城市里面最艰苦的行业,为城市的发展贡献着巨大的力量。拔地而起的高楼后有他们的汗水,堵塞的下水道疏通前有他们的身影,大型的工地上有他们的号子声……虽然他们在城市里面工作生活,但是他们却有和城里人不一样的名字,他们叫"农民工"。虽然他们为城市添砖加瓦,但是他们和城里的员工不同,他们一旦失去这份工作便和这个城市没有任何联系。他们没有各种城里员工拥有的保险,工伤保险,失业保险,养老保险等也许是从未有人向他们提起过得新名词,更不曾想到自己和别人都从事着为城市建设贡献的工作而别人享受这一切待遇的同时为什么自己不曾拥有?过着走在同一条大路上却被另眼相待的日子。社会保障制度的完善与否,已经成为体现一个国家社会文明进步程度的标志之一。"十一五"期间,我国社会保障工作重心的一个重大转移,从原来的主要解决城市保障问题,转向城乡和谐发展,重点解决农村保障问题,尤其是进城农民工的社会保障问题。但是对于农村的基本保障措施还是很不完善,不能协调发展的社会保障制度亦成为城乡发展协调的障碍。这就决定了加快社会保障制度健全的重要性。

虽然目前城乡一体化已经不是一个新鲜话题了,各相关部门也在紧锣密鼓的开展统筹工作,但是还没有一部法律来规范。我们工作进行的依据都是国家的政策。虽然政策也是一种调整社会关系的规范形式,但是政策毕竟没有法律具有的一些特性,比如长期性和稳定性,但是这些特性又是作为执行依据必不可少的,在实践中与政策的特性相辅相成。我们是一个依法治国的国家,所以在试点的过程中采用政策作为执行的依据,但是在试点成功之后就应该马上上升到法律层面,现在在城乡统筹方面执行者仅仅可以从经济法,行政法,物权法等法律中找到一些相关的规定,制定一部关于城乡统筹的法律来专门调整城乡统筹工作,使执行者在工作过程中可以找到明确的法律依据,才能从制度上保证城乡一体化工作的全面推进,推动城乡经济、社会的科学发展。

其次加大执法力度和执法队伍的专业化也很关键。进一步深化户籍改革制度之后,使农民与城市居民一视同仁,一样对待,统一规划,统一实施。但是很多执行者不能及时转换思想,还是停留在统筹前的思想状态,要通加深过对执法者的法律教育和引进专业的人才来更好的充实执法队伍。

还要增强村干部的法律意识,加强对广大群众的普法教育。我国城市化作为现代化发展的重要过程,需要通过法律制度进行规定和规范。广大农村群众因为历史原因,思想比较封闭,法制观念淡薄,法律意识差,遇到问题首先想到的不是通过法律途径解决问题,如果再加上村级管理不规范,广大的村民情绪激动,不走正常的司法途径,而导致冲击司法机关的现象,容易使城市化工作陷入混乱。因此,就需要基层组织大力宣传法律政策,村干部要懂法用法,运用所学的法律知识才能引导和规范群众以理性合法的方式表达利益诉求和维护自身合法权益。

从上面问题可以看出城乡统筹不仅仅是法律或者政治或者文化某一方面的问题,必须多方面协调,按照城乡统筹的目标,用科学发展观指导现代化目标,齐心协力,城乡经济才能共同发展。

见专著《中国试论资源法律制度》(现代教育出版社 2009 年)

第十一篇

城市房地产开发中的环境法律保护

一、城市环境保护的迫切性

在二十世纪下半叶,人类的发展已在全球范围内威胁到人类自身的生存。这种威胁主要是日趋严重的环境问题。科学技术的高度发展,使空气污染、水体污染、固体废弃物、有毒危险物、酸雨等问题十分严重,过去两百年的工业化进程是直接导致今天的全球性和区域性环境恶化。因此,环境保护已成为全世界各个国家高度重视的基本国策。环境保护的效果,不仅关系到当代人也关系到子孙后代的生存发展。

环境保护的现状十分严峻,不论农村城市,环境污染仍在加剧,尤其是中国东部经济发达、人口较稠密地区环境恶化的速度正在加剧,发生环境破坏的范围在扩大,程度在加剧。可以说,环境污染和生态的破坏已成为制约中国经济发展的一个很重要的因素。为适应全球可持续发展的趋势和中国的可持续发展目标,我国已建立专门负责环境保护的政府机构,出台了一系列有关环境保护的政策、法规和措施,取得了重大的成就。但是,离我们从根本上解决可持续发展和生态平衡问题的目标相差甚远,甚至有的地方还有恶化的趋势。如果我们目前不高度重视,将会给我们子孙后代带来深重的灾难,造成永远无法弥补的损失。

中国政府当前更加重视中国的环境问题,党的十七大报告明确指出了转变经济发展方式,强调落实科学发展观,为环保事业发展实现提供了理论和政策上的保障。在我国,保护环境正逐渐从政府专职转变为全民的共同事业。环保总局局长周生贤从中华民族的传统文化的精髓中去解读人与自然和谐的含义。他以两条鱼图案的"太极图"为例。他说,这个太极图告诉我们:第一,任何一个事物都包含着两个对立面;第二,两个对立面相互包含,并在一定条件下相互转化;第三,两个对立面的协调吻合,构成一个和谐的整体。在这三点内涵中,以第三点内涵最为重要,因为从中可以引申出这样一个道理:在一个统一体之中,凡是有利于对方的,便有利于整体的和谐统一,也就必然反过来有利于自身;反之,凡是有损于对方的,便有损于整体的和谐统一,也就必然反过来有损于自身①。所以,我们应该遵从这样一个自然法则,把环境保护与人类的可持续发展统一起来作为我们为之奋斗的终极目标。

二、房地产开发中的环境问题与法律缺失

在我国,城市中的房地产开发建设如火如荼的进行。其中引发的环境问题日渐突出,如施工垃圾的乱堆放,噪音污染,房屋之间的间隔距离不符合环境保护法的标准。人口密度加大,空气质量严重下降,更加影响城市的卫生条件,在我国大城市已十分严峻。在房地产开发过程中,自始至终都存在着开发建设和环境保护的矛盾,在人们追求建设规模发展速度的时候,往往忽视了对社会环境的保护,转而追求经济利益的短期作为,已对社会环境产生了明显的负面影响,以致不少地方的环境现状出现恶化的趋势。

我国对于规范房地产开发建设出台了不少的法律,在环境保护方面也规范了不少,散见于《中华人民共和国环境保护法》、《中华人民共和国环境噪声污染防治法》、《中华人民共和国固体废物污染环境防治法》、《中华人民共和国大气污染防治法》、《天津市市容和环境卫生管理条例》、《建设项目环境保护管理条例》、《城市绿化条例》等等,但是仍存在很多缺失:

1. 环境评价制度不完善。

目前在房地产业自身存在的诸多评估措施中,主要评估对象是房地产本身的质量,而且采用的方式不同于环境评估模式,没有把环境保护纳入当中进行综合评估。2002年全国人大常委会颁布的《环境影响评价法》规定"为了实施可持续发展战略,预防因规划和建设项目的实施后对环境造成不良的影响,促进经济、社会和环境的协调发展,制定本法""本法所称环境影响评价,是指对规划和建设项目实施后可能造成的环境影响进行分析预测和评估,提出预防或者减轻不良环境影响的对策的措施,进行跟踪监测的方法与制度。"从这一规定中,我们明显看出,仍然只是着眼于对房地产开发的环境影响评价,是在房地产项目实施后对周边环境的影响,而由此采取应对地理环境的措施,却缺失在房地产项目的规划设计中

---

① 陈湘静:《沿着生态文明之路奔向前方——环保总局学习十七大精神司局级干部培训班侧记》,国家环境保护总局网,2007年11月23日。

就应预计到的对环境破坏的可能性。我们不是等环境问题成了堆才想办法去解决,而是在预计到可能的环境问题的出现而在开发建设前就做好预防的准备工作。尽管房地产开发商在开发建设完毕后仍然有可能承担环境污染和破坏的法律责任,但却往往使已经存在的环境问题永远无法根治。我们为什么不能在房地产开发中贯彻"预防为主"的方针呢?可持续发展和生态平衡的环境理论要求我们每做一件事情之前必须综合考虑生态因素和可持续发展因素。因此,不得不说,环境评估的法律规定在我国仍然相当滞后。

2. 房地产开发对环境的损害反过来影响了开发本身的发展

房地产的价值,除了受房地产本身的质量左右外,也往往取决于环境因素如何。换句话说,周边环境污染严重的房屋,可能销售价降低,反之,周边环境良好的房屋,销售价格增高。公民普遍的环境意识的提高已大大提高了对房地产开发商有关环境的要求。例如,2003 年,北京市某区一个房地产住宅开发项目,由于其地处四环路的绿化隔离带附近,对东三环的燕荷商圈距离不远,所以很多人都购买这里具有升值潜力的房产。但入住后不久,很多业主感觉失眠、头疼、手机信号微弱。经有关无线电检测部门检测,发现该住宅小区内的无线电波严重超过正常人能承受的范围,原因是距离该项目不远的地方有一座北京市广播电台的发射塔。因此,很多业主要求按照升值后的价格给予退房。又比如,就是因为环境中存在的物理射线、化学制剂、噪音、石棉、聚氯联苯或其他有害物质,或有些化工厂的工业用地,可能由于工业生产,造成有害物质对土地、地下水的渗透,造成一定的污染。这样一些环境,建成的民用住宅,公众很难乐意购买,于是,可能使住宅的价值贬值。

3. 房地产开发过程缺乏有效的法律监督和惩罚措施

我国现有法律尽管在房地产开发各个环节都规定了许多监督检查措施,但实施中,人为的因素太多。比如一个环境影响评价报告有时托个熟人就通过了,而真正等到房屋建好,已经给环境造成破坏后,往往对房地产商进行一点经济上的处罚,而环境影响评价部门却一点责任都没有。他们的评价报告如果有错误或给环境破坏带来一定的隐患,谁来追究他们的法律责任呢?一个房地产项目从审批、开发、报建、工程建设、售房等整个过程非常复杂,许多相关行政部门办理水电、环保、批地等行政事务,如果缺乏了有效的监督机制和惩罚,将大大降低行政执法的水平,给环境保护带来不可估量的困难和后遗症。

三、房地产开发环境保护法律制度完善

1. 建立科学的房地产开发环境影响评价体系

在国外发达国家,十年前就开始探索建筑环境评估标准,用客观的招标表达出对象可持续发展的实际状况和水平。目前不少国家已经初步发展出一套适合自身特点的体系。发展建筑环境评估的工具都注重与本国的实际情况相吻合,评估工具也由早期的定性评估转为定量评估,从早期单一的性能指针评定向综合了环境、经济和技术性能的综合指针评定。我国的香港、台湾地区也研发了本地的建筑环境评估体系。而在我国,许多相关的技术领域还是空白。建立良好的环境评估体系在当前有着重要的现实意义。因为房地产业是消耗资源和能源的主要行业,又是关系国计民生的重要行业,在可持续发展中占据着非常重要的地位,但现阶段人们对房地产环境性能的研究还不够,因此,通过对房地产环境评估体系的探索,可大大提高公众对房地产性能的认识。同时可以掌握我国房地产环境评估体系的研究现状,为政府制定相关的环境政策和规范提供依据。首先要克服过去我国对房地产评价的单向性,通过立法从双向角度全面对环境可能产生的各种正面和负面影响进行全面的评估。这要首先完备现有的环境影响法律制度,用法律系统规范房地产在开发、建设的整个过程和环节,制定合理、合法、有效的措施和决策,即要保护好房地产商和业主的合法利益,又要坚持维护生态平衡和可持续发展的基本的环境保护原则。比如,在对房地产开发项目进行可行性研究时,就由具备环境评价资质的单位对土地、开发和建设项目的选址、设计及开发过程进行全面的环境影响评估,提前作出防治措施,并作出有关环境保护投资的概预算,编制环境影响报告书。在开发建设和竣工验收阶段,房地产商应向环境保护行政部门提交申请,请其对环境保护设施和措施做全面的检查和验收。只有经过环境部门验收的房屋,才能投入市场销售和使用。

2. 强化执法力度的规定

为了保证房地产开发中更好地贯彻和执行法律的规定,要完善监督和处罚的规定,在土地、开发、和建设项目的选址、设计及开发和开发建设和竣工验收等全过程中,要加大监督和检查,及时处理早期发现的问题;责任单位要有严格的责任制度,落实的具体责任。对不执行环境法律和执行环境法律不严的单位和个人,要有严格的处理措施和程序,加大执法水平,才能有效地保证房地产开发中环境法律得以实现。而我国现有法律并没赋予执法人员强制执行权,如对违反土地法的行为多半也只能劝导,批评。要强制拆除违章建筑,还需申请法院强制执行,如

遇到"钉子户",法律就更搬不动了。我国历年在城镇强制拆迁执法中,都遇到很多这样的"钉子户"。甚至由于"钉子户"的强硬,与政府反抗,还引出不少诉讼纠纷,甚至是人命官司。国家尽管现在采取有效的法律手段加以这方面的控制和措施,但仍然矛盾重重。我国"物权法"规定,为了公共利益的需要,依照法律规定的权限和程序可以征收集体所有的土地和单位、个人的房屋及其他不动产。征收单位、个人的房屋及其他不动产,应当依法给予拆迁补偿,维护被征收人的合法权益。征收个人住宅的还应该保障被征收人的居住条件。在这里,物权法强调为了公共利益,但是,这个公共利益如何界定,根据目前公众对公共利益的认识,开发商建商业用房,一般来说不属公共利益范畴,那么开发商就不可以征收集体所有的土地和单位、个人的房屋及其他不动产,仍然只能耐心劝导"钉子户"支持房地产开发工作。

又如,土地法规定的土地监察制度,也只规定对违反土地管理法律、法规的行为具有监督检查权的法定机关是县级以上人民政府土地行政管理部门。但对其部门本身和人民政府的土地违法行为,土地法律都没有规定由谁来监督和检查。实践中恰恰是许多政府机构土地违法行为更严重。它们利用手中的权力,乱批条子,乱圈地,破坏一个城镇的统一规划和部局,更值得引起我们的高度警惕和重视。因此,十分有必要加强政府及执法人员的法制意识,落实责任制度,加强执法力度,才能从根本上解决这一顽症。又如,改革监察机构的领导体制。把其地管理权收回省、直辖市、较大的市一级土地管理部门,实行较大规模的统一管理,才能从根本上解决一方土地的整体布局的合理利用问题,保护土地,保护自然生态环境。要对执法人员进行严格的培训,增加法律知识,增强责任心,加强职业道德的培养,形成有力的执法队伍,才能很好贯彻和执行我国法律,加快房地产业法治化的进程。

3. 完善处理环境侵权纠纷的司法制度

有关房地产环境侵权纠纷,都有高度危险选、复杂性的特点,依照我国现有民事诉讼法的规定,我国法院处理环境侵权纠纷一般都采取责任倒置的原则。其中最高人民法院《关于适用〈中华人民共和国民事诉讼法〉若干问题的意见》第74条第3项规定:"因环境污染引起的损害赔偿诉讼,对原告提出的侵权事实,被告否认的,由被告负责举证;"最高人民法院《关于民事事实证据的若干规定》第4条第1款规定:"因环境污染引起的损害赔偿诉讼,由加害人就法律规定是免责事由及其为与损害结果之间不存在因果关系承担举证责任。"从这两条我们可以看出,法律的立法目的都是为了更好地保护环境污染受害人的权益。但在司法实践中,由于科学技术的高度发达和生产工艺的高度复杂,不论是原告或被告,要举出充分的对自己有利的证据并非易事。因此,只有坚持无过错责任原则,在收集证据时,不仅要搜集加害人违法的证据,也要收集加害人合法的证据。因为,环境侵权行为作为一种特殊的侵权行为,应该强调环境侵权责任的承担不以其行为的违法性为前提而应以给受害人实际造成的损害为追究责任的依据。只要举证存在损害事实、污染环境的作为与损害结果之间有因果联系,即认为构成侵权,加害人就应对受害人承担侵权责任。只要这样,我们才能真正保护受害人的合法权益,处罚破坏环境的作为,达到保护环境的目的。还有,依照我国现有《民法通则》和《产品质量法》的规定,因产品质量存在缺陷造成人身伤害的,生产者、销售者应承担赔偿责任。在房地产侵权诉讼中,当事人可以根据具体情况,分清楚是房屋的质量侵权责任还是环境污染引起的侵权责任,以选择正确的途径进行诉讼,更好地维护自己的权益。

作者 2007 年参加重庆市市场经济与环境保护会议论文

第十二篇

森林生态系统原理研究

一、森林资源的内涵、特点和价值

1. 森林资源的内涵

森林是陆地生态系统的主体,被人们称为"地球之肺"。自然功能最完善、最强大。是人类社会不可或缺的资源库、遗传基因库和蓄水库。它维持地球生态系统的平衡,成为人类文明发展的保障。森林生态系统也是环境系统中一个重要组成部分,主要发挥两个作用:第一,它是陆地生态系统中最强大的第一生产力,具有特殊的时间、空间、种群等有机结合的特质;第二,它也是环境系统中最大的调节系统,维持着环境系统的动态平衡。森林,从生态学上的意义讲,是指占有的一定区域、以树木或其他木本植物为主体、与其他动物、微生物等共生的生态系统。森林可分为热带雨林、季雨林、针叶林、阔叶林、竹林等等。我国《森林法》将森林分为防护林、用材林、经济林、薪炭林、特种用途林等五个类型。森林资源由森林组成,但又不完全等同于森林。作为资源的森林,它更强调森林的经济价值和生态价值,也就是作为生产资料和劳动对象的功能,然而法律中提到的保护森林和保护森林资源,并无实质上的不同。森林是陆地生态系统的主体,不仅可以涵养水源、保持水土从而达到减少水患、保护水资源的目的;而且还可以防风阻沙、净化空气、美化环境,从而达到减少灾害、改善人居环境、促进旅游业发展的目的。此外,森林又是经济和社会发展不可替代的资源,可满足人类对木材及林产品的需求。森林是多效益的生态系统,其在全球生态安全和经济社会可持续发展中起着关键性作用。

我国在过去的几十年里一直很重视森林生态环境的保护工作。特别是从上世纪八十年代以来,采取了一系列具体措施,如天然林保护工程、退耕还林工程等。但在现实中,森林生态环境的恶化已是不争的事实。近些年来,水土流失、沙漠化、森林减少等现象日益严重。一年一度的沙尘暴不仅在西北地区肆虐,甚至长驱东进南下,横扫华北、华中、华东的诸多城市。对森林生态环境保护的要求无疑更为迫切,需要森林生态系统充分发挥他的多种功能。森林生态系统具有重要的生态、社会和经济效益。我们不可不予以高度重视和发展当代中国面临着极其严峻的生态形势,生态恶化已经成为制约经济可持续发展、影响社会安定、危害公众健康的一个重要因素,严重威胁着中华民族的生存与发展。如何在发展经济的同时搞好生态建设,实现森林资源的可持续发展是我国面临的一个重大问题。中国是世界上人口最多的发展中国家,改革开放开始至今,已经有了几十年的时间,我国经济、政治和文化都发生了很大的变化,取得了很大的进步。然而,由于人口增长、政策的失误等原因,森林资源和生态环境形势不容乐观,环境与发展的矛盾依然十分突出,生态环境状况局部改善而整体不断恶化,森林数量不足、分布不均、质量较差的问题,成为全部生态问题的焦点。我国森林资源在远古时代极为丰富。在 4000 年前的夏代,森林覆盖率大约为 60%,主要分布于我国年降雨量400mm 以上的"东南半壁"。然而,随着历史的发展,由于刀耕火种、农垦、战争、建筑、薪炭、帝国主义的掠夺、工业消耗等原因,森林资源渐趋减少。到新中国成立前夕,森林覆盖率缩减为 12.5%,已成为一个贫林国家。

当代中国森林资源的基本状况是,1949 年全国森林覆盖率为 12.5%;1989 ~ 1993 年第 4 次全国森林资源清查为 13.92%;1994 ~ 1998 年第 5 次清查为16.55%;1999 ~ 2003 年第 6 次清查结果为 18.21%。(如图 2 - 1 所示):

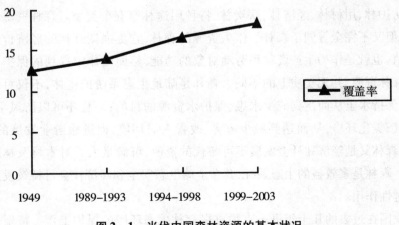

图 2 - 1　当代中国森林资源的基本状况

建国五十多年来,森林资源从覆盖率所反映的数量看略有增长,但是森林资源的质量却不容乐观。20世纪90年代初期以后,由于采伐限额制度的实行,生长量开始大于消耗量。全国森林蓄积年均总生长量与总消耗量随时间推移,都有增长之势,基本处于平衡。与世界上其他国家相比,我国森林资源有优势,也有不足。我国森林类型齐全,树种丰富,珍贵经济林木品种多样;森林资源面积蓄积量大,居世界前列。但是,我国森林覆盖率低,资源分布不均,人均占有量少,仍属森林资源贫乏国家。根据2005年我国公布的第六次森林资源清查(1999~2003年)结果,我国的森林覆盖率为18.21%,而世界森林覆盖率平均为29.6%,我们低于世界大多数国家,处于第130位,全国人均森林面积和人均森林蓄积量只分别相当于世界人均水平的1/5和1/8。芬兰森林覆盖率达67%,美国为33%,澳大利亚为28.6%,日本已经达到70%(如表2-1所示)。

表2-1　主要国家森林覆盖率比较

国家	中国	芬兰	美国	澳大利亚	日本
森林覆盖率	18.21%	67%	33%	28.6%	70%
世界森林平均覆盖率:29.6%					

数据来源:《第六次全国森林清查结果》

由于长期以来的过量采伐,我国很多著名的林区资源都濒临枯竭。林地利用率低,生产力低,单位面积蓄积量小,残次林比重大。人工林面积大,质量不高。森林资源的减少加剧了土壤侵蚀,引起水土流失,不但改变了流域上游的生态环境,同时加剧了河流的泥沙量,使得河流河床抬高,增加洪水水患。我国是一个多山的国家,我国的森林覆盖率至少应达到30%以上并分布均匀合理,才能基本上满足生态安全和经济发展对森林资源的需要。2009年8月22日,环境保护部部长周生贤在生态文明贵阳会议上说,尽管已取得不小成绩,我国环境保护滞后于经济发展,环保工作正处于负重爬坡状态,仍是不争的严峻事实。2009年10月1日,我国开始实施《规划环境影响评价条例》。条例包括6章36条,将我国环境影响评价工作推进到一个新的发展阶段。我们已经很清楚地看到,我国对生态环境的保护正在向深度发展,大力提倡生态文明,将是我国今后很重要的任务。随着社会的发展,对生态文明的要求将不断提高。因此我们必须努力,从法制角度增强森林资源保护力度,增加森林资源的生态功能和经济、社会效益,促进森林资源的可持续发展。

2. 森林资源的特点

森林是指在一定区域密集生长的以乔木占优势的木本植物群落。森林资源是林地、宜林地、树种资源以及林区内野生的植物和动物的总称。所以,森林,包括竹林。林木,包括树木、竹子。林地,包括郁闭度零点三以上的乔木林地、疏林地、灌木林地、采伐迹地、火烧迹地、苗圃地和国家规划的宜林地。森林资源的特征是:第一,可更新性。森林资源是一种可更新资源,其被采伐后,可通过天然或人工更新营造,只要人们遵循森林资源的规律,森林可被人类持续利用;第二,长周期性。森林生长时间长,从种植到成材成林,需要很长的生长周期,容易遭受自然灾害和人为因素的破坏;第三,多功能性。森林资源不仅具有较高的经济价值,医药价值,科学研究价值,而且具有极其重要的生态价值。例如,森林资源具有涵养水源,防风固沙,防止水土流失,调节气候,净化污染,保存物种,提供休闲娱乐和服务等功能,是物种资源的基因库。

3. 森林资源的价值

森林资源的价值如图 2-2 所示:

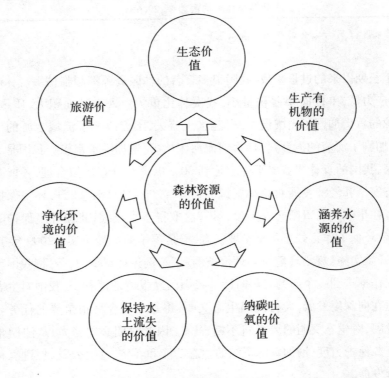

图 2-2　森林资源的价值

森林的价值有很多:第一,生态价值。森林一般具有两种功能:一是有形价值,如生产木、竹、林副特产品等。它的价值主要是商业价值。森林经营者通过市场交易,从中实现经济利益,故称为经济功能。二是无形价值。森林不仅具有经济效益,更具有庞大的生态效益。但由于森林没有价值载体,不能进入市场买卖交易,故称其为生态功能。森林生态系统具有保护生物多样性、水源涵养、水土保持功能、生产有机物、净化空气、释放氧气、吸收二氧化碳和有毒气体、地生态系统的水质净化等方面的生态功能。森林生态系统自我更新、演替、再生是客观存在的,其生态功能是不可替代的。森林生态资源的自我更新的特殊性,生态功能的固有特征和属性是不以人的意志为转移的;第二,森林生产有机物的价值。森林生态系统第二种功能就是可以利用太阳能,使无机化合物发生化学反应,合成有机物质。绿色植物在阳光下,产生化学反应,进行光合作用,将太阳辐射的能量转化为化学能和热能。然后动物经过新陈代谢,再将植物的化学能转化为机械能和热能。实际上,要精确计算森林生态系统的能量的流动是极其困难的。但我们还是能得出森林等植被具有巨大的生产有机物的生态功能;第三,森林涵养水源的价值。森林与水源存在密切关系。森林可以截留降水、阻止水分蒸发、增强土壤下渗、改变积雪和融雪状况、缓和地表径流、增加降水。因此,涵养水源成为森林及其重要的生态功能。森林对河川径流产生重要影响。它可以延长径流的时间,补充河流的水量,减缓洪水的流量,影响河流的水位高低。而且能够将降雨产生的地表径流经过土壤渗透,转化为土壤径流和地下径流。再通过表土慢慢蒸发,将水分返回大气,形成有序的水分循环,重新分配大气降水;第四,纳碳吐氧的价值。森林通过吸收空气中的 CO_2,进行光合作用,生成葡萄糖等碳水化合物并放出 O_2,供人类和其他生物使用。因此,这一功能对于人类社会和整个地球生态系统,以及对于全球的气候形成,也具有十分重要的意义;第五,森林保持水土流失的价值。森林的郁闭度直接影响保土功能。一般认为,郁闭度大于 0.6 时,土壤保持完好,郁闭度小于 0.6 时,土壤将受到侵蚀。森林对降水有很好的截留作用。其树冠及地表植被截留部分雨水,这就大大减弱雨滴对地表的直接冲击。森林中的土壤含有大量的腐殖质,这些腐殖质有很好的透水性能和蓄水性能,起到减少地表径流的速度,间接减少土壤的侵蚀。森林土壤中的树木根系盘根错节,加固斜坡,固定陡坡上生长的各种植被,防止滑落面的形成,可以减少滑坡、泥石流,阻止山洪暴发;第六,森林净化环境污染的价值。林木吸入污染物,将其降解为其他物质。这些污染物在空气,水,土壤中运动,然后在森林和其他生物之间交换,于是生物污染物的地球化学循环形成。这个周期是迁移的污染物,发生转化,分散,富集。污染物在各种形态的形成过程中,化学成分发生本质的变化,最终成为无害物质;第七,森林的旅游价值。森林公园和自然保护区为人们提供旅游资源。现代社会,旅游业成为许多国家国民经济的支柱产业。1872年,美国黄石国家公园建成,它是世界上第一个国家公园。是森林旅游业作为一项产业的重要标志。从1982年开始,我国就进行了大量的森林公园建设。1990年,张家界国家森林公园建成。以后逐步扩大到成立泰山森林公园,千岛湖森林公园,嵩山森林公园,黄山森林公园。1991年开始,森林公园大幅度扩展,至2000年止,共批建国家森林公园328个。以此带动交通业,餐饮业,加工业,种植业,零售业等的大力发展。

二、生态系统的性质

德国生物学家海克尔1866年在其动物学著作中,曾经写下了关于生态学的很著名的定义。他说,生态学是研究动物与其有机及无机环境之间相互关系的科学,特别是动物与其他生物之间的有益和有害关系。马尔萨斯于1798年发表了著名的《人口论》,鲜明地阐述了人口、环境和生态系统的相互关系。1833年,费尔许尔斯特描绘了著名的逻辑斯谛曲线,描述了人口增长速度与人口密度的关系。1851年达尔文在《物种起源》一书中强调,生物进化是生物与环境交互作用的产物。19世纪以后,许多国家都广泛开展了农业生态学、野生动物种群生态学和媒介昆虫传病行为等生物科学的研究工作,还组织了对生物资源调查的远洋考察。20世纪50年代开始,生态学由定性研究向定量方向发展。它大量运用了现代社会的数理化方法、精密灵敏的仪器和电子计算机等,又发展了系统生态学等若干新的分支。许多国家都设立了生态学和环境科学的研究机构。生态学现在正在由静态描述向动态分析方向发展。由于人类活动对环境的影响,以及生态学、自然科学和社会科学的交集,在方法论上,不能分开环境因素、生理方法机制的研究,没有物理和化学的研究截然分开。从理论上讲,生态系统代谢的概念引入生物生理学,可说是由物理学、化学、生理学的综合角度来研究生物与环境相互作用的很好的方法。

生态学包括种群、群落、生态系统和人与环境的关系四大方面内容。在一定的环境条件下,种群数量有保持稳定的趋势。两者间的数量保持相对稳定否则就要发生竞争,如植物间争光、争空间、争水、争土壤养分。物种间的相互依赖的关系使它们互利共生(如图2-3所示)。

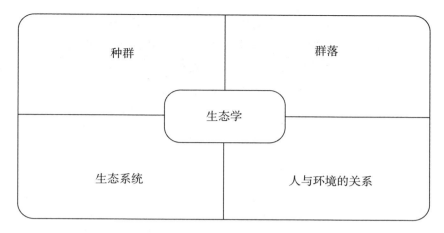

图 2 - 3　生态学的内容

生态系统中,能量不断循环。生态系统的新陈代谢是必要的。人们在生产、生物资源的合理开发利用中可以物尽其用,如果人们只考虑暂时的、短期的利益,就会破坏环境和生态平衡,带来生态灾难,使人类自身的生存受到威胁。

1. 生态系统

生态系统是指生物(包括植物、动物、微生物)和它们赖以生存的环境通过物质循环和能量流动相互作用、互相依存的一个有机系统。人类生活的生物圈内,由大大小小无数个生态系统组成。有城市生态系统,农村生态系统,草原生态系统,森林生态系统,海洋生态系统,河流生态系统等等。而这些生态系统都不是孤立的,而是相互影响、相互作用、相互消长的,它们紧密结合起又构成一个更大的生态系统。生态系统以图 2 - 4 所示:

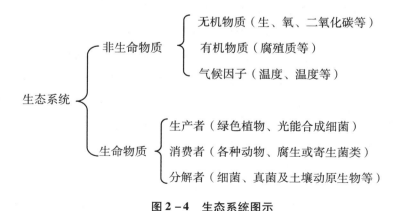

图 2 - 4　生态系统图示

生态系统中,非生命物质构成动植物赖以生存的环境条件。生产者是生态系统中最积极的因素,它们利用太阳能并从周围环境中摄取无机物合成有机物,以供自身和其他生物营养需要。消费者只能依赖生产者生产有机物为营养来获取能量。依物质不灭定律,这些消费者死亡后,由分解者分解成简单的无机物,还给大自然,又供生产者(绿色植物)再次利用。所以生态系统中,这些有机物、无机物、有生命物质、无生命物质不断循环,相互转化,形成生态平衡(如图2-5所示)。

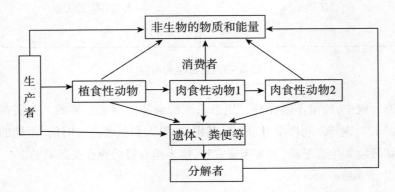

图2-5 生态系统结构模型

在动物的生态价值的关键部分,主要是食物链和营养级(生态系统三大基本功能:能量流动,物质循环,信息传递)。而食物链和营养级是实现这些功能的保证。食物链又称食物网。

(1)食物链(网)

食物链,指生物圈中的各种生物以食物为联系建立起来的链锁,就是一种生物以另一种生物为食,彼此形成一个以食物连接起来的链锁关系。在生态系统中,食物关系往往很复杂,各种食物链彼此互相交织在一起,形成复杂的供养关系组合,我们称之为食物网。能量的流动、物质的迁移和转化,就是通过食物链和食物网进行的。食物链由生产者(树、草、庄稼等)、一级消费者(兔、鼠、鸟等草食动物)、二级消费者(蛇、猫头鹰等肉食动物)、三级消费者(狮、虎、豹等肉食动物)、分解者(微生物)组成一个有机的互相依赖又互相控制的大循环链条,链条中的任何一个环节断裂,都会引起整个食物链的崩溃,使生态系统出现严重问题(如图2-6所示)。

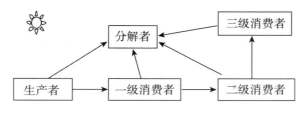

图 2-6　食物链结构模型

（2）营养级

食物链上的每一个环节称为营养级。简单的食物链只有 2 个营养级,通常一个食物链由 4-5 个营养级组成,一般不超过 6 级。各营养级上的生物不会只有一种。凡在同一层次上的生物都属于同一营养级。由于食物关系的复杂性,同一生物也不可能隶属于不同的营养级。低位营养级是高位营养级的营养和能量的供应者。但某一级营养级中储存的能量只有 10% 左右能被其上一营养级的生物利用。其余大部分能量消耗在该营养级生物的呼吸作用上,并以热量形式释放到环境中,这就是生态学上的 10% 定律(如图 2-7 所示)。

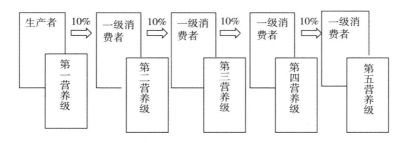

图 2-7　生态系统营养结构模型

（3）食物链的稳定性

所谓稳定是指一个环境里的生物总数(种群所有个体的数目),大体保持一个恒量。越复杂的食物网越趋于稳定,越简单的食物网则越容易出现波动。举例说明:

a. 如果只有两种生物:

图 2-8　两种生物的食物链结构模型

由上图可知,如果 A 种群开始减少,可以预料到,因食物不足将引起 B 种群个体数目的下降;当 B 种群减少时,由于捕食者的缺乏又将引起 A 种群的突然增加。这样捕食者的食物来源丰富起来,B 种群也将随着增长。在捕食者增加的地方又使得 A 种群再度减少。例如,我国的珍贵动物大熊猫爱吃箭竹,当箭竹开花大面积死亡时,就导致了大熊猫种群数量的减少。

b. 如果三种以上生物:

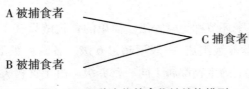

A 被捕食者

C 捕食者

B 被捕食者

图 2-9　两种生物的食物链结构模型

由上图可知:如果 A 种群数量减少时,C 种群可以改食 B 种群而使 A 种群可以恢复,不至于使生态平衡受到严重的破坏。例如,草原上的野鼠,由于流行鼠疫而大量死亡,原来以捕鼠为食的猫头鹰不会因为鼠类的减少而发生食物危机。因为鼠类减少后,草类就大量繁殖起来,繁盛的草类又可以给野兔的生长和繁殖提供良好的环境,野兔的数量开始增多,猫头鹰把捕食的目标转移到野兔身上。

虽然也有一些例外,但大量的事实证明,这是一个多样性导致稳定性的规律。由此得到一个结论:食物网中所包含的生物种类越多,与物种相连接的食物链的环数越多,所构成的生态系统就越稳定。食物链在生态系统中起着重要的作用。从太阳能开始,自然界的能量经过绿色植物的固定,沿着食物链和食物网流动,最终由于生物的代谢,死亡和分解,而以热的形式逐渐扩散到周围空间中去。自然界中的各种物质,经过由植物摄取也沿着食物链和食物网的移动并且浓缩,最终随着生物的死亡,腐烂和分解返回无机自然界。由于这些物质可以被植物重新吸收和利用,所以它们周而复始,循环不已。重金属元素和一些有毒的脂溶性物质性质稳定,难以分解,虽然起初在环境的浓度很低,但可以在生物体内逐渐累积,并通过食物链逐级放大,这一现象称为富集作用。人类往往处于食物链的顶端,有毒物质沿食物链浓缩,最终受害的是人类。

良好的生态系统通过物质循环维持自然界的能量流动和信息传递。因此,生态系统的稳定性显得十分重要。一切生物一旦脱离了生态系统,或环境受到破坏,生命将不复存在。生物和环境之间通过食物链的能量流、物质流和信息流保持联系。一旦食物链发生故障,能量、物质、信息的流动出现异常,生物的存在也将受到严重威胁。维持生态系统的平衡,是保持生态系统稳定性和保证生物生存的关键条件。而现在世界各地,生态系统由于人类对自然资源严重破坏而逐步退化,功能降低;生物多样性减少;资源丧失;生产力下降;食物链简单化;生物利用和改造环境能力弱化;物质循环、能量流动出现障碍。这既有自然的原因,也而人类的干扰。对森林乱砍滥伐,过度放牧,乱捕滥猎,过度采挖野生动植物,环境污染,火灾战争,都是破坏生态系统的直接原因。对生态系统的破坏,必将给人类的生存和发展带来严重的后果。物质循环出了到人类的重要议事日程上来。

2. 生态系统的特征

生态系统中,生物群体和生物栖息的环境都是特定的、平衡的,进行着能量交换和物质循环。因此,生态系统有相当典型的特征:第一,生态系统是一个巨大的有生物与非生物组成的空间。该地区和一定范围内,生态系统反映该地区特性及空间结构,以生物为主体,多维空间结构构成网络系统;第二,生态系统复杂和有序。生态系统是由多种生物成分和非生物成分形成的统一整体。由于自然界中生物的多样性和相互关系的复杂性,决定了生态系统是一个极其复杂并由多要素、多变量构成的系统,而且不同变量及其不同的组合,以及这种不同组合在又构成了很多亚系统。亚系统多样化,各亚系统之间还存在着一定秩序的相互作用;第三,生态系统的功能体系完整。生态系统的能量流动中,绿色植物通过光合作用储存太阳能,转化为化学能,然后从植物分解转移到其他动物,经过新陈代谢和微生物的作用,最终重新释放到环境。生态系统内的生物、非生物和环境之间的复杂的。反复的交流,循环进行,能量消长达到平衡,这就是我们称为的生态系统平衡;第四,生态系统开放,与其他因素相互影响。生态系统中,不断有物质和能量的流进和输出。生态系统中的生物与其环境条件不断进化适应,经过长期的物质循环,逐渐建立了相互协调的关系。如果生态系统内的物质能量流协调出了差错,生态系统就会失去平衡,导致生态破坏,产生环境问题。

三、森林生态系统

森林是由生物(包括乔木、灌木、草本植物、地被植物及多种多样动物和微生物等)与它周围环境(包括土壤、大气、气候、水分、岩石、阳光、温度等各种非生物环境条件)相互作用形成的统一体。因此,森林是一个占据一定地域的、生物与环境相互作用的、具有能量交换、物质循环代谢和信息传递功能的生态系统。森林生态系统是许多生态系统(如草原生态系统、湿地生态系统、海洋生态系统等)中最重要的生态系统(如图 2 - 10 所示)。

图2-10 森林生态系统模型

森林生物群落与其环境在物质循环和能量转换,形成一个功能系统-森林生态系统。森林生态系统以乔木树种为主体,主要是乔木树种,通常还有灌木、草本、蕨类、苔藓、地衣等;还有昆虫、鸟类、各种动物,尤其有一些大型森林动物,种类相当丰富,还有微生物,它们把森林凋落物分解释放出矿物质元素归还于土壤,使土壤越来越肥沃,提高森林生态系统的生产力。森林生态系统在生物圈中面积大、结构复杂、对其他生态系统产生巨大影响。按照它在地域上的分布,我们将它分为热带林、亚热带林、温带林、寒温带林等生态系统,还可按林型分为更低级别的森林生态系统。它们有着不同的结构特征与能流、物流过程,因而有不同的生产力。森林群落包含乔木、灌木、草本、真菌、软体动物、节肢动物、无脊椎动物与脊椎动物等生物成分,而无机环境则由太阳光(光能与温度)、氧气、二氧化碳、水分、矿质元素与有机元素等非生命成分所构成。森林生态系统是由森林群落与无机环境所构成的复合体。在系统中生物与非生物环境之间进行着连续的能量转化、物质交换和信息传递,形成一定的结构。森林生态系统的特点是:

1. 物种繁多

系统中的绿色植物包括乔木、灌木、草本、蕨类、苔藓和地衣,它们是有机物质的初级生产者,所生产的产品除本身的需要外,还供森林内所有其他生物赖以为生;系统中的动物有原生动物、蠕虫动物、软体动物、节肢动物与脊椎动物等,它们是生态系统中的消费者,形成食物链与食物网,为森林的发育与生态系统的稳定起了重要的作用;分布在森林土壤中和地表的微生物,包括细菌、放线菌、真菌、藻类等,作为生态系统中的分解者,直接参与森林土壤中的物质转化。森林植物所需要的无机养分的供应,不仅依靠土壤中现有的可溶性无机盐类,还要依靠微生物的作用将土壤中的有机质矿化,释放出无机养分来不断补充。因此,森林生态系统中的生物成分比其他任何生态系统都丰富(如图2-11所示)。

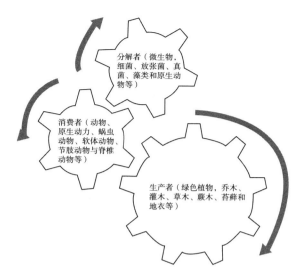

图 2-11　森林生态系统的生物成分

2. 结构复杂、类型多样

森林生态系统呈垂直结构,随着森林垂直结构的成层性,相应地环境因子也形成梯度变化,即光照、温度、湿度等都表现出明显的成层现象。植物种群每一层或层片中的成分,通常是由各个种群的异龄个体成员所组成。地面以上所有绿色部分为进行光合作用生产有机物质的生产层,在生产层的上部光照最充足,自养代谢最强烈,越往下,光照越少,自养代谢也越低。植物、动物和微生物等生物种群的多样性即为自己提供了良好的栖息条件与丰富的食物资源,又使森林生态系统形成有机的平衡系统。森林生态系统既有明显的经纬向水平分布,又有山地的垂直分布带,森林植被与气候条件、地形地貌共同作用,形成不同的森林生态系统类型。就我国来说,从南往北有着热带雨林、季雨林(季风常绿阔叶林)、亚热带常绿阔叶林、暖温带落叶阔叶林、温带针阔混交林、寒温带落叶针叶林,以及青藏高原的暗针叶林等。各种不同类型的森林生态系统,形成多种独特的森林环境。

3. 稳定性强、功能健全

经过漫长的发展历史,才形成丰富多彩的森林生态系统。森林生态系统内部物种丰富、群落结构复杂、各类群落与环境相协调、群落中各个成分之间以及其与环境之间相互依存和制约、保持着系统的稳态。森林生态系统能自行调节和维持系统的稳定结构与功能。森林生态系统有其强大的功能,森林生物资源可以广泛为人类利用。森林可以提供木材,而木材是当今四大原材料(木材、钢铁、水泥、塑料)中唯一可以再生的材料。森林能提供多种多样的产品,诸如花卉、果品、油料、饮料、调料、森林野菜、食用菌、药材与林化产品等,是人们生活的重要物质。由于森林具有多层次空间结构,包括繁茂的枝叶组成林冠层,茂密的灌草植物形成的灌木层和草本层,林地上富集的凋落物构成的枯枝落叶层,以及发育疏松而深厚的土壤层,因此森林生态系统通过多层次空间结构截持和调节大气降水,发挥着森林生态系统特有的降水调节和水源涵养作用。森林能形成良好的森林小气候,它既使系统中的生物物种能良好地生长,而且对周边的农田、草地等生态系统产生良好的影响。森林能大量吸收利用空气中的 CO_2 而对气候变暖有着较好的减缓作用。高大的林冠层与丰富的林下植物可以防风固沙、改良土壤。

四、森林生态系统生产力

1. 森林生态系统生产力的概念

森林生产力包括的内容十分广泛,包括森林资源持续利用、生物多样性保护等,其实质就是森林的物质生产和环境构造。森林生产力是由自然环境因子和生物生长规律决定的森林潜能,它表现为森林生态系统的森林物质生产力和森林环境承载力。物质生产主要包括绿色植物通过光合作用利用太阳能吸收养分、二氧化碳和水的初级生产,以及动物、微生物等利用初级生产量而进行生长、繁殖和营养物质储存的次级生产。环境承载力主要是森林在其生命活动过程中,由于物理或化学的作用,而对所处的或周边的环境产生的构造或改善程度,如森林的防风固沙、涵养水源、保持水土、消除噪声、提供新鲜大气、美化环境等。长期以来,人类一直十分重视森林生产力的发挥。但是,在过去,人类主要侧重于物质生产能力的发挥,并将这种功能高度集中于单一的蓄积(或木材)生产能力,这也是目前森林生产力的普遍含义。随着近代人类生态意识的觉醒,人类考虑以更安全的方式来获取森林木材产品,实际上是优先考虑生态安全和环境承载力,在此基础上才考虑森林蓄积(或木材)的生产能力,因此,广森林生产力绝不再仅仅是森林的物质生产力甚至是木材生产力。人类是自然界最高等的生物体,人为经营过程有可能改变局部地块的自然环境条件和树木遗传特性。因此,森林生态系统生产力,受到明显的外在环境、物种自身生长规律和人为干扰的影响,影响因素可分为自然因素和人为因素,但最终都是通过森林自身规律起作用的。

2. 森林生态系统生产力体系

根据森林生态系统生产力的外在表现,森林生态系统生产力体系包括两大类,一类是森林生态系统物质生产力,另一类是森林生态系统环境承载力(如

图 2 – 12 所示）。

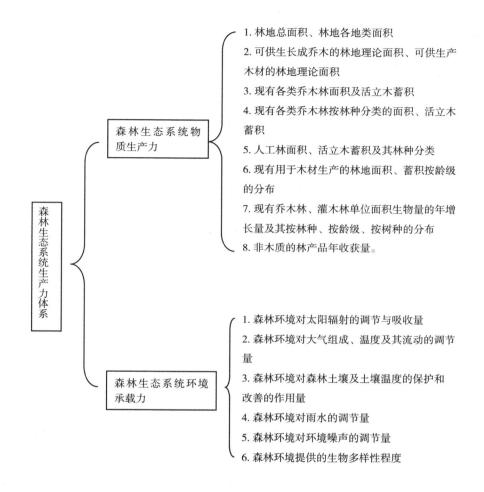

图 2 – 12 森林生态系统生产力体系

　　森林生态系统物质生产力体系主要包括：第一，林地总面积、林地各地类面积；第二，可供生长成乔木的林地理论面积、可供生产木材的林地理论面积；第三，现有各类乔木林面积及活立木蓄积；第四，现有各类乔木林按林种分类的面积、活立木蓄积；第五，人工林面积、活立木蓄积及其林种分类；第六，现有用于木材生产的林地面积、蓄积按龄级的分布；第七，现有乔木林、灌木林单位面积生物量的年增长量及其按林种、按龄级、按树种的分布；第八，非木质的林产品年收获量。森林生态系统环境承载力体系主要包括：第一，森林环境对太阳辐射的调节与吸收量,如太阳辐射吸收量、太阳光质变化量;第二,森林环境对大气组成、温度及其流动的调节量,如减缓风速程度、消除大气污染程度、光合与呼吸作用程度、降温作用;第三,森林环境对森林土壤及土壤温度的保护和改善的作用量,如减少地表水土流失量(或河川流沙量)、净化土壤最大污染量(或河川有机质含量)、防治地质的崩塌量、土壤结构的改良程度和动态;第四,森林环境对雨水的调节量,如削减和延缓洪峰量、年河川径流波动调节量和补枯量;第五,森林环境对环境噪声的调节量。第六,森林环境提供的生物多样性程度,如物种多样性程度、种群数量大小等。目前,我国对森林生产力体系的研究还处于初始阶段,许多都是定性的研究,定量的研究很少。当然对于其定量的研究,也正是我们以后发展和努力的方向。

3. 森林经营对森林生产力的影响

(1)森林经营的意义

地球生命系统的发展孕育了人类,人类是地球生命系统的引导者,人力和自然力都是地球生命系统的能力。生产力是人力和自然力的合成,生产力的活动是人与自然进行物质和能量交换的双向活动。人类提高生产力,是提高地球生命系统活力的本能活动。人类对森林的经营活动是地球生命系统进化过程中自然产生并获得的基本行为和本能,是对森林生长过程的干扰行为。人为干扰而促进森林生产力的提高是地球生命系统的必然,并促进地球生命系统的进化。

人为干扰和外界环境骤然巨变干扰,都会影响森林演替的进程。合适的人为干扰或环境变化将产生、促进甚至加速进展演替,而不合适的人为干扰或环境变化将减缓进展演替,甚至转化进展演替为逆行演替。从长远来看,地球生命系统(人类仅仅是其中最高级的生命系统)最终朝着有利的方向行进,森林生态系统也最终朝着有利的方面行进。因此,森林经营必然是适当的、合理的和有利于促进森林生产力。这也是进行森林生态系统经营的目标所在。但是,从短期来看,短期的、暂时的、个别的森林经营活动却可能是不合适的干扰,并将导致森林进展演替的减缓,有时甚至转化为逆行演替,这时森林生产力便呈现下降趋势。

(2)森林经营的主要行为

自人类诞生以来,人类就在森林中进行着一系列的活动,如早期的狩猎、采集、修巢。随着人类社会文明的发展,自然火和简单工具的使用,人类逐步从林中空地的原始农耕发展为今天的农业文明和工业文明,人类对森林的活动也逐步演变成为今天的采樵、采伐为主,以及相应的人工造林、抚育管理。概况地说,人类对森林的经营活动,是"采"和"育"的过程,两者是对立统一的(如图2-13所示)。

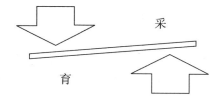

图 2-13　人类对森林的经营活动

a 森林采伐

实施森林采伐管理是国家为合理地培育和利用森林资源的一项基本管理内容,森林采伐限额制度是森林采伐管理中的核心。森林采伐具有"双刃剑"的特点。一方面,人们采伐森林供人类使用,木材原料成为有形产品,直接满足社会经济需要。另一方面,采伐森林后,自然环境在这个过程中受到极大干扰。良好的干扰有利于促进和改善人类的生存环境;而恶性干扰将破坏环境与自然,给人类带来破坏甚至灾难。通过选择性的砍伐,森林可以伐除较弱的森林或树木,以改善其结构,提高其质量,或在一个区域内伐除不能充分利用土地生产力或不能充分保护自然环境的低产低效林地的生产力,然后整合一个良好的森林资源,调整森林资源结构,提高森林资源质量,这是促进环境的积极方面的干扰。但是,为了采伐木材这个单一的利益,或为了获得耕地或建设用地等,通过燃烧(过火面积过大),过樵(间伐强度过大),过伐(轮伐期过短或皆伐面积过大),对一些森林的林木在没有恢复的情景下又开始采伐,将逐渐会导致森林退化、减少,森林被破坏。如此滥伐,虽然可能在一个短期内促使社会和经济迅速发展,但"皮之不存,毛将焉附",并不能保证长期生存的人类文明和自然的环境的可持续发展。这样的例子不胜枚举,如古代印度河文明、古希腊文明、古代中国塔里木盆地罗布泊地区的楼兰古城文明、西亚"美索不达米亚"平原的古巴比伦文明等的衰落,除了大区地理环境变化以外,森林采伐导致的森林破坏是加速这些文明消失的重要因素。

b 森林培育

人类对森林的培青行为,是逐步形成和完善的。人类从早期的林中采集、狩猎,发展了耕作业和工业;而耕作业和工业的发展,导致了人类进行森林培育的可能和实践。人类培育森林的历史已很早,如我国公元 6 世纪北魏贾思勰在《齐民要术》中就已收集归纳了多种种树方法,这些方法延续至今。但早期森林的生长过程完全是依赖于自然力的作用,就是目前所形成的森林分布,也主要是自然历史变迁的结果。森林培育是人类充分利用自然力的方式,培育过程包括造林和抚育管理,是人类从完全依赖自然力向充分利用自然力和改造自然力的过程。实际上,只有现代科技的发展,才能真正实现科技造林,提高森林生产力。虽然森林培育总体趋势是有利于人类更充分地利用自然力,但是,不当的森林培育活动仍将导致森林生产力的降低,这种现象目前很普遍,如由于树种选择的不当、抚育措施的不当等导致了在前一期森林尤其是天然林采伐后,新营造的森林大量地成为了低产低效林。实际上,人类大规模培育森林只是近代由于大量需要木材和森林(尤其是天然林)资源大量被采伐后才开始的,相应的研究也由此开始并持续进行。

(3)森林经营的作用机制

森林是个具有自我营养功能的系统。森林经营对森林生态系统作用的机制,实际上是森林经营过程改变了森林自然环境构造、植被结构、森林气候、森林水文、森林生物多样性、森林景观等,从而影响到森林的生长发育,进而影响到森林生态系统的生产力(包括森林物质生产力和森林环境承载力)。笔者认为,可以从以下几方面探讨之:

a 森林采伐对森林生态系统作用的机制

主要有:第一,对森林土壤的作用。总体上对森林土壤是个破坏过程,具体包括因采伐、集运过程中队地表植被和地表土壤的破坏,导致了水土流失的加剧、甚至超过水土流失的容许量(地表水土流动是个自然现象,具体地域都有一个水土流失容许量,在此流失量之下,土壤生成量和土壤水分都能及时得到补充),从而土壤变薄,养分流失,引起土壤肥力下降。由于不适当的采伐,还可能增加塌方、滑坡等地质灾害的概率;第二,对森林气候的作用。森林采伐对森林气候的作用有正有负。皆伐形成小块林中空地;择伐加大林中空隙。在一定面积范围内作业,有利于大气流动,概述客气质量。如果形成大面积的采伐或高强度的采伐,则将超过森林调节气候的能力,一是减少空气中水分和氧含量,二是加大空气中的沙含量,三是可以形成干热风;第三,对森林植被的影响。采伐可能导致森林植被的骤然而剧烈变化。体现在树种、径级、树高、树冠、密度及年龄结构的变化。皆伐将导致植被的全面更新;合理采伐可能促进保留木在直径等方面的明显变化,提高和加速林分胸径生长量;第四,对森林其他因子的影响。森林采伐还将直接降低生物多样性,这种减少程度可以达到很高的比例,包括植物、动物及微生物的种类。采伐还将降低地下水位,增加雨后的直接地表径流,增加林内地表径流量和含沙量的波动幅度。皆伐和高强度择伐对森林景观的影响不明显(如表2-2所示)。

表 2-2　森林采伐对森林生态系统作用的机制

一	对森林土壤的作用	总体上对森林土壤是个破坏过程,具体包括因采伐、集运过程中队地表植被和地表土壤的破坏,导致了水土流失的加剧,甚至超过水土流失的容许量(地表水土流动是个自然现象,具体地域都有一个水土流失容许量,在此流失量之下,土壤生成量和土壤水分都能及时得到补充),从而土壤变薄,养分流失,引起土壤肥力下降。由于不适当的采伐,还可能增加塌方、滑坡等地质灾害的概率。
二	对森林气候的作用	森林采伐对森林气候的作用有正有负。皆伐形成小块林中空地;择伐加大林中空隙。在一定面积范围内作业,有利于大气流动,概述客气质量。如果形成大面积的采伐或高强度的采伐,则将超过森林调节气候的能力,一是减少空气中水分和氧含量,二是加大空气中的沙含量,三是可以形成干热风。
三	对森林植被的影响	采伐可能导致森林植被的骤然而剧烈变化。体现在树种、径级、树高、树冠、密度及年龄结构的变化。皆伐将导致植被的全面更新;合理采伐可能促进保留木在直径等方面的明显变化,提高和加速林分胸径生长量。森林采伐还将直接降低生物多样性,这种减少程度可以达到很高的比例,包括植物、动物及微生物的种类。采伐还将降低地下水位,增加雨后的直接地表径流,增加临内地表径流量和含沙量的波动幅度。皆伐和高强度择伐对森林景观的影响不明显。

b 森林培育对森林生态系统作用的机制

主要包括:第一,对森林土壤的作用。人工施肥可以改变土壤中元素含量的变化,适当的人工施肥将迅速增加土壤养分、或促进土壤疏松,不适当的施肥可能导致植被中毒、或土壤板结。适当的人工除草松土将改善表层土壤结构、破坏地表毛细管空隙,降低地表水分发散,同时还除去与树木争肥的杂灌草。但不当措施将导致地表水土流失的加重,超过水土流失容许量,从而土层变薄、养分流失、引起土壤肥力下降,甚至可能伤及目的树木,减缓生长势;第二,对生物多样性的影响。森林培育在多数情况下市降低生物多样性,但引种能增加生物多样性,一般引种要防止物种入侵;第三,对森林植被的影响。人工造林增加改变了树种和龄级结构,中幼林抚育改变了森林的径级、树高;第四,对森林其他因子的影响。

森林造林、抚育有利于森林气候的形成。人工施肥能增加地表径流量中养分含量,除草松土能增加地表径流量中含沙量。森林培育还可以直接改变森林景观。

五、森林生态系统健康

1. 生态系统健康概念

从医学健康的概念出发,生态系统健康是指最初主要是用于人类,然后逐渐扩大到动物和植物,后来发展到公众健康的概念的出现。在环境污染严重影响人类健康的情况下,这一概念应用于环境科学和医学研究,出现了环境健康科学和环境医学。生态系统健康是一个非常复杂的概念,它包括的生态系统的元素不仅是生理方面的,而且包括复杂的人类的价值,还包括生物、物理、伦理、艺术、哲学和经济学的理论问题。生态系统健康具有以下特点:不受无严重危害生态系统的胁迫综合征的影响;能够从自然或人为干扰的情况下正常的恢复;具有自我维持能力;不影响相邻系统,即健康的生态系统对其他系统的没有危险因素;经济上可行,维持人类和其他有机生态系统群落的健康。

2. 森林生态系统健康的特点

森林生态系统健康说明森林生态系统有自我更新的极大的能力,能够克服生物和非生物因素以及环境污染、造林、森林采伐等因素造成的不良危害,恢复和保持其生态复原能力,并满足当前和未来的人类需要。一个健康的森林生态系统应具有以下特点:第一,在初始的生态演替阶段,能够提供充足的物理环境因子,生物资源和食物链,形成良好的森林生态系统;第二,有自然恢复的因素克服一些干扰和恐吓;第三,有些必要的元素,比如水、光、热、生长和其他方面相互是一个动态平衡的空间;第四,以多物种的栖息地和演变过程为特点的森林生态过程的不断演替。森林生态系统健康评价指标体系,是关键的一步,建立科学、准确的评价体系,是看一个良好的指标体系如何建立。

3. 病虫害对森林生态系统健康的影响

(1)森林病虫害对不同林分结构森林的影响规律

纯林和混交林是两个不同结构的森林生态系统。森林昆虫群落结构与林分结构、植物种类、地理环境以及气候条件密切相关。混交林面积越大,混交树种越多,减轻病虫害的作用就越着。这主要是混交林不适于害虫形成虫源基地,阻碍了食物信息的传递,改变了昆虫群落食物网结构,复杂的森林环境有利于鸟类栖息,有利于天敌昆虫和昆虫病原微生物的繁衍,提高了森林对害虫的自控能力。一般较复杂的混交林内均有丰富的蜜源植物。林分中的蜜源植物是寄生性昆虫成虫补充营养的主要来源,对延长成虫寿命,促进性腺成熟,提高产卵量等具有重要作用。我国目前存在大面积纯松林,生产上要采取封山育林、补植阔叶树和蜜源植物、加强抚育管理等措施加以改造。改造后的林分各种乔灌木、植被及昆虫区系明显增加,林内郁闭度提高,植被覆盖率增大,从而逐渐形成较为稳定的森林生态环境。此外,合理的林业措施可诱发林木的抗虫性,提高林木与整个林分的耐害性;由于植被茂密,林内光强度明显减弱,不利于喜光的松毛虫生长发育;林分内有机质增多,提高了土壤肥力,增强了树势,也提高了林木的抗灾能力;通常封山育林后林内的松毛虫幼虫的体重减轻,消化系数降低,化蛹历期延长,繁殖力下降,不利于松毛虫的繁衍。

(2)森林病虫害对灌木林的影响规律

灌木林一般多是天然林遭受破坏后各种原生灌木发展成林的结果,或是通过封山育林培育起来的。灌木林一般属于薪炭林范围,很少有经营的习惯,一般采取分片皆伐或定期轮伐方式取得薪炭材,伐后萌芽更新,是林分类型中另一种生态系统。其害虫发生的种类和危害情况,很少引起人们的重视。这类林分中昼夜温差较大,阳光充足,食叶害虫种类较多,多数种类为杂食性。灌木林中常有多种金龟子危害,它们还迁向附近的森林中去,使许多林木受害。在栎类混生较多的灌木林内,也常见到舟蛾类害虫严重危害。在北方,美国白蛾、舞毒蛾、天幕毛虫等主要害虫多起源于灌木丛林。大部分灌木林中常混生着少量的针、阔叶乔木树种,称为乔灌混交林。一般灌木种类多,郁闭度大,对抑制虫灾有极为明显的作用。就马尾松毛虫来说,在灾害较轻的年代里,虫口密度一般比纯林内小,危害程度轻。

4.火对森林生态系统健康的影响

(1)火对动物的影响

火作为一种动力能改变许多野生动物的生存环境,影响野生动物种类及种群数量的变化。对于某些动物,火的作用是有利的;而对于另一些动物,火的作用是不利的。火对野生动物的直接影响主要表现在烧伤和烧死两个方面。对某些节肢动物来讲,火烧对它们的致死主要取决于他们所处的位置。越接近植物顶端其死亡数量越多,越接近地表其死亡数量越少。火烧对野生动物的间接影响主要表现为火烧改变了野生动物的栖息环境,从而影响野生动物种类及种群数量的分布。一般来讲,火烧后个体大的动物种群数量显着减少,个体小的动物种群数量减少相对较少。这是因为大型动物遇到火烧时逃跑能力强,火烧后演替起来的植被矮小又不利其藏身。而小的动物不能逃跑,但容易找到地方躲藏起来而不至于烧死。火烧不仅改变动物食物的种类,而且改变食物的质量和数量,从而影响野生动物种群的消长。火烧间接影响还表现为改变野生动物的种间竞争关系,火烧后食源减少,适宜的栖息地减少,生态位相近的动物为了取食和栖息地而发生竞争。火作为一个活跃的生态因子,对某些野生动物的保护也有很大影响。火的作用具有两重性:一方面是火烧能破坏野生动物的栖息地,对野生动物的保护不利;另一方面,火烧能维持某些珍稀动物的生存。

（2）火对植物的影响

火烧对植物生长发育的各个阶段及不同部位均有不同程度的影响:第一,种子。植物种子对温度有较强的忍耐力。如果植物种子被突然轻轻埋藏,即使强度较大的火烧后,种子也不会失去生命力。某些树种火烧后种子大量萌发,而且火烧越频繁,萌发数量越多。火烧还能促进迟开球果的开裂。火烧后,种皮开裂,油质、蜡质等不利于种子萌发的物质挥发,使种子得以萌发;第二,叶。植物的叶对火比较敏感,叶抗活性的大小与其灰分物质的含量有关。灰分越多越不易燃,而且蔓延迟缓。针叶树的叶比阔叶树的易燃,这是因为针叶树含有大量的挥发性油类和树脂等易燃成分,而阔叶树含有大量的水分;第三,树皮。树皮厚度及结构不同,其易燃性差异很大。树皮是热的不良导体,一定程度上能起到隔热作用,保护形成层免遭火烧时的高温杀伤。树皮抗火性主要表现在两个方面,一是树皮的厚度;二是树皮的结构。树皮厚,结构紧密,则抗火性强。树皮随着树木年龄增加而增厚。因此,幼树抗火性弱,大树、老树抗火性强。树皮的厚度有时还与火烧刺激有关,火烧能刺激树皮增厚,火作用次数越多,树皮越厚;第四,根。根的表皮非常薄,如遇高温会很快致死。但根常常能得到土壤的保护。根的无性繁殖对火的适应很重要。火烧后林内光照加强,土壤温度升高,有利于根部芽的萌发。根的萌芽能力越强,对火的适应能力则越强;第五,植物开花。火烧后碳氮比增加有利于植物开花。火烧迹地上常有大量的单子叶植物开化,也有少量的双子叶植物开花。火烧具有"疏伐"的作用,可改善林内光照条件,增加碳水化合物的积累,从而增加了树木提早开花结实的能力。此外,火烧迹地上常留有大量的木炭、"灰分"等黑色物质,大量吸收太阳长波辐射,使地表增温,植物提前萌发。加之火烧后土壤养分丰富,有利于植物快速生长发育,促使植物提前开花结实。

（3）火对植物群落的影响

不同森林群落的成层性对其燃烧性具有不同的作用。多层异龄针叶林发生树冠火的可能性大,而成层性较好的针阔混交林和阔叶林则不易发生树冠火。因此,可根据森林群落的成层性与燃烧性的关系来开展生物防火。森林群落郁闭度大小,影响林内可燃物的数量和种类分布及林内小气候。郁闭度大则林内风速小,光照少,温度低,一般不易着火;而郁闭度小的林分易着火。森林群落多为异龄结构,在高强度火烧后能导致同龄林。强度火烧或火的多次作用可使群落的物种组成发生改变,如大兴安岭落叶松反复火烧后形成黑桦林,小兴安岭阔叶林强度火烧后形成蒙古栎林或软阔叶林等。火烧后植物群落常被一些具有无性更新能力的树种取代,形成既能通过有性繁殖,又能进行无性更新的群落类型。火烧后针叶树被阔叶树所代替,实生树被萌生树代替,而实生树比萌生树高,因此火烧后群落的高度下降。在植物群落演替的任何阶段进行火烧,都会使群落的稳定性下降。主要表现为植物竞争激烈、植物种类减少、环境单一、抗干扰能力下降等。火烧后演替起来的群落燃烧性增大,常形成火烧—易燃—火烧的恶性循环。

（4）火对森林生态系统的影响

a 火对森林演替的作用

原生演替指在原生裸地上开始的植物群落演替。火对原生演替的作用不大,但在特殊条件下也会引起植被的原生演替。次生演替指发生在次生裸地上的植物群落演替。次生裸地指那些原生植被虽然消灭,但原生植被下的土壤及某些种类的繁殖体还或多或少地保留着的地段。火对森林演替的影响主要取决于火行为、作用时间及作用条件。火可以作为经营森林的工具和手段,加速森林的进展演替。有时火的反复干扰会使当地的气候发生根本变化,超过群落的演替弹性极限,使群落无法恢复。火也可以造成森林群落的偏途顶极,偏途顶极是演替离开原生演替系列,朝其它途径发展,并且．群落具有一定的稳定性。小兴安岭的蒙古栎林其原来的气候顶极为红松阔叶林,由于林火反复干扰,使原优势树种红松逐渐消失被蒙古栎林取而代之,形成偏途演替顶极。

b 火对森林物种多样性的影响

物种的多样性一定程度上反映了群落的稳定性。稳定的森林群落种类丰富,种间关系复杂,生态系统的抗干扰能力和自我维持能力强,不易崩溃。高强度的火烧可严重破坏森林环境的多样性,从而使物种多样性明显减少,甚至彻底摧毁森林。当火作用的强度和频度超过了群落的抵抗力和稳定力时,群落就会消失。高强度的火烧会使群落的稳定性下降。低强度的营林用火能增加森林群落的稳定性。

c 火对森林生态系统自我调节能力的影响

火作用森林生态系统,系统的功能会发生改变,火能增加或削弱生态系统的自我调节能力。但如果火超过了生态系统的自我调节能力,系统就会失去平衡。

某些种群或群落系统是依靠火来调节的,通常用火来维持的顶极群落称为火顶极,如大兴安岭的落叶松是靠火来维持的。这种顶极群落并不是本区真正的顶极群落,而是由于构成这种群落的主要树种对火有很强的适应能力,在火的作用下,排除其他竞争对象,暂时形成的。一旦火的作用消除,仍会被当地的顶极群落所代替,因此火顶极实质上是亚演替顶极。火还能调节病虫害的消长,但在森林火灾后,病虫害种群数量大增。由于病虫害的影响加速了森林的死亡,又为森林火灾的发生准备了良好的条件,从而形成了火灾—病虫害的恶性循环,超出了生态系统的自我调节能力,使系统失去平衡。

d 火能调节生态系统的物流和能流

火能加速或间断森林生态系统的物质转化和能量流动。不同的林火种类对生态系统能流和物流的影响不同。从大兴安岭林区火烧迹地的调查资料看,火灾不但使森林林木被烧毁,降低了森林覆盖率,而且烧光了有些地方的林地灌木、杂草等植被和有机质。无母树残留的地方,天然更新困难,引起林相结构改变,降低了森林的利用价值。由于林地被烧,使地表裸露,促使林地干燥,地温增高,昼夜温差加大,林区的相对湿度明显降低,风力加大。火烧严重的地方,使土壤有机质层被破坏,土壤结构变的紧密,渗透性减弱,失去蓄水、抗水能力,林区低洼地段会出现塔头,加速沼泽化过程,陡坡地段岩石裸露,出现侵蚀沟,水土流失严重,可变成不毛之地。森林燃烧所产生的大量烟雾,污染林区周围环境,对人类和生物带来严重危害。林火烧毁了林下经济植物和药用植物,烧死了林内珍贵鸟兽或破坏了其栖息环境,使森林野生动植物资源和益鸟益兽大量减少。此外,火烧迹地往往会成为森林病原菌和森林虫害大量侵袭繁殖的有利场所。林火过后,未烧死的林木生长衰退,树木干基部和根部被烧伤,极易感染腐朽病菌或小蠹虫等,使大量林木受害枯死。由于火烧迹地内残留大量的枯死木,易再次发生火灾,造成恶性循环,使森林环境进一步恶化。总之,森林生态系统的平衡一旦遭到破坏,调整和恢复这种平衡和森林效益则需几十年甚至上百年的时间。因此,火灾对森林健康的破坏和危害后果十分严重。

见专著《森林生态系统法治化管理模式研究》

第十三篇

森林资源管理体制研究

一、管理基本原则创立

森林生态系统经营法制化的基本原则是指可以作为森林生态系统经营法制化基本规则的基础性、稳定性的广泛适用的准则。《森林法》的基本原则是森林生态系统经营法制化首先必须遵守的。笔者认为,其基本原则应该是:

1. 生态效益优先原则

生态优先是指对森林资源的开发利用、培育管理,必须顺乎其特有规律,首先考虑森林资源的生态价值,绝不可只顾眼前的经济利益而忽略了生态系统的平衡。要使人们更好地尊重自然规律,必须在立法时充分体现尊重自然规律的观念和原则。森林的经济效益和生态效益是对立统一的整体,二者是一个相互依赖、相互促进的关系。过分地强调以牺牲生态效益,盲目追求经济效益,将对经济发展形成严重阻碍,最终失去经济效益。我们要首先确保生态效益,才能获得最大经济效益,也才是我们应确立的指导思想。当二者发生矛盾,宁可牺牲眼前经济利益,维护生态效益。森林属于可再生资源,有其自身消长的特殊规律。

2. 永续利用的原则

我国的《森林法》提出,林业建设以营林为基础、永续利用的基本原则。基本内容是种植、养殖、培育森林资源和其他森林营林工作,将此作为林业工作的基础建设。中国是一个少林国家,森林资源的现状不能满足社会对木材和其他森林资源的需求,在过去的很长一段时间,采育不平衡,砍伐森林,导致自然恶化环境。所以只有纠正原来以林业生产为中心,重视采伐、轻视造林的错误做法,加大培育森林资源,才能控制森林资源快速衰退的局面,改变森林生态系统的恶性循环。世界各国的成功经验告诉我们,只有限制资源消耗,才能实现可持续发展。林业可持续发展必须考虑森林资源的持续利用和保护生态环境。林业可持续发展旨在连续实现林业部门的各种经济效益和保持林业部门满足地方和国家需要的潜力。因此,林业可持续发展应该把数量、质量、效益和环境结合起来,在不破坏森林资源与生态环境,不损害子孙后代利益的条件下实现当代人对各种森林效益的供求平衡(中国林业网,2003)

3. 分类经营原则

林业分类经营是目前适合我国森林生态不整齐、不均衡状况的一个经营技术。林业分类经营科研实现森林的多种功能。由此,我国相应地将森林划分为公益林和商品林,分别按照各自特点和规律运营,实行一种新型林业经营管理体制和发展模式。公益林属于非经营性森林资源资产,商品林属于经营性森林资源资产。公益林不产生太多的经济效益,由此应健全有效的社会补偿机制;商品林直接与市场经济挂钩,因此成本核算、利润大小就成了商品林经营的主要任务。但森林生态系统的特殊性决定了商品林的经济效益不同于一般的经营,所以仍然要建立相应的市场补偿机制,才能发挥商品林经营的积极性。而且,森林资源资产的经营要做到可持续经营,永续利用,必须遵循森林资源的再生产能力和规定的法律程序,严格遵守限额采伐、凭证采伐制度。

4. 管理系统化原则

管理系统性原则要求,在森林资源资产管理改革进程的中,首先要将周围的社会和经济环境作为一个完整的系统作为森林管理的对象,形成一个完整的森林生态经济系统,其中包括多种因素,各种元素之间存在相互联系的关系,互动和发展,一个因素的变化会影响其他因素的变化;其次,森林资源资产化管理是一个必然改革的全过程,作为一个大型的综合系统,其中包括目标系统、管理系统、技术系统、信息管理系统、森林资源资产管理系统和反馈控制系统等;再次,森林资源资产管理改革的关键要素,如森林资源资产核算、森林资源资产评估、森林资源产权界定和产权管理、森林资源资产管理评估和管理森林资源资产的其他相关配套改革也被视为一个综合系统。森林资源资产管理改革是一项复杂的系统工程,涉及自然和社会领域和许多其他元素。妥善协调各要素之间的关系,以取得各种元素的整体效率,就要将系统理论作为基础。只有坚持系统论的原则,将这三个方面有机的统一起来,才能真正提高森林资源资产管理水平,森林资源法制化管理也才能真正步入科学化、现代化的轨道。

二、管理体制改革

（一）体制障碍

1. 管理制度混乱

改革开放以来,我国林业体制不断进行完善与演化,促进了我国林业发展,但是林业体制依然存在一些制约我国林业可持续发展的因素。主要表现在:第一,我国重点国有林区森林资源产权虚置、政企不分。森林资源名为国家所有,实际上是由企业自管自用;第二,国家对重点国有林区森林资源的保护、培育和利用缺乏有效的监控手段。森林资源长期破坏严重,森林质量日趋下降,可采资源濒临枯竭,生态环境进一步恶化;第三,重点林区森工企业社会负担过重,林区经济长期在低谷中徘徊。企业经营水平低下,自我发展能力脆弱,经济危困局面难以扭转,产业升级希望渺茫;第四,其他地区森林资源管理地方保护主义严重,乱砍滥伐、超限额采伐、乱占林地、毁林开垦屡禁不止,各类破坏森林资源案件高居不下。

2. 投入渠道不稳定、增量小、资金缺位

由于生态建设是一项长期、艰巨而复杂的任务,其建设资金必须有长期而稳定的投资渠道作保障。从目前来看,国债资金来源已经成为我国林业建设的一条重要投资渠道。2001年,林业国债资金占全部林业建设资金的22.44%,超过了1/5;占到六大林业重点工程全部资金的28.29%,超过了1/4。而从长远发展来看,国债资金由于其资金性质决定了它具有短期性和不稳定性,难以作为长期而稳定的投资渠道。按照公共财政理论,林业生态建设属于公共产品,其稳定的投资渠道应由国家公共财政解决。林业基本建设投资增长速度较快,快于大农业基本建设投资增长速度,与国家基本建设投资增长速度持平,但在国家基本建设投资中的份额却逐年下降(由"六五"时期的1.88%下降到"九五"时期的0.79%);同时,由于基数小、起点低,林业基本建设投资在各个时期的实际增量很小,投资总体水平较低,这与林业社会公益事业的地位有悖,影响林业可持续发展。许多生态公益型国有林场、野生动植物资源保护、森林公园建设、林业工作站、木材检查站、科技推广等机构和大员绝大多数属于编外,未纳入财政体系,形成严重的资金缺位现象。即使有些纳入财政预算,但也不是正规的事业经费项目,而是非经常性项目,渠道不稳定。

3. 投资结构不合理

存在重新造、轻管护的现象。目前,林业生态工程建设资金主要用于荒山荒地造林以及封山育林等,因而,大多比较重视新造林,而忽视成林管理和低产林改造,致使近几年幼龄林抚育面积逐年下降。营林、森林投资结构失衡。两大体系的投资结构偏颇由来已久,这是林业发展的主导思想作用的结果。过去,强调森林的经济价值,林业建设资金向森工倾斜于生态体系建设,林业产业体系建设投资在萎缩,这应引起足够重视。资金安排缺项或不足,无法满足实际建设需要,静态预算造成天保工程所需资金短缺。目前,林业工程的预算方式为静态预算,没有按工程阶段的变化及物价和工资水平的变化,对工程的投资项目、标准和总体投资水平做适时调整。例如,天保工程区新造林未被纳入工程管护范围,新造林地没有管护经费;天保县国有林业职工人均年管护面积为 409. 63 公顷,高出方案制定的每人每年管护 380 公顷标准 29.63 公顷,但人均年管护经费仅为 0.9 万元,比方案制定的每人每年 1 万元标准低 10%;林地多零星分散,林地、农地、牧草地交错现象突出,林区人口稠密,管护难度非常大,按现有管护标准既不利于调动护林人员的积极性,也使管护效益大打折扣;天保森工企业社会保险资金随着人员工资的增长缺口不断增大,已认购的保险项目不能及时交纳保险费,2003 年保险费欠款达 2.69 亿元(李世东、翟洪波,2002)。

4. 市场融资能力弱

尽管市场经济为林业建设资金的筹措提供了广阔的空间,但在目前情况下由于林业产业的弱质性以及林业税费过高等原因,抬高了资金进入林业的门槛。林业在吸纳社会资本尤其是商业资本方面能力仍然非常弱。

(二)建立新型管理体制

促进森林资源生态系统管理,实现林业可持续发展,必须建立新型林业体:

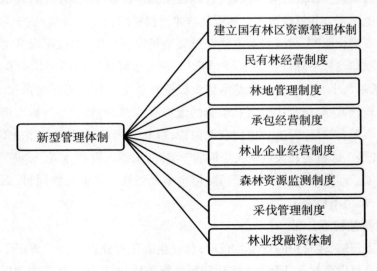

图 6 - 2　森林资源生态系统新型管理体制

1. 建立国有林区资源管理体制

设立国务院林业主管部门重点国有林区森林资源管理局,同时,在有重点中有林区所在的省(自治区)成立隶属国家林业局垂直领导的重点国有林区森林资源管理分支机构。通过改革建立权利、义务和责任相统一,人、财、物管理相结合的森林资源管理体制。明确重点国有林区森林资源管理机构的职责。依据国家有关规定,国有重点林区的国有森林资源管理机构依法负责辖区内森林资源的保护责任,并受国务院林业主管部门委托,行使对辖区国有森林资源的保护管理权,主要承担以下管理职责:组织辖区国有森林资源规划设计调查、林区资源监测和统计;按照森林分类经营区划,组织辖区森林经营方案的编制、审批;负责森林采伐限额的编制及实施;负责伐区调查设计、审核、拨交、验收;负责林木采伐、运输以及木材经营(加工)监督和管理;负责辖区造林更新、封山育林管理;征收林价(育林基金)、森林植被恢复费等国家规定的费用;依法行使林政处罚权;承担国务院林业主管部门委托的其他管理工作。

2. 民有林经营制度

民有林的制度障碍主要事林地使用制度不完善。民有林的林地使用权不稳定、不完整,流转不自由,在经营过程中,政府和部门干预过多,经营者受到各种限制,缺乏经营自主权。另外,交易成本大,税费负担沉重。我国现有的税制改革把原木的产品税和农林特产税合并,统称为农业税。但在实践中,将生产和收购两个环节同时征收,买卖双方都需征收,构成重复征税。国家原本规定,对林木生产者和国有林场免征增值税,但实践中却实行不了;筹集资金困难。林业生产投资需求较大,银行认为森林经营风险过大,林业贷款的还款期长,不愿意贷款。由于贷款难,直接影响了民有林的集约经营。森林中的活立木又不能作为抵押资产,因此森林资源的抵押权无法实现。保险公司也因为森林资源经营风险大,不愿意受理森林保险业务。我国对森林资源消耗采取严格的管理措施,因为管得过死,使投资者对森林资源无法对其科学经营、有效利用和自主经营,没有很好地发挥林业经营者的积极性,严重影响了民有林的发展,笔者认为,我国民有林的林地使用制度,虽然给予了民有林的发展基础,但是仍然不足以促进民有林的快速发展。应尽快明确民有林的法律地位,在森林法中,确立民有林的权属、给予森林经营者更多的经营管理、采伐管理等权利。完善轻税赋政策,这方面可以参照农业减免税费的政策,对民有林放宽、减免税费,扶持民有林发展。应要配置1 打通多种形式的筹融资渠道,为民有林的发展提供资金保证。

3. 林地管理制度

在我国,林地管理法律制度的实施存在许多问题。主要有:森林法中关于林地管理的法律规定不具体,林地登记制度落实不到位;林地管理缺乏与森林和林木管理的有机联系;征用、占用林地管理混乱,有以地换钱的腐败现象;植被恢复费有些地方挪为他用;毁林开垦行为还较普遍,对违反森林法的处罚力度不够;缺少林地流转法律制度,林地流失严重。笔者认为,林地管理中,要按林地用途进行管制,控制林地流失。要做到防止林地流失,首先要合理界定林地用途。国家应该加大对林地用途的管制。其次要设定林地用途许可。林业主管部门通过发放许可证,规范林地用途。再次要拓宽收益途径,限制森林采伐。严格执行林地登记和变更制度,控制对林地的征用和占用。加大执法力度,严厉处罚毁林开垦行为。

4. 承包经营制度

我国目前承包经营管理制度在承包范围、承包主体、承包时间方面都不完善。没有专门的承包经营管理机构,承包管理不到位。承包权转让、转包及继承规定都不明确;承包经营权属不清。笔者认为,尽管森林资源承包经营权的权利属性在理论上还存在一定争议,但承包经营权应该是一种物权类型权利。这种权利应该以法律形式确认下来。我国《森林法实施条例》第十五条规定:"用材林、经济林和薪炭林的经营者,依法享有经营权、收益权和其它合法权益。"笔者认为,首先林地不得非法转为非林地,而森林资源承包经营权不应受到发包方的过多限制。如果一旦森林资源承包经营权确立为物权性质,就可抗辩林业部门的管理权、集体经济组织的所有权,因而承包经营权就不会受到不法侵害,也杜绝给承包人带来的名目繁多的"乱收费"现象。因此,建议制定一部森林、林木和林地承包法,以保障承包经营管理的顺利进行。新法中应规定扩大承包范围,健全管理机构,扩大承包主体范围,扩大承包期限,加强对承包期间的转让、转包和继承的管理,制定承包经营管理的配套措施。在承包经营内容上,明确承包权利人对所承包的森林占有、使用、收益和处置的权利。只有这样,才能真正使森林经营管理现代化、科学化,有利于承包权利人的效益回收。

5. 林业企业经营制度

我国对国有森林资源经营由国家林业行政机关依职权管理。因此,太宏观的行政化管理制度,必然是政企不分,国有森林资源资产所有者的经济主体地位始终没有真正确立,因此往往以行政管理取代经营管理;林业行政管理部门的资产所有权与宏观管理权不分,经营主体权利不能保障,权责关系混乱,企业没有法人财产权,更谈不上现代企业制度的建立。由于林业企业没有真正的森林资源所有权,国家的宏观管理进入企业,资产运营的监督方面,宏观经济监督权效率很低,无法对所有权实行内部监督。国有森林资源经营管理监督流于形式,森林资源管理失控,资产流失。

国家林业主管部门应当制定相应行政法规和规章,一是设立监理工程师执业制度,实行资格考试,要加强考试管理,确定报考条件、考试范围、考试方式和录取办法。考试合格取得《营造林监理工程师资格证书》。二是实行监理工程师注册制度。监理工程师作为一种岗位职务,承担相应的岗位职责。实施监理工程师资格注册制度可以保障监理工程师队伍的高素质,保持合理的专业结构,适应营造林工程监理工作需要。三是规定监理工程师的权责。要使营造林监理工程师具有法律赋予的控制工程实施的实权,未经其签字,种苗不得使用,施工单位不得进行下一道工序的施工,建设单位不得拨付工程款,不得进行竣工验收。这是实行监理制度的关键和核心。

笔者还认为,林区经济可持续发展,应该实行多元化投入新机制,增加社会化服务和产业化经营。因此,要破除国有林区原有陈旧的经营机制,引入现代化管理模式。尤其完善分类经营管理法律制度,建立新的林种划分制度,细化林种类别,分类管理,有针对性地经营管理,进一步实现了林种的最大价值。因此,必须建立适应市场经济的分类经营管理机构彻底解决管理者缺位的核心问题。要明晰产权,建立人、财、物相结合的科学的国有林资源管理机构。作为政府的派出机构,国有林管理机构履行出资人职责,享有所有者权益,承担政府管理职能的责任。国有林资源管理机构可以组织发包方,委托经营。国家和使用者之间建立林价制度,形成双方公平的买卖关系。这样,在权、责、利都明确的条件下,才能使国有森林资源具备更好的管理和经营。

6. 森林资源监测制度

早在建国初期,我国就创立了森林资源监测制度。20 世纪 70 年代,监测制度已经初步形成体系。1989 年,东北、华北、西北、中南 4 个监测中心成立,并且各省也有自己的调查队伍。在经过半个世纪的实践后,符合我国国情的森林资源监测的体系初步形成。但只是对林木的蓄积、材积进行调查,调查内容比较单一。没有动态变化的调查数据;利用技术手段进行调查的仅限于地面森林资源,对森林资源的整体性调查没有实施。因此,笔者认为,我国森林资源监测的范围、任务都应作彻底的改变。应相应制定新的规范,规定对森林资源和生态状况综合监测;由资源现状调查转变为动态监测;地面调查与应用科学技术结合;充分利用现代科学技术,与强有力的执法性结合起来。

7. 采伐管理制度

我国森林资源超额采伐问题眼下是极为突出的问题,可以说已经是构成影响森林生态系统功能的极大不利因素。尽管国家加大了整治,但超限额采伐依旧严重。采伐限额制度的执行十分弱化。地方政府与企业法人不顾国家利益．严重破坏了国家的法律规定,而且违法行为迟迟得不到处理。因此,我国必须坚决执行采伐限额制度。为了解决制度本身带来的问题,笔者认为,必须完善一些措施:第一,林业局有关部门应制定森林分类区划标准,将原有的公益林和商品林作进一步的划分。将公益林区划为国家重点公益林和地方重点公益林;对于商品林,可以划为天然商品林和人工用材林;第二,对于重点公益林,尤其是国家重点公益林,只能进行抚育性采伐。严格保护,实行禁伐;对于天然商品林,确保人工商品林的采伐额度,实行限伐措施。第三,建立生态效益补偿基金制度。对公益林,中央财政和地方财政可实施补贴;集体及私人业主营造的林木,如果被区划为公益林的,由国家收购没有被区划为公益林的,政府应当业主签订禁伐、限伐协议,同时实施相应的补偿;对于私人业主营造的商品林,不再继续经营又不能转让给他人的,由国家予以收购并给予补偿。另外,要求生态公益林使用者和受益于生态公益林的供水、林地矿产开采、风景旅游、征占用林地的单位或个人,必须缴纳生态公益林补偿金;第四,应当加强森林的调查设计、伐后验收、采伐更新,加强监督检查;第五,实行采伐证制度。严格规定采伐许可证的发放对象、范围、有效期,并严把采伐的程序;对采伐许可证的使用进行跟踪检查,杜绝假证。

8. 完善林业投融资体制

要保障和促进林业的发展,既需要特定时期的高强度投入,更需要建立一种长期稳定的投入机制,使各种要素流向林业,从而保证林业建设工作的长期坚持和建设成果的长期巩固:第一,建立以国家公共财政为主的投入机制。按照事权、财力划分,把生态公益林建设的投入纳入各级财政预算,并予以优先安排。同时,增加国家预算内基本建设资金、财政资金、农业综合开发资金、扶贫资金额度;第二,继续实施积极的财政政策和货币政策,支持林业发展。当前积极的财政政策需延长几年或更多时间,并逐步转向以支持生态环境建设。同时,要探索长期积极的货币政策,启动贷款机制,特别是中长期贷款机制,增加20年或30年的长期贷款,以增加环境治理的力度。此外,挂钩的金融机构和银行要有少量的贴息,以吸引更多的贷款,动员全社会力量共同投资建设这一伟大的历史任务;第三,国家政策性贷款的中应有林业建设贷款。在信贷政策方面,国家应进一步突出生态建设的特殊性,有一个明确的扶持政策。首先,严格区分政策性贷款和商业贷款之间的区别,实施林业生态建设政策的优惠贷款,并采取相应的运作机制。其次,信用体系的计划份额,在林业生态建设的政策性贷款方面有总量上的保证。再次,林业生态建设的政策性贷款的使用,应作为一个新的特殊的项目贷款,政策性贷款应拓宽渠道。适当延长贷款期限,提高贴息幅度。建立所有银行各级生态建设的贷款风险分担制度,促进贷款政策的实施,国家给予生态建设的帮助,使国家给予林业生态建设的扶持政策足额及时到位。对个人造林育林的农户和林业职工适当放宽贷款条件,实行小额信贷;第四,建立资本市场融资机制。投资于林业生态建设的企业要逐步减少间接融资手段,增加到 资本市场上直接融资的机会。这些企业要按照市场经济的要求,深化内部改革,建立现代企业制度,完善法人治理结构,争取在国内、国外资本市场上市,以获取更多的直接投资。此类中、小企业也要按照资本市场准人规则,争取在"二板"市场上市,以获取更多的资金支持;第五,制定外资、个体投资造林管理办法。把蕴藏在广大人民群众中间的生态建设的无限动力和生机开发出来,鼓励民间投资林业建设,加大民间资本投资林业的市场准入力度,取消一切不利于民间投资的限制性、歧视性规定;第六,制定林业工程招投标管理办法。争取在近期内出台林业工程招投标管理办法,从而保证林业资 金使用效果,提高资金使用效率。

见专著《森林生态系统法治化管理模式研究》

第三部分 **03**

| 知识产权法 |

第一篇

我国个人信息计算机比对制度刍议

　　当今社会已是信息化时代,个人信息管理在国家行政和经济往来中日显突出。当代个人信息管理的一个重要方面是将政府部门中保存的个人信息运用计算机系统进行比对,以此核实公民个人在金融、信贷、交易等方面的信息。世界许多国家早已将个人信息计算机比对技术运用在各个领域,并制定了相关法律。我国针对个人信息保护的立法至今尚未出台,而因公民个人信息的泄露所引发的社会问题已广泛地受到关注,国内学者对此的研究尚属空白。本文作者对此作了深入的探索和研究,以希望这项技术的开发及运用纳入法制的轨道,使政府部门计算机比对工作法治化。

一、个人信息计算机比对技术的含义及在国外的开展

　　计算机信息比对技术(computer matching activities),又被称为电脑匹配,是利用计算机将两个或两个以上储存个人资料的计算机数据库内的个人资料进行联结、比较的个人资料引用行为。

　　计算机比对技术可以分为信息所有机关系统内的比对和系统外的比对。由于个人信息存储在不同的数据库之中,当某个信息所有机关要准确掌握个人信息时,该信息所有机关就可以对储存于不同数据库的有关个人信息利用计算机进行比对,以核实该个人信息。公民个人信息计算机比对通常由国家机关加以利用,行政机关为保持各机关间数据库内容的准确性,可对各相关数据库中的个人信息进行比对。

　　计算机比对中的个人资料相当广泛,包括姓名、性别、年龄、电话、信用卡号码、家庭住址、单位情况、婚姻家庭状况、经历、兴趣爱好等,而这些资料并不是每个数据库中都完整地存在,因此,要全面把握某个人的个人信息,就要利用计算机比对技术把不同的数据库中同一人的个人信息汇集起来,加以比对,得出准确完

整的个人信息。用计算机进行个人信息比对的特点是速度快,它可高效地处理国家各项行政事务。

计算机比对技术肇基于美国,目前也是美国开展得较为广泛。早在上个世纪60年代,美国政府就大量收集国民的个人信息,以用于国家防务及其他目的。于是有人提议成立一个国家数据中心(National Date Center),用计算机储存由联邦政府各个机关收集的全国公民的个人信息,以便进行计算机比对,但这一提议却遭到大多数国民的反对。到了70年代,为了提高国家行政机关的办事效率,美国政府开始使用计算机比对技术,主要用于纠正社会福利计划中过时或错误的个人信息。后来,行政机关向民间业者购买邮寄名单(mailing lists),将邮寄名单的数据和政府数据库中的主档案加以比对,找出没有申报所得税的人。联邦和州的行政机关也逐渐经常性的交换数据并进行比对,侦测政府社会福利计划中的诈欺、权利滥用或超额支出。

另外,美国建立了检验鉴定记录数据库,将计算机比对技术应用于刑事侦查。美国国家犯罪信息中心的计算机系统遍布五十个州。各州警察局、司法局、联邦执法机构和其他组织都可依照程序登录中心系统查询相关的计算机数据。该中心拥有2000万个档案,59362家用户,每天查询量达100万次,其中,通缉令有335000条。在比对查询时,中心将获得的数据在计算机的控制下进行比对分析认定,然后自动将其数据输入数据库储存。如果是同一或同类,计算机便自动提示和显示其结果;如果不是同一或同类,则显示不匹配的比对结果。1989年,美国警察局使用警用车载无线电台,和各地犯罪信息中心系统连接,在犯罪现场,对痕迹(如手印、脚印)、物证(如车辆、枪支、其他物品)等直接进行比对,并对犯罪嫌疑人个人资料、有无前科等进行查询和比对。

二、一些发达国家个人信息计算机比对的立法

二十世纪80年代,美国国会通过立法,建立了"收入与适格性验证系统(Income and Eligibility Verification System)",包括"失业儿童家庭补助(Aid to Families with Dependent Children,简称AFDC)"、"医疗补助(Medicaid)"等八项主要由联邦政府支出的、州政府执行的社会福利计划,援用"预先计算机比对(front – end computer matching)"程序,即申请者在申请社会福利时,必须先进行计算机比对,用于查验申请人是否适格。

1988年美国制定了《电脑匹配和隐私保护法》(Computer Matching and Privacy Protection Act)。该法确认了个人信息计算机比对的合法,亦对其加以严格限制和

规范:第一,政府机关之间应当签订正式的书面"比对协议";第二,当比对的结果对个人不利时,政府机关在采取行动之前要确认比对结果的真实性;第三,政府机关要在《联邦通知》上公示正在实施的比对项目;第四,每个参与计算机比对项目的政府机关必须设立"数据整合委员会"(Data Integrity Board),负责该法案的实施。数据整合委员会的职责相当广泛,除评估比对协议的合法性外,还要评估比对项目的经济性,负责审批书面比对协议。

计算机比对提高了行政效率,并且节省了政府开支,因此,美国国会积极地推动计算机比对在社会各个领域中的运用。从1970年开始,国会连续通过一系列法律,扩大计算机比对的应用范围,如税收和债务催收(tax and debt collection)领域等。从美国的经验可以看出,计算机比对极大地提高了政府的行政效率,避免了很大一部分错误;另一方面的经验就是,计算机比对是严格依法进行的,在计算机比对开始应用于一个领域之前,国会先行立法。

随着个人信息计算机比对技术的广泛运用,其他国家也陆续开展了相关立法。加拿大1985年《隐私法》(Privacy Act)中对个人信息计算机比对规定了比对程序可行性的初步评价(Preliminary Assessment):1. 便于控制,管理或执行,寻求比对程序评估优势。2. "核实该比对程序直接涉及的经营项目或活动的机构"。3. 核实从个人和与相关的人收集数据的可能性,通过比对验证其是否可靠。4. 为确保数据的运用,描述要准确,更新及时,尽可能完整。5. 比对机构应测试程式,以评估其成效。其后又建立了确定成本和效益的数据匹配程序(data matching program)。该程序规定:1. 建立一个用于比对计划和对其保存及处理时间表,其中包括密钥(用于个人数据的连接)。2. 运用比对程序,为个人信息的存储建立个人数据库。再后来又规定了实施成本效益分析的相关政策(cost - benefit analysis):1. 机构决定核算比对计划的成本。分析成本效益不应仅仅是计算的总成本,而应从总的资源来看,如人员、设备和物资及运行比对程序、制定和实施比对项目等所需的努力。决定比对程序的成本效益因素将随环境而变化。2. 巩固比对程序观念,达成比对机构和配套源之间的协议;提供或获取记录,并进行比对;核实个人的访问,即通过匹配程序识别身份。3. 政府机构的私隐专员发出数据比对的预先通知,这必须在比对计划开始60天前进行,以完成比对项目的外部审查。4. 最终批准一项数据比对程序必须有主管机构的担保,或由一个官方机构根据《隐私法》专门授权。5. 参与机构提出建议,有关机构高级官员会议审查建议的配套方案。就这个比对计划而言,有关机构要么是比对机构,要么是配套源机构。6. 为使用和披露个人信息,政府机构应向公众通报。当比对计划获得通过后,比对机构应立即修改自己的记录,或创造新的信息源记录,以反映这些活动。

7. 在一个比对程序启动之前,个人有机会对任何涉及个人信息公开的行政行为进行反驳。

澳大利亚也于1990年颁布了《信息比对工程(补助和税收)法案》(Data - matching Program (Assistance and Tax) Act 1990)。该法案规定:信息比对包括从不同的来源收集和比较的信息。许多信息比对都是确定个人活动,由调查机构来进行。该法案对澳大利亚的税收办公室和补助机构(负责退役军人事务)在税收领域通过比对个人信息起到了很好的调节作用,其解释和备忘录提纲交由 PDF (比对机构)保管。1992年,该法案的修正案又规定补助机构提供的个人信息可和纳税人信息比较,以查核偷税漏税。法案确立了个人信息的管理者关注个人信息比对工程中的管理安全的指导方针。这个方针第一次被提出是在1991年,在1997年正式确立。比对机构是在1990年的《信息比对工程(关于补助和税收)法案》里得以确立的。该法案还规定所有的福利都必须建立在他们以前的纳税的基础上,税收办公室根据个人收入来发放补贴。比对机构委员们监督法案的执行,如发现有违反法案规定的行为,将会给予其处罚。该法案还规定税收办公室对数据毁坏的部分免除责任。

三、个人信息计算机比对技术在我国的应用

我国目前正迅速向信息社会过渡。尽管还没有相关立法,但个人信息计算机比对技术在一些领域已开始应用。1999年7月1日,全国犯罪信息中心(CCIC)数据库建立,首次将个人信息计算机比对技术运用在公安部开展的网上追逃专项斗争中。公安人员通过计算机比对进行对逃犯的围捕,各地警方共抓获在逃犯罪嫌疑人23万。南京警方就曾将登机旅客的身份证号码与 CCIC 中的个人信息进行比对,一举抓获50余名逃犯。上海普陀区长征派出所的技术民警只用了15分钟,就将3万多条外来人口信息与 CCIC 中35万逃犯个人信息比对完毕,查出9名犯罪嫌疑人。据《华商报》报道,西安市政府已经利用计算机比对技术发放养老金。

2004年初,中国人民银行开始开展个人信用信息基础数据库工程,于同年12月中旬7个城市15家商业银行和8家城市商业银行试运行。2005年8月底完成与全国所有商业银行和部分有条件的农村信用社的联网运行系统,2006年1月正式运行。人民银行个人信用数据库的设立,是在全国范围内实现个人信用资源整合的第一步。

有些企业也开始运用个人信息计算机比对技术,如金建互联信息系统(北京)有限公司创建的金建互联 IC 卡系统在技术上充分利用身份识别系统,可以根据旅游景区需要记录的个人信息进行自定义和增减,并可根据各个景区的具体情况,利用计算机查验门票卡的有效性,查看卡内有否有指纹。如游客信息在卡内有存储,计算机将自动读取,并与系统密钥(使用嵌入式 PSAM 模块技术建立的密钥管理系统)进行比对,判定它们是否相符。如相符,则记录入园时间,门票卡则自动推向前方,打开门阀,允许旅客通过;如不符,则出现声音报警,旅客此时不能入园。

计算机比对技术,也将随数据采集方式的发展,而得到更广泛的应用,生物识别技术就是其中典型的一例。生物识别技术是依靠人体的身体特征(包括指纹、声音、脸像、视网膜、掌纹、骨架等)来进行身份验证的一种技术。计算机生物识别系统通过对生物的某些特征进行采集,然后转为数字信息存储于计算机中,再通过计算机解码,对特征值进行比对、匹配,最终完成对个人身份的验证。

四、我国个人信息计算机比对技术的立法建议

我国个人信息计算机比对技术的开发和利用起步较晚,而新技术运用又涉及许多法律问题,比如能否在进行计算机比对时保护好个人权利？如何在进行计算机比对时保护客户的个人信息？在实施监管的过程中,如何确保正常的社会秩序和安定的社会局面？这需要建立完备的个人信息保护的法律及配套规范,并具备强有力的执行措施,这是我国个人信息保护立法所必须解决的,例如,2008 年 3 月北京、上海50 万移动、联通手机用户信息被盗案已经说明个人信息用于市场极易泄露的弊端。因此,个人信息计算机比对技术的应用范围和程序应以法律加以规范。

建议尽快起草和制定《计算机比对法和隐私保护法》,在比对范围、比对协议、监督管理、公民权利救济等各个方面对个人信息计算机比对从法律上加以规范,使国家行政机关既能充分利用计算机比对技术对个人资料加以利用,又能保障信息比对的透明度、公民的知情权和信息安全。若利用公民个人信息数据库的行为不能透明化、公开化,就会产生不公平、不公正;公民对自己的个人资料被比对的事实享有知情权,这是法律对公民权利保护的一个重要方面;信息所有机关和信息需求机关还需防范在信息比对过程中的信息泄露。

具体而言,在出台相关法规时,应注意以下几个方面:

(一)限定比对项目范围

比对项目范围,是指两个或两个以上的个人记录系统之间、或一个记录系统与另一个记录系统之间进行比对的使用范围。比对项目大体可限制在以下七类：

1. 资料统计。政府部门为了得到宏观的统计资料而进行计算机比对，并不针对任何可识别个人特征的信息。这种比对，以个人信息作为基础，但比对目的和使用范围上看，与个人无关。

2. 研究和计划。政府为了支持研究工作，或者为了制定合理的计划而实施的计算机比对。此种计算机比对包括具有识别个人特征的个人信息的比对，但比对得到的结果，不用于个人信息指向的具体人员，不做出影响个人利益的决定。

3. 刑事侦查。刑事侦察机关针对犯罪嫌疑人的涉案行为，为侦破刑事犯罪，查证相关证据而进行的计算机比对。

4. 税务稽查。国家税务机关为了查实法律规定的税务信息，追缴税款而进行的计算机比对。

5. 国家安全。为国家安全目的，核对核定拟录用的国家公务人员的个人资料，或者核实与国家签订契约的人的可靠性而进行的计算机比对。

6. 社会保障。包括对获得国家社会保障项目的人员的资格确认、现金支付与实物援助的确认，行政机关对此工作的正确性和效率的确认。

7. 劳资管理。为落实各类人员的实际工资水平，掌握国家劳动保障情况、纳税情况、以及为国家工资调整作基础的比对。

（二）实行比对协议制度

比对协议是进行计算机比对的前提。提供信息的机关称为来源机关，接收信息的机关称为接收机关，在进行个人信息的计算机比对时，来源机关和接收机关之间必须预先签订一个书面的比对协议。没有比对协议，不得进行计算机比对。比对协议应包含以下内容：

1. 比对的目的与法律依据。

2. 比对项目的理由与预期结果。

3. 对需要的个人信息的说明，包括将要使用的个人信息类型、需要的个人信息的大概数目、开始与结束的日期等。

4. 通知程序。使用过程中，实施计算机比对的行政机关发出个别通知的程序，以及随后依照该行政机关资料统一部门的指示定期向其发出通知的程序。

5. 对比对结果加以核实的程序。

6. 比对项目结束后，对项目所需个人信息加以销毁的程序。

7. 确保对被比对的记录进行行政、技术与物质保护的程序，保护比对项目结果。行政机关不得隐瞒比对协议。公众有权了解并得到比对协议，以便监督行政机关的计算机比对活动。

（三）强化比对行为监管

每个执行或参与计算机比对项目的行政机关中,应设立监督或管理机构,保证该机关的计算机比对工作符合法律的要求。监督或管理机构也可在行政机关以外单独设立。它主要行使以下职能:

1. 对比对协议进行书面审查、批准和保存,确保上述活动符合有关法律、法规及指导原则的要求。

2. 对机关所参与的所有计算机比对项目进行审查,无论该机关是作为来源机关还是接收机关,以确定是否符合有关法律、法规、指导原则及机关所签订的协议的规定,并估算这类比对项目的成本与收益。

3. 编制年度报告提交行政机关。如公众提出请求,可以将这份年度报告公开。年度报告应当说明机关实施比对项目的活动情况。

4. 为了确保用于计算机比对项目的信息达到准确、完整、可信,设立记录审查和交换中心。

5. 向机关各个部门及人员提供有关解释与指导。

6. 审查计算机比对项目的记录保存与处理政策及实施情况;对没有设立计算机比对项目而实施的计算机比对也进行审查,并提出更正报告。

（四）建立个人权利救济制度

计算机比对结果产生后,在依据该结果采取不利措施前,必须经过独立的查证程序,以防止对个人造成不必要的侵害。查证程序应至少包括以下两个方面内容:

1. 信息核实。行政机关在计算机比对中获得的信息,不能直接作为采取不利行动的根据,必须对比对结果加以核实。任何接收机关或来源机关都不得以计算机比对项目所产生的结果为依据,而中断、终止、减少或最终拒绝向该当事人提供经济援助或支付,或者对该当事人采取其他不利的行动。

2. 抗辩程序。行政机关根据计算机比对得到的信息准备对个人采取不利行动时,必须把准备采取行动的决定通知个人。个人可以在通知规定的时间内提出抗辩。具体程序为:

（1）行政机关独立核实通过比对得到个人信息,由行政机关的监督和管理机构或者来源机关的监督和管理机构,依据所获得的信息,做出裁定,通知当事人。

（2）当事人收到行政机关发出的裁定通知,告知当事人在一定时间内可以对裁决提起抗辩。

（3）当事人如在法定的时间内不提出抗辩，抗辩期间届满，当事人的抗辩机会消灭。

五、小结

综上所述，由于个人信息计算机比对可以提高行政效率，而其"双面刀"的特点也促使我们加快其法治化进程。美国及其他一些发达国家在个人信息计算机比对技术的立法和应用方面都较先进，我们需要借鉴之。个人信息计算机比对技术在我国实践中已经开始应用，这为我国早日立法奠定了良好的基础。由此，作者在研究了国内外个人信息计算机比对技术的法律制度和应用的基础上，提出了一些立法建议。对个人信息计算机比对技术的运用进行法律规范已经成为当务之急，唯有如此，才能在提高国家行政效率的同时确保个人隐私安全，保障人权，确保正常的社会秩序和安定的社会局面。所以，应尽快创立个人信息比对的法律，完备个人信息比对的规章制度，使国家行政管理更加现代化、科学化。

作者发表于《法学评论》2008 年第 5 期

一、互联网时代的网络著作权保护

在网络技术飞速发展的今天，信息技术把世界推进了一个崭新的知识经济时代，使人们的生活和工作方式发生了飞速的变化，保护网络著作权已经是国际社会共同关注的问题，网络环境下著作权保护的专门立法日显重要。本文就网络著作权保护目前国内外发展现状、我国网络作品的范围、合理使用、侵权归责原则、管辖等许多法律制度作出分析和研究。

二、网络著作权保护的国内外发展现状

纵观世界各国，关于网络环境下著作权保护的法律制度的研究正在热火朝天地进行。尤其是美国，作为 Internent 的发源地，网络著作权的侵权案件日益上升，使美国政府更加关注网络法的建立，许多美国学者正在热衷于此项制度的研究。目前关于网络著作权保护的国际条约有两个，即《世界知识产权组织版权条约》（WIPO Copyright Treaty）和《世界知识产权组织表演和录音条约》（WIPO Performance and Phonograms Treaty）。这两个条约对于网络上著作权的利用产生重大影响，例如赋予著作权人、表演人的特别的专属经济权能，包括散布权、出租权、向公众传播权等。尽管世界许多国家如美国、日本、欧盟等都在为顺应这两个条约而

纷纷开始研究网络法的制定或着手修改现有的国内法,但至今仍就涉及计算机网络著作权的合理适用范围、作品的范围、管辖归责等问题争论不休。美国还在司法实践中将计算机游戏按照"视听作品"给予著作权保护。

至今为止,中国还没有一部完备的调整互联网时代的著作权的法律出台,使得我国法律界在调整有关涉及计算机网络著作权的范围、权利主体的法律地位、合理使用制度、侵权归责原则、管辖等诸多问题十分为难和困惑。这不得不说是我国立法上很大一个缺陷。尽管网络环境下著作权问题可参照我国《民法通则》和《著作权法》来解决。但在实践中,由于有其诸多的特点,运用这些法律已显得远远不够。目前,我国关于这方面的法律规范,除了《民法》和《著作权法》外,主要还有:国务院 2002 年 1 月 1 日施行的《计算机软件保护条例》、最高人民法院 2000 年 11 月 22 日通过的《关于审理涉及计算机网络著作权纠纷条件适用法律若干问题的解释》、2002 年 10 月 15 日施行的《关于审理著作权纠纷案件适用法律若干问题的规定》、2003 年 11 月通过的对《关于审理涉及计算机网络著作权纠纷案件适用法律若干问题的解释》、2004 年 12 月 22 日,最高人民法院、最高人民检察院《关于办理侵犯知识产权刑事案件具体应用法律若干问题的解释》。再就是在 WTO 规则中,有关知识产权保护的《与贸易有关的知识产权协议(TRLPS)》。这些法律规范在调整涉及计算机网络著作权的问题上起到了十分重要的作用。但在司法实践中,仍然存在法律适用性不强的问题。在我国尽早立法,完善调整涉及计算机网络著作权的法律制度,不失为走在了国际社会的前沿。

三、网络作品的保护范围

网络作品种类繁多,文字作品、口述作品、音乐作品、戏剧作品、曲艺作品、舞蹈作品、电影电视作品、美术作品、工程设计图、计算机软件等。还有些新兴的网络作品是传统著作权法中未规定的,如多媒体、手机图片、动漫、flash、卡通、动漫式的 MTV、网页设计等。这些网络作品的来源和知识产权的真实性受到了很大的挑战。2001 年 10 月新浪诉搜狐抄袭新浪短信频道的手机图片的纠纷,尽管在经历长达一年的诉讼后,最终由北京二中院做出重审判决,认定搜狐构成著作权侵权,判决搜狐不得再使用侵权手机图片,赔偿新浪 211813 元,并在搜狐首页上连续 24 小时刊登向新浪赔礼道歉的声明。但深入思考我们看到,新浪网上的手机图片难道就没有侵权的可能吗? 换句话说,向新浪网提供手机图片的作者,是完全由自己原始创造的吗? 网络作品依赖于先进的网络数字化技术,很容易对其他人作品加以复制或其他信息加以拼凑,再利用软件重新加工。这样混合有他人智力成果也有自己智力成果的作品,能否完全界定为著作权呢? 笔者认为,在以后网络著作权立法中,类似这样的作品,为排除是否为其著作权的争议,可以在作品上网之日起规定异议期限(不宜定得太长),以此保护与新作品相关的可能被抄袭的来源作品的著作权。在异议期内,可能被侵权的人可提出异议,只要证据充分确凿,可以要求网站立即停止侵害,加以删除,不再利用。在异议期内,网站在网上发布的作品顶多不过是一个广告,不能允许用户粘贴、下载,也不允许因特网服务提供商加以传输推广。超过异议期,则该作品才可认定为拥有完全意义上的网络著作权,因特网内容提供商(Internet Content Provider)和因特网服务提供商(Internet Service Provider)均可加以公开传播,使用并获得报酬。

四、网络作品的合理使用

我国著作权法第 22 条规定了作品的合理使用制度,是指可不经著作权人许可而使用已发表的作品,无须付费,但应指明作者姓名,作品出处,并不得侵犯著作权人享有的其他权利。可以合理使用的作品很多,如为个人学习、研究或者欣赏,使用他人已发表的作品;为介绍、评论某一作品或者说明某一问题,在作品中适当引用他人已发表的作品等。除传统的著作法规定的可以合理使用的作品种类外,立法还应增加适合网络作品的一些新规定。例如个人浏览时在硬盘或 RAM 中的复制;用脱线浏览器下载;下载后为阅读的打印;网站定期制作的备份;远距离图书馆网络服务;服务器间传输所产生的复制;网络咖啡厅浏览等。在电子布告栏(BBS)上发表的作品,是作者为自己的作品更广播传播而设置的。在这种情形下,其他人将 BBS 上的作品粘贴在其他 BBS 上的行为应视为合理使用。

五、网络著作权侵权归责

ICP 在欧美国家被称作出版者,承担严格责任。在我国,法律要求出版商承担过错责任,因此,以此可以认定 ICP 承担过错责任。目前的法律依据是《民法通则》第 206 条:"公民、法人由于过错侵害国家的、集体的财产,侵害他人财产、人身的应承担民事责任。"ICP 的过错应主要是在上载网络作品时,没有尽到注意的义务。所谓注意义务是指 ICP 在上载和向公众传播网络作品时,应注意审查作品是否是侵权作品? 严格的审查是 ICP 的主要职责。但实践中,有人认为版权人要追究 ICP 的失职行为很困难,因为网络信息太容易被修改和删除。一旦版权人发现ICP 的侵权行为,并对其追究时,ICP 即有可能立即毁灭相关侵权证据而不留任何痕迹。再次,如对 ICP 的注意义务要求太严格,则极大地挫伤 ICP 的积极性,因为

ICP 要对浩如烟海的网络作品一一加以审查和注意,是很难的,而且有可能不利于 ICP 的发展,影响了社会的进步。但尽管如此,为保护版权人的利益,达到利益分配均衡的目的,我们仍然选择对 ICP 追究过错责任,尽量对 ICP 作严格要求,以达到保护网络著作权的目的,这是法律唯一的选择。

ISP 在美国,被称作书商。由于 ISP 对网络著作权的实现提供重要的传输技术设备,因此 ISP 的利益也与 ICP 和用户密切相关。笔者认为对 ISP 这种较特殊的网站中介服务商,主要应对其传输服务负责。传输服务许多情况下对 ICP 的侵权行为勘察,无非与 ICP 有共同的侵权故意。假如前一种情况,对 ISP 追究侵权责任,有失公平;假如后一种情况,不追究侵权责任则更不行。因此对 ISP 的侵权责任的追究,应具体情况具体分析。这种前提下比较适合的就只剩下过错推定原则了。过错推定原则要求的举证责任倒置。一旦侵权发生,则主要追究的是 ICP 的责任,如何确定 ICP 和 ISP 有共同故意,取证上相当困难。但某些情况下 ISP 侵权行为十分明显,而 ISP 却装作不知,这很显然 ISP 有侵权的故意了。一些侵权行为不明显的情况,实践中操作难度大,如何把握,有赖于立法加以规范。

用户的侵权责任主要是指擅自上载他人作品的侵权行为而应承担的责任,这种侵权行为很明显是用户的故意才能完成。因此,对用户这种侵权行为应采取过错原则。立法应规定 ICP 保存上载人的真实姓名,地址和其他联系信息(如单位),一旦发现用户侵权,便于直接取证。

六、侵权案件的管辖

网络著作权侵权纠纷的管辖是指侵权案件应由哪一地区哪一级法院立案审理,依照我国民事诉讼法的规定,有地域管辖、级别管辖、指定管辖、移送管辖,特别管辖等。实践中,网络著作权侵权纠纷案件除了运用这些管辖原则,仍然遇到一些特殊情况不便处理。我国法律也正在力图完善这一方面的规定。2003 年 12 月 31 日最高人民法院审判委员会第 1302 次会议《关于修改 < 最高人民法院关于审理涉及计算机网络著作权纠纷案件适用法律若干问题的解释 > 简称 < 解释 > 的决定》(修正)第一条规定:"网络著作权侵权纠纷案件由侵权行为地或被告住所地人民法院管辖。侵权行为地包括实施被诉侵权行为的网络服务器,计算机终端等设备所在地。对难以确定侵权行为地和被告住所地的,原告发现侵权内容的计算机终端等设备所在地可以视为侵权行为地。"在这一规定里,不好界定的是计算机终端和网络服务器的问题,计算机终端可以包括显示器、打印机,也可以包括一些远程终端,还有手提电脑、移动硬盘等。这些设备所在地游离不定,很难确定。关于服务器,也分为提供接入服务的服务器、提供上载空间的服务器。二者的所在地是不同的。因此笔者认为,以后立法应该细化这方面的规定,或在个案处理中,灵活应用,对有些侵权行为地的规定不要太死,以便法院审理时掌握。关于级别管辖,有同志认为以各中级法院管辖为妥。理由是,对网络著作权案件中证据认定技术要符合高科技的标准,这样才能更好地认定案件事实。只有中级法院具备这种技术条件。笔者认为,随着信息技术的普及和管理科学技术水平的提高,基层人民法院也完全可以具备这些条件,以后随着互联网技术的发展,侵权案件将日益增高,如都集中由中级以上人民法院管辖,恐怕中级法院会不能胜任。对于级别管辖,可仍然应用诉讼管辖的原则,以案件大小及涉及面来确定管辖级别。

七、结论

网络技术的突飞猛进的发展,正在对传统的著作权法的保护原则提出新的挑战。不论是网络著作权的范围问题,还是合理使用制度、侵权归责原则、诉讼管辖等都需要在互联网时代运用新的法律保护手段来完成。网络的发展突破了国家之间的界限,它以特有的"数字化"的信息方式,完全打破了著作权保护的地域空间概念,大量的网络作品通过互联网在全世界广泛传播。因此,国内网络著作权的保护要与国际社会相一致,才能真正达到网络著作权保护的目的。因此,尽快制定和出台适合我国国情的网络著作权保护的法律,乃是法学界同仁值得共同探讨的问题,也是当务之急。建立一个顺畅、透明、稳定的法律环境将使整个网络著作权保护更加规范,也必然会促进经济的发展和社会的进步。

作者发表于《CANADIAN SOCIAL SCIENCE》2007 年第 5 期

第二篇

用计算机比对技术认定二套房的规范设计

一、计算机比对技术的发展历程

计算机比对最早出现在美国。在二十世纪六十年代,由于美国政府大量收集国民的个人信息,引发了一场是否建立全国性的国家资料中心(National Data Center)的讨论。拟议中的国家资料中心,将以一台计算机储存、处理由联邦政府各个机关收集的所有公民的个人信息,以方便计算机比对工作的开展。但是这

个提议却在游行示威的一片抗议声中流产。全国性的资料中心计划破产了,然而,计算机比却留了下来,并取得了合法地位。七十年代后,计算机比对逐渐为美国行政机关所用。最初,行政机关进行计算机比对,目的在于减少社会福利计划中因过时或错误的个人信息而产生的错误。事情远远没有到此为止,由于计算机比对对行政效率有极大的提升作用,因此政府部门计算机比对越来越频繁和常规化,计算机比对活动迅速扩张到联邦和州的行政机关,计算机比对的目的也逐渐扩大,比如政府社会福利计划中的诈欺、权利滥用或超额支出等一般性的行政工作。

后来,计算机比对开始超出行政机关的范围,许多行政机关开始和其他信息管理者进行计算机比对,比如它们需要商业机构的邮寄名单(mailing lists),来确定没有进行所得税申报的人。然后,美国行政运作越来越依赖于计算机比对,许多联邦法律要求做出某些行政行为之前,必须进行计算机比对。二十世纪八十年代,美国国会通过了一些法案,建立了"收入与适格性验证系统(Income and Eligibility Verification System)",该系统要求"失依儿童家庭补助(Aid to Families with Dependent Children,简称 AFDC)"、"医疗补助(Medicaid)"等八项主要由联邦政府支出的、州政府负责执行的社会福利计划,在申请者提出申请时,必须进行"预先计算机比对(front–end computer matching)",即申请者在申请时,必须同意并进

行计算机比对,以查验申请人的条件是否合格。

的确,计算机比对提高了行政效率,并且节省了政府开支。因此,美国国会不遗余力地推动计算机比对在社会各个领域中的运用,从七十年代开始,国会接二连三地通过一系列法律,扩大计算机比对的应用范围,比如说可以应用在税收以及债务催收(tax and debt collection)领域。从美国的经验可以看出,计算机比对极大地提高了政府的行政效率,避免了很大一部分错误,另一方面的经验就是,计算机比对是严格依法进行的,在计算机比对开始应用于一个领域之前,国会先行立法。

我国社会正迅速向信息社会过渡,特殊领域的计算机比对实际上已经开展。1999 年 7 月 1 日,作为中国警方信息化工程(金盾工程)的示范项目,全国犯罪信息中心(CCIC)数据库建设成功,随之公安部决定开始在全国展开网上追逃专项斗争,并取得瞩目战绩。公安对逃犯的围捕,是通过计算机比对进行的。据公安部有关数据,这次追逃中,各地警方共抓获在逃犯罪嫌疑人 23 万。南京警方就曾将登机旅客的身份证号码与 CCIC 中的个人信息进行比对,一举抓获 50 余名逃犯。上海普陀区长征派出所的技术民警只用了 15 分钟,就将 3 万多条外来人口信息与 CCIC 中 35 万逃犯个人信息比对完毕,跳出 9 名嫌犯。连刑警也不禁惊诧:抓逃犯竟会变得这样简单? 在不久的将来,户籍信息、机动车登记信息、出入境信息、DNA 信息等都可能成为全国警方的共享资源。根据《华商报》报道,西安市已经将计算机比对用于发放养老金工作之中。如果说缉拿逃犯不会给平民百姓的生活造成侵扰,发放养老金对百姓而言也是好事,并且影响人群有限的话,那么"二套房"问题可事关千家万户的切身利害,计算机比对中的个人权利凸显而出。计算机比对,迫切需要立法,承认其合法地位,规范其比对行为

2007 年 9 月 27 日,央行与银监会共同发布了《关于加强商业性房地产信贷管理的通知》(以下简称"通知"),提出了整顿房屋贷款,肃清我国房产市场的重大举措。通知确定将第二套住房首付提高至 40%,同时贷款利率提高 10%,成为监管层实施宏观调控的"重磅炸弹"。"第二套住房"(以下简称"二套房")一跃成为中国的热门词汇。但是两年多来,国家仍然没有有效地控制房地产市场的发展。2010 年 4 月 14 日国务院总理温家宝主持召开国务院常务会议,研究部署遏制部分城市房价过快上涨的政策措施。对贷款购买第二套住房的家庭,贷款首付款比例不得低于 50%,贷款利率不得低于基准利率的 1.1 倍。央行副行长苏宁曾表示,二套房的界定在技术上并不难,央行征信系统完全可以查到贷款人是否贷款买过房,成功认定"首套自住房"和"第二套(含)以上住房"。这种认定将主要利

用计算机比对技术。

二、计算机比对是"二套房"认定的关键

所谓"第二套住房",指借款人利用贷款所购买的首套自住房以外的其他住房;而"首套自住房",则指借款人第一次利用贷款所购买的用于自住的房屋。而无论采取何种标准认定"二套房",都需要进行个人信息的分析和处理。就是因为个人信息的介入,使得这看似简单的问题,实践操作却举步维艰。我们生活的社会已经不是鸡犬相闻的熟人社会,而是一个工业化和信息化社会,发生在这样一个社会中的交易,不再通过"熟人"来进行验证,而是依靠社会征信系统进行验证,具体讲就是利用"个人信息"进行验证哪套属于"二套房",哪套是首套。

信息比对(computer matching activities),在我国台湾省被称为电脑匹配,是指将两个或两个以上储存个人资料的数据库,为了特定的目的进行内容鉴别。一般而言,信息比对是利用计算机程序进行的,将数据库内的个人信息逐一比对,以对不同数据库中的个人信息相互印证、去伪存真。由于计算机处理速度快、储存量大等特点,海量的个人信息比对对于计算机而言十分轻松,因此,计算机比对很快给应用于社会的各个方面。

计算机比对属于个人信息的利用行为,是为某种特定目的而进行的个人情况的甄别行为。每一个国家机关掌握着我们不同的个人信息,但是认定一个人的情况和事实,往往需要几个部门掌握的个人信息进行比照和鉴别,于是就出现了计算机比对。利用计算机比对,核实个人信息,而进行的经济活动这种经济模式属于信用经济。而信用经济的前提是建立健全的征信体系。人民银行开展的个人信用信息基础数据库(以下简称个人信用数据库)工程,始于2004年初,并于同年12月中旬实现15家全国性商业银行和8家城市商业银行在全国7个城市的联网试运行,2005年8月底完成与全国所有商业银行和部分有条件的农村信用社的联网运行,并于2006年1月正式运行。个人信用数据库是各商业银行的信用数据信息共享平台,主要采集和保存个人在商业银行的借还款、信用卡、担保等信用信息,以及相关的身份识别信息,并向商业银行提供个人信用信息联网查询服务,满足商业银行防范和管理信用风险的需求,同时服务于货币政策和金融监管。个人信用数据库是一个随时更新的数据库,其覆盖全国,只要个人进行金融活动(包括电子金融活动),其个人信用信息会不断被录入,目前,这一数据库已收录的客户人数达3.4亿人,其中有信贷记录的人数约为3500万人,到2005年底,收录个人信贷余额2.2万亿元,约占全国个人消费信贷余额的97.5%。人民银行个人信用

数据库的出台,被看做是我国集中核心力量,在全国范围内实现个人信用资源整合的第一步,意味着我国往昔以道德手段调整信用关系方式的转变和以法律手段来规范、促进和保障社会诚信的开端。这是我国依法打造诚信社会而采取的有实质意义的举措。

然而,一个经济活动往往涉及多方面的个人信息,"二套房"问题也是如此。看似庞大的央行征信系统,并不能完全胜任"二套房"的核对工作,因为其控制的个人信息仅为个人金融信息,而尚需与房屋权属登记机构的房产信息,户籍登记机构的户籍信息以及和隶属民政部门的婚姻登记机构的婚姻信息等数据库联网,并进行计算机比对。

三、计算机比对用于认定二套房存在的问题

"二套房"制度无疑是受到百姓拥护和欢迎的重大举措。它的出发点是平抑居高不下的房价,安定百姓生活,属于民生行动。然而,制定一个计划之前就应该充分考察我们的现实情况,尤其是法律状况。没有健全的法律作保障,好的愿望,并不一定能实现。"二套房"的认定,在技术上来讲是完全可行的,利用计算机技术对掌握在不同政府部门之间的个人信息数据库进行比对,可以甄别错误信息,更正片面信息,以明辨是非。然而,法律上呢? 个人信息计算机比对的目的在于采取行动,不停留在信息正确性的追求上。若政府部门进行计算机比对的基础信息有误、片面或者过时,必将造成比对结果的错误,依据该结果采取行动,当事人的权利必受侵害。更有甚者,如果放任自流的计算机比对将造成个人隐私曝光、就业、晋级等人生发展机遇受损等人生灾难。从"二套房"的认定来讲,错误的基础信息可能使得该被认定的没有认定,不该被认定的,反而被认定了。而从社会层面来讲,如果对计算机比对没有限制,政府部门可以任意进行计算机比对,其后果就等于建立了全国个人信息数据库,这曾是备受西方国家民众普遍抗议和反对的。

的确,由于计算机比对可以极大提高行政效率,人民间接受益,因此,这种技术应用到行政领域实属必然,我们应该促进这种技术的应用。而不是反对。然而,依法治国的基本道理告诫我们,一个关乎民生的重大计划应首先是符合法律要求的和受法律规范调整的,这也是世界上诸多国家纷纷制定个人信息保护法的动因之一。美国的经验告诉我们,不仅仅是需要通过立法明确计算机比对的合法性,而且还要设计细腻科学的规则严格引导和规范计算机比对项目正确实施,唯有如此,才能保证个人权利。《隐私法》是美国保护个人信息与隐私的基本法,将

计算机比纳入《隐私法》,足见美国政府对计算机比对的重视程度。即便如此,美国人仍有怨言,认为《隐私法》的适用范围有较大的限制,仅规范联邦机构,不能对州政府内部或私人机关所为的计算机比对适用,而且该法还明列了不受计算机比对规范规制的六种行为,而这六种行为对个人的权利造成的可能侵害,并不亚于适用该法的计算机比对项目。

个人信息比对是认定"二套房"的不二法门,而我国的个人信息保护法尚在制定的过程之中,在"二套房"的认定上,我们并无法律资源。计算机比对是一个关系到个人权利,尤其是人权的基本问题,必须依法行事。央行表示,如果法律授权到位,央行征信系统可以在半年之内完善数据库,并提供给各大商业银行使用。但遗憾的是,我国从2001年就开始的个人信息保护立法,目前尚无明显进展,数据库建立容易,制度构建难,何来授权呢?

由此,笔者认为,目前我国"二套房"的认定,在技术上能,但在法律上不能。当然,等待国家立法的"远水",并不能急救个人信息比对的"近火",央行应着手制定个人信息比对办法,规范各商业银行即将开展的个人信息比对活动,保护客户的金融信息,在实施金融监管的过程中,确保正常的社会秩序和安定的社会局面。

四、设计计算机比对的规范

利用计算机比对,完善二套房的认定程序,需要有严格比对程序的规范设计。1988年,美国制定个人信息比对专项法律,法律名称为《计算机比对与隐私法》,该法在承认个人信息计算机比对的合法性的同时,对计算机比对加以严格限制和规范。政府部门进行计算机比对,事关全民。对政府部门计算机比对进行立法是美国立法史上的一件大事。在我国,目前还没有这方面的专门立法,所以导致实践中实施的许多困难和问题。严格计算机比对程序的规范设计,是政府部门在各项工作中提高效率的需要,自然也是完善二套房认定程序的需要。以下谈谈作者的看法。

(一)关于比对范围

1. 用于统计资料。为了得到宏观的统计资料,政府部门首先要收集关乎个人信息的大量基础资料,运用计算机比对的办法来识别个人特征,掌握具体情况。

2. 用于研究工作。此种计算机比对可能包括了具有识别个人特征的个人信息的比对,但是因比对所得到的结果,并不作用于个人信息指向的具体人员,也并不做出影响个人利益的决定,仅仅是政府机关为了支持研究工作而实施的计算机

比对,

3. 用于税务稽查。国家税务机关为了查实法律规定的税务信息,追缴税款,可以利用计算机比对技术。

(二)关于比对协议

政府各机关之间为了更好的合作和共享个人信息的资源,可就计算机比对签订合作协议。没有比对协议,不得进行计算机比对,行政机关不得对其他机关提供个人信息而参与计算机比对活动。可见,比对协议是计算机比对的前提,是计算机比对的核心问题。比对协议必须包含以下内容:(1)比对的标的、目的与法律依据;(2)比对的范围和方法、时间、地点和人员安排;(3)对需要的个人信息的说明,包括将要使用的个人信息类型,需要的个人信息的大概数目、内容、用途等详细情况;(4)通知程序。在使用比对信息中,实施计算机比对的机关向被比对人发出通知,并可以征求其意见,允许对这种利用提出异议,如果确为合理,可加以修正。(5)核实比对结果的规定;(6)为了保护个人的信息安全,在比对工作结束后,对项目所需个人信息加以销毁。

(三)建立比对的管理机关

行政机关为了执行或参与计算机比对项目,可设立监督和管理机构,实施管理职能并且在行政机关各个部门之间进行协调,保证该机关的计算机比对工作符合法律的要求。监督和管理机构由行政机关以外单独设立,主要行使以下职能:

(1)审查、批准和保存书面比对协议,确保上述活动符合有关法律、法规,符合公平、公正、诚信的原则。

(2)无论该机关是作为来源机关还是接收机关,审查对本机关所参与的所有计算机的比对项目,以确定是否符合有关法律、法规、指导原则及机关所签订的协议的规定,并估算这类匹配项目的成本与收益。

(3)为了说明机关实施匹配项目的活动情况,编制一份提交给行政机关的年度报告,如公众提出请求,可以将这份年度报告公开。

(4)成立记录审查和交换中心,接收及提供用于电脑匹配项目的信息达到准确、完整、可信。

(5)向机关各个部门及人员提供有关解释与指导。

(6)审查机关就计算机比对项目所执行的记录保存与处理政策及实施情况,以确保本法规定到遵守。

(7)审查对没有设立计算机比对项目而实施的计算机比对情况,并提出指导意见和修正方案。

（四）法律救济问题

在计算机比对的过程中，少不了有时对个人造成不必要的侵害。结果产生后，欲依据该结果对个人采取不利行动前，必须经过独立的查证（independent verification）程序，这个程序可以从以下两个方面的内容：

1. 为了加强对个人的保护，任何接收机关或来源机关都不得由于计算机比对项目所产生的结果为依据，而中断、终止、减少或最终拒绝向该当事人提供经济援助或支付，或者对该当事人采取其他不利的行动。行政机关必须对比对结果加以核实，才能作为其对个人采取行动的根据。

2. 行政机关根据计算机比对而得到的信息准备对个人采取不利的行动时，必须把行政机关准备采取行动的决定通知个人，并指出个人可以在通知规定的时间内提出抗辩。具体程序为：（1）行政机关独立核实通过比对得到的信息；（2）行政机关的监督和管理机构或者来源机关的监督和管理机构，依据所获得的信息，做出裁定。裁决通过比对得到的信息，仅限于来源机关所支付利益的确认及数额；或者认为有足够的证据证明，来源机关向接收机关提供的信息是准确的。（3）向当事人发出行政裁决的通知，并告知当事人对裁决不服提起行政复议。

五、结语

"二套房"制度无疑是受到百姓拥护和欢迎的重大举措。它的出发点是平抑居高不下的房价，安定百姓生活，属于民生行动。然而，制定一个计划之前就应该充分考察我们的现实情况，尤其是法律状况。没有健全的法律作保障，好的愿望，并不一定能实现。"二套房"的认定，在技术上来讲是完全可行的，利用计算机技术对掌握在不同政府部门之间的个人信息数据库进行比对，可以甄别错误信息，更正片面信息，以明辨是非。然而，法律上呢？个人信息计算机比对的目的在于采取行动，不停留在信息正确性的追求上。若政府部门进行计算机比对的基础信息有误、片面或者过时，必将造成比对结果的错误，依据该结果采取行动，当事人的权利必受侵害。更有甚者，如果放任自流的计算机比对将造成个人隐私曝光，就业、晋级等人生发展机遇受损等人生灾难。从"二套房"的认定来讲，错误的基础信息可能使得该被认定的没有认定，不该被认定的，反而被认定了。而从社会层面来讲，如果对计算机比对没有限制，政府部门可以任意进行计算机比对，其后果就等于建立了全国个人信息数据库，这曾是备受西方国家民众普遍抗议和反对的。

这种技术应用到行政领域实属必然，我们应该促进这种技术的应用。而不是反对。然而,依法治国的基本道理告诫我们,一个关乎民生的重大计划应首先是符合法律要求的和受法律规范调整的,这也是世界上诸多国家纷纷制定个人信息保护法的动因之一。美国的经验告诉我们,不仅仅是需要通过立法明确计算机比对的合法性,而且还要设计细腻科学的规则严格引导和规范计算机比对项目正确实施,唯有如此,才能保证个人权利。《隐私法》是美国保护个人信息与隐私的基本法,将计算机比纳入《隐私法》,足见美国政府对计算机比对的重视程度。即便如此,美国人仍有怨言,认为《隐私法》的适用范围有较大的限制,仅规范联邦机构,不能对州政府内部或私人机关所为的计算机比对适用,而且该法还明列了不受计算机比对规范规制的六种行为,而这六种行为对个人的权利造成的可能侵害,并不亚于适用该法的计算机比对项目。

　　我国的个人信息保护法尚在制定的过程之中,在"二套房"的认定上,我们并无法律资源。计算机比对是一个关系到个人权利,尤其是人权的基本问题,必须依法行事。由此,笔者认为,央行应着手制定个人信息比对办法,规范各商业银行即将开展的个人信息比对活动,保护客户的金融信息,在实施金融监管的过程中,确保正常的社会秩序和安定的社会局面。

第三篇

网络著作权保护势在必行

　　面对日新月异的网络技术的发展,信息技术把世界推进了一个崭新的知识经济时代,使人们的生活和工作方式发生了飞速的变化,网络环境下著作权保护的专门立法日显重要。尽管网络环境下著作权问题可参照我国《民法通则》和《著作权法》来解决。但在实践中,由于有其诸多的特点,运用这些法律已显得远远不够。

　　目前,我国关于这方面的法律规范,除了《民法》和《著作权法》外,主要还有:国务院 2002 年 1 月 1 日施行的《计算机软件保护条例》、最高人民法院 2000 年 11 月 22 日通过的《关于审理涉及计算机网络著作权纠纷条件适用法律若干问题的解释》、2002 年 10 月 15 日施行的《关于审理著作权纠纷案件适用法律若干问题的规定》、2003 年 11 月通过的对《关于审理涉及计算机网络著作权纠纷案件适用法律若干问题的解释》、2004 年 12 月 22 日,最高人民法院、最高人民检察院《关于办理侵犯知识产权刑事案件具体应用法律若干问题的解释》。再就是在 WTO 规则中,有关知识产权保护的《与贸易有关的知识产权协议(TRLPS)》。这些法律规范在调整涉及计算机网络著作权的问题上起到了十分重要的作用。但在司法实践中,仍然存在法律适用性不强的问题。尽管世界许多国家如美国、日本、欧盟等都在为顺应两个“因特网条约”【世界知识产权组织版权条约(WIPO Copyright Treaty)和《世界知识产权组织表演和录音条约》(WIPO Performance and Phonograms Treaty)】而纷纷开始研究网络法的制定或着手修改现有的国内法,但至今仍就涉及计算机网络著作权的合理适用范围、作品的范围、管辖归责等问题争论不休。在我国尽早立法,完善调整涉及计算机网络著作权的法律制度,不失为走在了国际社会的前沿。笔者认为,互联网时代著作权的法律制度的建立,在立法宗旨、立法目的、基本原则和基本理论,和民法、著作权法是一脉相承的,可依照适用即行。需要立法的,重点是涉及计算机网络著作权方面由原民法、著作权法无法明确的如网络著作权的范围、权利主体的法律地位、合理使用制度、侵权归责原则、管辖等特殊部分。

　　本文所指的网络著作权保护,是指在网络环境下对著作权的保护。网络环境下的著作权,并不是一种新型的著作权,它在原则上仍适用《中华人民共和国著作权法》,但由于网络环境下对著作权的保护有与传统媒体诸多不同的特点,在理论和实践上都会显现出一些显著的特色,本文拟就其中几个主要问题作一浅略分析。

一、网络著作权保护的范围

　　依照我国《著作权法》规定,对著作权各项权利的规定均适用于数字化作品的著作权。在特定的互联网环境下,网络著作权主要包括网络作品出版权、发行权、传播权、表演权、复制权、获得报酬权等。对网络著作权的保护涉及两大问题:一是网络著作权保护中网络作品种类;二是网络著作权特点。

　　(一)网络著作权保护中网络作品的种类

　　目前网络作品种类繁多,文字作品、口述作品、音乐作品、戏剧作品、曲艺作品、舞蹈作品、电影电视作品、美术作品、工程设计图、计算机软件等作品等属于传统著作权中的作品。还有些新兴的网络作品是传统著作权法中未规定的,如多媒体、手机图片、动漫、flash、卡通、动漫式的 MTV、网页设计等。这些网络作品的来源和知识产权的真实性受到了很大的挑战。2001 年 10 月新浪诉搜狐抄袭新浪短信频道的手机图片的纠纷,尽管在经历长达一年的诉讼后,最终由北京二中院做出重审判决,认定搜狐构成著作权侵权,判决搜狐不得再使用侵权手机图片,赔偿新浪 211813 元,并在搜狐首页上连续 24 小时刊登向新浪赔礼道歉的声明。但深入思考我们看到,新浪网上的手机图片难道就没有侵权的可能吗? 换句话说,向新浪网提供手机图片的作者,是完全由自己原始创造的吗? 网络作品依赖于先进的网络数字化技术,很容易对其他人作品加以复制或其他信息加以拼凑,再利用软件重新加工。这样混合有他人智力成果也有自己智力成果的作品,能否完全界定为著作权呢? 笔者认为,在以后网络著作权立法中,类似这样的作品,为排除是否为其著作权的争议,可以在作品上网之日起规定异议期限(不宜定得太长),以此保护与新作品相关的可能被抄袭的来源作品的著作权。在异议期内,可能被侵权的人可提出异议,只要证据充分确凿,可以要求网站立即停止侵害,加以删除,不再利用。在异议期内,网站在网上发布的作品顶多不过是一个广告,不能允许用户粘贴、下载,也不允许因特网服务提供商加以传输推广。超过异议期,则该作品才可认定为拥有完全意义上的网络著作权,因特网内容提供商(lnternet Content Provider)和因特网服务提供商(Internet Service Provider)均可加以公开传播,使用并获得报酬。

(二)网络著作权的特点

网络作品通过信息网络传播,以有线或无线方式向公众提供作品,使公众可以在其个人选定的时间和地点获得作品。因此,网络作品是利用网络信息传播的形式来实现其权利,这是网络著作权最主要的特点。我国《著作权法》规定了与网络著作权有关的邻接权:表演者对其表演者有许可他人通过信息网络向公众传播其表演,并获得报酬的权利。录音录像制作者对其制作的录音录像作品,享有许可他人复制、发行、出租、通过信息网络向公众传播并获得报酬的权利。网络著作权中的复制权分解为作者因创作作品而依法获得的作品复制权和传播者因传播作品而依法获得的许可他人复制其传播成果的复制权。复制包括以任何方式或形式以进行的直接或间接的复制、永久的或暂时的复制,而且不论该种复制是全部还是部分的复制。此种复制权包括,作者就作品享有的复制权;表演者就其表演的固定物享有的复制权;录音制品的制作者就其制作的录音制品所享有的复制权;电影制片厂就其首次固定的电影的原件和复制件所享有的复制权;广播组织就其广播节目的固定物享有的复制权。网络传播作品有两种方式:一是由网站对已经出版、录制、拍摄、广播的作品,通过网络载体再次传播;二是传播作者提供的原始作品。将作品通过网络向公众传播,属于著作权法规定的使用作品的方式,著作权人享有以该种方式使用或者许可他人使用作品,并由此获得报酬的权利。对已经出版、录制、拍摄、广播的作品,网站应经过授权获得专有转载权、专有复制权、专有放映权和专有重播权。这种授权来源于网站与邻接权人的合同规定。对于作者提供的原始作品,网站即以出版商、广播者的身份对作品编辑加工、节目制作后最初向公众传播。在这种情形下,网络才是完全合格的原始作品传播者主体。这时,网络拥有著作权法所规定的邻接权,享有许可他人复制,下载,通过信息网络向公众传播,并获得报酬的权利。在实施与信息网络著作权有关权利时不得侵犯他人的著作权。

一个相关联的网络著作权就是网站之间链接的著作权问题。链接是网站之间在互惠条件下,以各自的网页中写入链接网站主页的代码的方式,供访问者登录即可使用链接站点的作品。实质上是扩大了网络作品的使用范围。网站之间的这种交易,需不需经原作品作者或邻接权人的许可呢? 如果未经许可是否构成网络著作权的侵权呢? 作者认为依照民法原理的著作权法的精神,许可制度仍应适用于此种情况。因为网站之间这种一互惠交易是双方都在原有基础上增加了赢利,这种赢利是原作者作品提供的犹如传统的出版商再版作品仍需和原作品作者签订再版合同、向原作者支付报酬一样。

二、网络中著作权主体的法律地位

网络内容提供商(ICP)的主要业务范围和权利是向互联网提供信息。ICP 既可以下载其他网页的信息,上传至自己的主页,将作品数字化后,充实自己的网页,又将其上传到网上的某个服务器供用户访问。ICP 还可以直接将原始作品上传进行传播。无论哪种方式,都必须经版权人同意并对其支付报酬。ICP 的权利有:有权许可或者禁止他人使用其制作的作品网页设计,享有许可他人复制、下载,通过信息网络向公众传播并获得报酬的权利,享有许可他人以电子商务、定点即时复制等方式提供作品复制件的权利。其中尤其网页设计权应受到法律的保护,有人把网页设计比同书刊的装饰设计是有道理的,它理应作为著作权保护的范畴。

网络服务供应商(ISP)提供服务器,一方面供用户上网浏览,另一方面向电子布告板系统发送信息。ISP 在 ICP 和用户之间起到一个中介和桥梁的作用。ISP 一般不直接接触作品,其所面对的是大量的 ICP 和一般用户,由于其只提供网络连接基础设施,由民法原理分析,其似乎应不具有作品著作权及相关权益。但 ISP 与传统的中介商不同的区别有二:一是 ISP 按固定费率向服务接收者收取报酬,这与传统的中介服务有所区别,这种服务源于网络著作权的行使。二是它本身在进行中介服务时,应尽注意义务,即尽量注意 ICP 提供的网上作品是否侵权,并有权对其进行适当的检查。如发现有侵权行为,则应迅速删除被指称的侵权作品或取消用户对作品的访问。因此,ISP 构成网络信息系统中密不可分的一个重要程序和环节,积极参与了网络著作权实现的全部活动。因此,这里仍把它视为网络著作权的主体。

用户是指享受 ICP 和 ISP 提供的网络服务浏览下载、复制网络作品,供自己观赏、使用或为他人观赏、使用的人。用户有权下载或浏览 ICP 提供的网页上的全部服务项目,ICP 和 ISP 不得对其实行差别歧视。同时用户也有义务在使用、观赏他人网络作品时,不得侵犯他人的著作权,如擅自上载他人作品等。网络著作权人有权上载自己的作品,并通过与 ICP 签订合同以确定其许可范围,并获得报酬。网络著作权人最核心的问题是作品署名问题,许可著作权人都是在网上用的笔名或化名。这一点我国著作权法第 11 条第 3 款作了规定:如无相应证明,在作品上署名的公民、法人或者单位为作者。有的作者通过自己的主页上载自己的作品,这样很容易确定网络作品原作者的身份。但如有作者通过电子邮件形式直接向网站投稿,既无密码也无账号,实践中很难确定原著作权人的真伪,给论文侵权行为留下了空间。电子邮件,是一种数字化的信件,极易被篡改和伪造,很难作为原始依据。因此,一旦侵权纠纷发生,电子邮件又不能作为原始证据加以确定,影响了案件的审理,极不利于保护被侵权人的利益。必须立法加以解决。

三、网络著作权的合理使用制度

我国著作权法第 22 条规定了作品的合理使用制度,是指可不经著作权人许可而使用已发表的作品,无须付费,但应指明作者姓名,作品出处,并不得侵犯著作权人享有的其他权利。可以合理使用的作品包括:为个人学习、研究或者欣赏,使用他人已发表的作品;为介绍、评论某一作品或者说明某一问题,在作品中适当引用他人已发表的作品;为报道时事新闻,在报纸、期刊、广播、电视节目或者新闻纪录片中引用他人已发表的作品;为学校课堂教学或者科学研究,翻译或者少量复制已经发表的作品,供教学或者科研人员使用,但不得出版发行;国家机关为执行公务在合理范围内使用已经发表的作品;图书馆、档案馆、纪念馆、博物馆、美术馆等为陈列或者保存版本的需要,复制本馆收藏的作品;免费表演已经发表的作品,该表演未向公众收取费用,也未向表演者支付报酬;将中国公民、法人或者其他组织已经发表的以汉语言文字创作的作品翻译成少数民族语言文字作品在国内出版发行;将已经发表的作品改成盲文出版等。除传统的著作法规定的可以合理使用的作品种类外,立法还应增加适合网络作品的一些新规定。例如个人浏览时在硬盘或 RAM 中的复制;用脱线浏览器下载;下载后为阅读的打印;网站定期制作的备份;远距离图书馆网络服务;服务器间传输所产生的复制;网络咖啡厅浏览等。在电子布告栏(BBS)上发表的作品,是作者为自己的作品更广播传播而设置的。在这种情形下,其他人将 BBS 上的作品粘贴在其他 BBS 上的行为应视为合理使用。如在粘贴过程中没有尊重原作品,将其内容或作者署名加以修改,就是侵权行为。著作权就作品合理使用的立法目的很清楚,是为个人欣赏或研究。但如将这些可以合理使用的作品擅自下载复制并出售赢利,就超出了合理使用的界限,构成侵权作为。

四、关于侵权归责问题

依照民法原理,侵权归责主要有过错原则,无过错原则,推定过错原则。适用到网络著作权的侵权上,作者认为,对于 ICP,适用过错原则为宜,对 ISP 适用推定过错原则为益,对于用户则一律实行过错原则为益。

　　ICP 在欧美国家被称作出版者,承担严格责任。在我国,法律要求出版商承担过错责任,因此,以此可以认定 ICP 承担过错责任。目前的法律依据是《民法通则》第 206 条:"公民、法人由于过错侵害国家的、集体的财产,侵害他人财产、人身的应承担民事责任。"ICP 的过错应主要是在上载网络作品时,没有尽到注意的义务。所谓注意义务是指 ICP 在上载和向公众传播网络作品时,应注意审查作品是否是侵权作品?严格的审查是 ICP 的主要职责。但实践中,有人认为版权人要追究 ICP 的失职行为很困难,因为网络信息太容易被修改和删除。一旦版权人发现 ICP 的侵权行为,并对其追究时,ICP 即有可能立即毁灭相关侵权证据而不留任何痕迹。再次,如对 ICP 的注意义务要求太严格,则极大地挫伤 ICP 的积极性,因为 ICP 要对浩如烟海的网络作品一一加以审查和注意,是很难的,而且有可能不利于 ICP 的发展,影响了社会的进步。但尽管如此,为保护版权人的利益,达到利益分配均衡的目的,我们仍然选择对 ICP 追究过错责任,尽量对 ICP 作严格要求,以达到保护网络著作权的目的,这是法律唯一的选择。

　　ISP 在美国,被称作书商。由于 ISP 对网络著作权的实现提供重要的传输技术设备,因此 ISP 的利益也与 ICP 和用户密切相关。在追究 ISP 的侵权责任问题上,学者们有几种观点。一种观点认为对中介商实行严格的过错责任不宜。因为注意义务主要由 ICP 来行使;第二种观点认为可要求其与 ICP 承担共同侵权责任。因为注意义务是 ICP 和 ISP 共同应承担的职责;第三种观点认为承担替代责任。即在 ISP 提供的服务器上发现了侵权作为,追究 ISP 的责任时,ISP 是充当侵权责任人的角色而不是加害人。所以最终责任落定到加害人身上。第四种观点认为应免除责任。因为侵权责任如前所述主要由 ICP 承担,注意义务的关口也主要由 ICP 来把握。ISP 提供服务器作为中介服务,所以不宜对 ISP 要求太严,以利用保护 ISP 的发展。笔者认为对 ISP 这种较特殊的网站中介服务商,主要应对其传输服务负责。传输服务许多情况下对 ICP 的侵权行为不勘察,无非与 ICP 有共同的侵权故意。假如前一种情况,对 ISP 追究侵权责任,有失公平;假如后一种情况,不追究侵权责任则更不行。因此对 ISP 的侵权责任的追究,应具体情况具体分析。这种前提下比较适合的就只剩下过错推定原则了。过错推定原则要求的举证责任倒置。一旦侵权发生,则主要追究的是 ICP 的责任,如何确定 ICP 和 ISP 有共同故意,取证上相当困难。但某些情况下 ISP 侵权行为十分明显,而 ISP 却装作不知,这很显然 ISP 有侵权的故意了。一些侵权行为不明显的情况,实践中操作难度大,如何把握,有赖于立法加以规范。

用户的侵权责任主要是指擅自上载他人作品的侵权行为而应承担的责任,这种侵权行为很明显是用户的故意才能完成。因此,对用户这种侵权行为应采取过错原则。立法应规定 ICP 保存上载人的真实姓名,地址和其他联系信息(如单位),一旦发现用户侵权,便于直接取证。

五、网络著作权侵权案件管辖

网络著作权侵权纠纷的管辖是指侵权案件应由哪一地区哪一级法院立案审理,依照我国民事诉讼法的规定,有地域管辖、级别管辖、指定管辖、移送管辖,特别管辖等。实践中,网络著作权侵权纠纷案件除了运用这些管辖原则,仍然遇到一些特殊情况不便处理。我国法律也正在力图完善这一方面的规定。2003 年 12 月 31 日最高人民法院审判委员会第 1302 次会议《关于修改 < 最高人民法院关于审理涉及计算机网络著作权纠纷案件适用法律若干问题的解释 > 简称 < 解释 > 的决定》(修正)第一条规定:"网络著作权侵权纠纷案件由侵权行为地或被告住所地人民法院管辖。侵权行为地包括实施被诉侵权行为的网络服务器,计算机终端等设备所在地。对难以确定侵权行为地和被告住所地的,原告发现侵权内容的计算机终端等设备所在地可以视为侵权行为地。"在这一规定里,不好界定的是计算机终端和网络服务器的问题,计算机终端可以包括显示器、打印机,也可以包括一些远程终端,还有手提电脑、移动硬盘等。这些设备所在地游离不定,很难确定。关于服务器,也分为提供接入服务的服务器、提供上载空间的服务器。二者的所在地是不同的。因此笔者认为,以后立法应该细化这方面的规定,或在个案处理中,灵活应用,对有些侵权行为地的规定不要太死,以便法院审理时掌握。关于级别管辖,有同志认为以各中级法院管辖为妥。理由是,对网络著作权案件中证据认定技术要符合高科技的标准,这样才能更好地认定案件事实。只有中级法院具备这种技术条件。笔者认为,随着信息技术的普及和管理科学技术水平的提高,基层人民法院也完全可以具备这些条件,以后随着互联网技术的发展,侵权案件将日益增高,如都集中由中级以上人民法院管辖,恐怕中级法院会不能胜任。对于级别管辖,可仍然应用诉讼管辖的原则,以案件大小及涉及面来确定管辖级别。

网络技术的突飞猛进的发展,正在对传统的著作权法的保护原则提出新的挑战。因此,尽快制定和出台适合我国国情的网络著作权保护的法律,乃是法学界同仁值得共同探讨的问题,也是当务之急。

第四篇

公司的可转换债券发行最优决策模型

一、前言

因为转换权的存在使得可转换债券备受投资者青睐,一般来说,投资者认购可转换债券的初衷是可以在未来将可转换债券转换为公司股票。投资者是否实施转换取决于公司的经营状况:当公司经营不佳,股票价格下降时,投资者不会实施转换,当股票价格在一段连续时间内低于可转换债券转换价格时,投资者实施回售,否则投资者将会一直持有可转换债券至到期日;当公司经营业绩趋好时,股票价格上涨到满足投资者的转换条件时,投资者将实施转换,当股票价格连续高于可转换债券转换价格达到一定幅度时,企业会实施赎回.

我国大多数学者认为由于可转换债券是一种可向股权转变的债权资本,其发行必须以所有可转换债券转换为股权之后,企业资本结构达到最优为目标。为了保证可转换债券全部或部分转换为股票之后企业资本结构最优,在可转换债券的生命存续期间内,企业负债规模应超过其最优资本结构时的负债规模。可转换债券只有在企业未来经营状况良好的情况下才实施转换,由于企业经营状况的不确定性,可转换债券投资者未必会如期实施转换,这样,如果以所有可转换债券实施转股后企业资本结构达到最优为目标来发行可转换债券,在经营不利时企业债务负担势必很重,因此需要根据可转换债券投资者将来的行为来制定可转换债券融资资本结构。

二、三种期权实施的条件

转换权、赎回权和回售权的实施与发行公司的股票价格有关.股票价格上升到投资者的转换价值高于可转换债券价值达到一定幅度时,可转换债券投资者实施转换权;当股票价格上升到高于可转换债券转换价格某一个幅度达到一段时间后,企业实施赎回权;如果股票价格持续低于可转换债券转换价格某一幅度后,投资者实施回售权。

为了描述三种期权实施的条件和时间,需要先确定企业股票的价格,假设股票的价格服从几何布朗运动,则有

$$dP_{S,t} = P_{S,t}\mu dt + P_{S,t}\sigma dz \tag{1}$$

其中 z 为标准维纳过程, μ 为股票瞬时收益率, σ 为瞬时收益标准差。

首先利用股票价格来描述投资者实施转换权的条件。可转换债券投资者具有一定的风险偏好,在实施转换时要求一定的转换溢价,即转换价值高于可转换债券价值的数值等于转换溢价时投资者实施转换。由于转换溢价的不同可以将投资者分为三类,对于每一类投资者来说其要求的转换溢价是一个模糊变量,无法直接进行比较,需要对模糊变量进行度量,这里采用模糊变量的乐观值对模糊变量进行度量。投资者的模糊风险偏好为,其乐观值表示为 $\eta^{U}(\alpha)$,可转换债券的转换价值用每份可转换债券所能转换的股票数量乘以普通股的当前价格来表示,即 $V_c = nP_{S,t}$, n 为可转换债券的转换比率,投资者的转换条件可以表示为

$$V_c - V_{CB} = \eta^{U}(\alpha) \tag{2}$$

将转换价值的计算公式代入上式整理可得

$$P_{S,t} = \frac{\eta^{U}(\alpha) + V_{CB}}{n} \tag{3}$$

表明当股票价格满足(3)时,投资者实施转换权。

当股票价值继续升高到满足发行企业的赎回条件时,企业将实施赎回。企业的赎回条件是股票价格在一段时间内连续高于可转换债券的转换价格一定幅度,这里为了计算方便,将赎回条件定为股票价格达到或超过转换价格的120%并在该价格水平上维持一个月。可转换债券的转换价格为面值与转换比例的比值,表示为 $P_{cs} = \dfrac{W}{n}$,则

$$P_{S,t} = 120\% \frac{W}{n} \tag{4}$$

将股票价格满足式(4)的最后时间记为,则有

$$h_2 = \sup\left\{ s \le t : P_{S,t} = 120\% \frac{W}{n} \right\} \tag{5}$$

股票价格超过转换价格的120%并在该价格水平上维持的时间超过一个月时企业实施赎回,则企业实施赎回的时刻为:

$$\inf\left\{t\geq0:(t-h_2)\geq30,P_{S,t}\geq120\%\frac{W}{n}\right\} \tag{6}$$

在满足以上赎回条件的基础上,为了使企业实施赎回时投资者能够实施转换,还要考虑到实施赎回的股票价格约束,设股票在赎回期内下降,那么在考虑可转换债券投资者要求的转换溢价基础上,可以得到:

$$P_{S,t}=\frac{P_c+\eta^U(\alpha)}{n}+\varsigma \tag{7}$$

投资者实施回售的条件是股票的价格在一段时间内连续低于可转换债券的转换价格一定幅度,同样,为了计算方便,我们将回售条件定为股票价格等于或低于转换价格的80%,并在该价格水平上维持一个月. 则投资者回售时的股票价格满足

$$P_{S,t}=80\%\frac{W}{t} \tag{8}$$

将股票价格满足上式的最后时间为,有

$$h_1=\sup\left\{s\leq t:P_{S,t}=80\%\frac{W}{n}\right\} \tag{9}$$

股票价格低于转换价格的80%并在该价格水平上维持的时间超过一个月时投资者实施回售,则投资者实施回售的时刻为:

$$\inf\left\{t\geq0:(t-h_1)\geq30,P_{S,t}\leq80\%\frac{W}{n}\right\} \tag{10}$$

以上三种期权实施的条件:当股票的价格满足 $P_{S,t}\geq\dfrac{\eta^U(\alpha)+V_{CB}}{n}$,投资者实施转换;当股票价格满足 $P_{S,t}\geq\dfrac{P_c+\eta^U(\alpha)}{n}+\varsigma$,且赎回时刻 $\inf$ $\left\{t\geq0:(t-h_2)\geq30,P_{S,t}\geq120\%\dfrac{W}{n}\right\}$到达时,企业实施赎回权;当股票价格满足 $P_{S,t}=80\%\dfrac{W}{n}$,且回售时刻 $\inf\left\{t\geq0:(t-h_1)\geq30,P_{S,t}\leq80\%\dfrac{W}{n}\right\}$到达时,投资者实施回售权;在其他情况下,投资者持有可转换债券。

三、可转换债券数量

对于可转换债券来说,将来的终结方式有四种:一是股票价格上升到满足转换条件,投资者自愿将可转换债券转换未公司股票;二是企业实施赎回,此种情况必是发生在投资者的转换条件满足后已经有一部分投资者实施了自愿转换,可转换债券最终的结果不是被赎回就是转化为公司股票;三是投资者的回售条件满

足,则此时可转换债券的最终结果是被回售;第四种终结方式为,企业的转换条件和投资者的回售条件都不满足,可转换债券的最终结果是在到期日被企业买回.

对于第一种情况,可转换债券被转换为公司股票,由于投资者被分为三类,但对于制定融资决策的企业来说,可以将低风险厌恶者的转换条件满足时作为投资者实施自愿转换的起始时间,将企业实施赎回作为自愿转换的停止时间。首先是低风险厌恶者实施转换,其次是中风险厌恶者实施转换,最后是高风险厌恶者实施转换,三类投资者的转换行为是连续进行的,因此可以将投资者实施转换的可转换债券的数量记为 $N_1(t)$,$N_1(t)$ 为服从参数为 $\lambda_1 t$ 的泊松分布。为了计算简便,以月为单位计算投资者自愿转换的时间. 将投资者自愿实施转换的开始时间记做 h_3,则 $h_3 = \sup\left\{s \leq t : P_{S,t} = \dfrac{E(\eta) + V_{CB}}{n}\right\}$,投资者自愿转换的截止时间为企业赎回条件满足的时间 h_2,则 $h_2 = \sup\left\{s \leq t : P_{S,t} = 120\%\dfrac{W}{n}\right\}$. 在 $h_3 \leq t \leq (h_2 + 1)$ 的时间内,可转换债券每个月的减少量为 $N_1(t)$。

对于第二种情况,可转换债券最终以企业赎回的方式终结,投资者选择让企业赎回可转换债券还是将可转换债券转换为股票。对于制定可转换债券融资决策的企业来说,可以通过预测投资者实施转换的可能性来决定企业实施赎回时可转换债券被转换为股票的数量。如果企业决策者认为当赎回实施的情况下投资者以 p_3 的可能性将可转换债券转换为股票,则选择被企业赎回的可能性为 $1 - p_3$。但无论投资者选择被赎回还是选择转股,可转换债券减少的数量为赎回实施情况下剩余的所有可转换债券的数量。

第三种情况下,可转换债券最终以投资者回售的方式被偿还。在此种情况下,投资者的转换条件满足不满足,投资者不实施转换,可转换债券的数量不变,直到投资者的回售条件满足后,投资者将手中剩余的可转换债券全部以回售价格卖给股东,可转换债券减少的数量为剩余可转换债券数量。

第四种情况下,可转换债券最终在到期日被企业买回。此种情况下,投资者的转换条件、赎回条件和回售条件都不满足,可转换债券投资者将可转换债券持有到到期日,可转换债券的数量不会减少。

无论在那种情况下,可转换债券的数量都发生变化。综合以上四种情况,可以用股票价格来表示可转换债券的数量变化。设在自愿转换的情况下投资者实施转换的可转换债券数值为 $N_1(t)$,其为服从参数为 $\lambda_1 t$ 的泊松分布,可转换债券发行后的月份用 t 来表示,$t \in \{1,2,\cdots,12N\}$,设可转换债券的发行总量为 Q,则第

个月的可转换债券减少的数量为 $Q_{1,t}$. 则有

$$
Q_{1,t} = \begin{cases} N_1(t), & \dfrac{\eta^U(\alpha) + V_{CB}}{n} \le P_{S,t} \le \dfrac{P_C + \eta^U(\alpha)}{n} + \varsigma \\[2mm] 0, & 80\% \dfrac{W}{n} < P_{S,t} < \dfrac{\eta^U(\alpha) + V_{CB}}{n} \\[2mm] Q - \sum\limits_{i=1}^{t} N_1(i), & 其它 \end{cases} \tag{11}
$$

四、融资决策模型

由于转换期权、赎回期权和回售期权的存在与实施对可转换债券的数量有很大的影响,为了使企业在发行可转换债券以后能够可持续发展,企业管理层采取保守策略,在制定可转换债券融资决策时设定以下假设条件;

(1)无论是转换期权、赎回期权还是回售期权,只要实施条件一满足,期权就会被实施。

(2)当企业实施赎回期权时,投资者均采取被赎回的策略。

(3)投资者实施回售的期限为可转换债券发行的最后两年,当回售条件满足时,所有投资者立即将手中所持有的可转换债券实施回售。

(4)在投资者的转换条件满足而企业的赎回条件不满足时,第 m 个月投资者实施转换的可转换债券的数量为 $N_1(m)$,$N_1(m)$ 为服从参数为 $\lambda_1(m)$ 的泊松分布。

企业通过发行可转换债券和股票来筹措资金,总融资额 C 为可转换债券发行额 CB 和股票发行额 S 的总和,记为 $C = CB + S$,则可转换债券发行所占比例为 $\delta_0 = CB/C$,股票发行所占比例 $\delta_0 1 - \delta_0$ 为. 设企业第 t 年单位资本投资收益率 ξ_t 为随机变量,且 ξ_t 独立同分布,其中 $t = 1, 2, \cdots, T$,公司税为 T_C,破产清算后债权人所得价值比例为 l. 可转换债券到期年限为 T 年,可转换债券的转换期限为发行后 6 个月开始至可转换债券到期日,企业实施赎回的期限与转换期限相同. 可转换债券的票面价值为,每月计息一次,每年支付一次,第 1 年的利率为 b,以后逐年增长 β,则第七年可转换债券资本成本 R_t 为

$$ R_t = b + (t - 1)\beta \tag{12} $$

可转换债券投资者未来行为的不确定性使得可转换债券的数量不断变化,因此导致企业的融资资本结构也处在不断变化的过程当中。可转换债券的转换期限为发行后 6 个月开始至可转换债券到期日,可转换债券的发行数量为可转换债券融资总额与可转换债券面值之比,可以表示为 $\dfrac{C\delta_0}{W}$,第 m 个月可转换债券剩余的

数量为发行总量扣除掉被转换、被回售以及被赎回的可转换债券数量,记为 $Q_{2,m}$,则有

$$Q_{2,m} = \begin{cases} \dfrac{C\delta_0}{W} - \sum_{i=1}^{m} N_1(i), \dfrac{\eta^U(\alpha) + V_{CB}}{n} \le P_{S,t} \le \dfrac{P_C + \eta^U(\alpha)}{n} + \varsigma \\ \dfrac{C\delta_0}{W}, 0, 80\% \dfrac{W}{n} < P_{S,m} < \dfrac{\eta^U(\alpha) + V_{CB}}{n} \\ 0, 其他 \end{cases} \quad (13)$$

转换权的存在使得可转换债券投资者在转换期限内将债券转换为股票,则企业的可转换债券数量减少,股票的数量增多,此时企业的融资资本结构得到自然优化,负债比率不断缩减. 当然,企业赎回权的实施以及投资者回售权的实施同样也能使可转换债券的数量减少,而且减少的数量为所有剩余尚未转股的可转换债券的总量,同样降低了企业的负债率,因此在可转换债券发行后的第 m 个月企业的融资资本结构为 $\dfrac{WQ_{2,m}}{C}$,由于可转换债券的数量减少是个渐进的过程,可转换债券的数量每个月都在减少,因此企业每个月的融资资本结构都在改变,第 t 年企业的融资资本结构 δ_t 可以用该年 12 个月的平均资本结构来表示

$$\delta_t = \frac{1}{12} \sum_{i=12t-11}^{12t} \frac{WQ_{2,i}}{C} \quad (14)$$

企业的融资资本成本和资本结构有关,其第 t 年融资资本成本用表示 $K_{\alpha,t}$,该融资资本成本是股票融资资本成本和可转换债券融资资本成本的加权平均,其中资本结构为第 t 年的平均资本结构,则第 t 年融资资本成本为

$$K_{\alpha,t} = \delta_t R_t (1 - T_C) + (1 - \delta_t) K_{S,t}, \quad (5-2-15)$$

其中 T_C 为企业所要交纳的公司所得税税率,R_t 为第 t 年可转换债券融资资本成本,δ_t 为第 t 年的平均资本结构,$K_{S,t}$ 为权益融资资本成本.

对于利用可转换债券融资的企业来说,企业不仅要每年根据合同规定对其支付利息,而且企业赎回权的实施以及投资者回售权的实施同样需要企业进行支付,企业实施赎回时需要支付赎回成本,即赎回价格 P_c 与企业在第 m 个月实施赎回时所赎回的可转换债券数量 $Q_{c,m}$ 的乘积,表示为 $P_c Q_{c,m}$。投资者实施回售是以一定价格将可转换债券卖给发行公司,回售价格为 P_h,投资者在第 m 个月实施回售时所回售的可转换债券数量为 $Q_{h,m}$,则投资者实施回售时企业需要支付金额为 $P_h Q_{h,m}$。由于引起可转换债券数量变化的原因只有三个:被转换成公司股票、被企业赎回以及被投资者回售给企业,当企业实施赎回或者是投资者实施回售时,

可转换债券减少的数量为当时的剩余数量,假设在企业实施赎回或是投资者实施回售之前投资者实施过转换,因此在第 m 个月企业实施赎回的可转换债券数量 $Q_{h,m}$ 或是投资者实施回售的可转换债券数量 $Q_{h,m}$ 为第 m 个月剩余的可转换债券数量 $\dfrac{C\delta_0}{W} - \sum_{i=1}^{m} N_1(i)$。

利用可转换债券融资的企业,在可转换债券没有转换为公司股票之前需要对债权人支付一定的利息。由于可转换债券的数量不断变化,因而企业需要支付的利息也在不断变化。由于可转换债券的利息是每月计息一次,因此在计算可转换债券的月利息时需要将可转换债券的年利率转换为月利率,根据连续利率和年利率转换公式可得可转换债券的月利率为 $(e^{\frac{1}{12}R_t} - 1)$,则第 m 月企业所需支付给债权人的利息为剩余尚未转股的可转换债券的总利息 $WQ_{2,m}(e^{\frac{1}{12}R_t} - 1)$。则在第 t 年企业支付给债权人的利息为全年 12 个月利息支付的总和,由此可以得到第 t 年的总利息支付 A_t 为

$$A_t = W\sum_{i=12t-11}^{12t} Q_{2,i}(e^{\frac{1}{12}R_t} - 1) = CH_t \tag{16}$$

其中 H_t 为第 t 年企业的累积利息率,$H_t = W\sum_{i=12t-11}^{12t} \dfrac{Q_{2,i}}{C}(e^{\frac{1}{12}R_t} - 1)$。

无论是利息、赎回成本还是回售成本,企业都需要对投资者进行支付。当回售和赎回均不发生时,企业只需要支付利息,但是如果回售或者是赎回发生,企业在考虑利息支付的同时还要考虑回售成本或者赎回成本,则第 t 年企业支付的资金总额 Y 为

$$Y = A_t + B_1 P_c Q_{c,m} + b_2 P_h Q_{h,m} \tag{17}$$

其中 b_1 和 b_2 的取值为 0 或 1,当 $b_1 = 1$ 时表示企业实施赎回,$b_1 = 0$ 是企业不实施赎回,当 $b_2 = 1$ 时表示投资者实施回售,$b_2 = 0$ 时表示投资者不实施回售,由于赎回和回售不可能同时发生,因此需要满足 $b_1 b_2 = 0$。

由于企业未来经营存在很大的不确定性,如果企业资金不足以支付时,企业将被破产清算。企业破产存在一定的可能性,企业的破产概率可以用第 t 年企业的投资收益低于该年所需支付的资金总额的概率来表示,则第 t 年企业破产的概率为

$$p_t = Pr(C\xi_t < Y) = Pr\left(\xi_t < \frac{Y}{C}\right) = \int_{-\infty}^{\frac{Y}{C}} \phi(x)dx \tag{18}$$

其中 ξ_t 为企业的单位资本投资收益率,$\phi(\cdot)$ 为 ξ_t 的分布密度函数。

企业未来收益为融资总额与单位资本投资收益率的乘积,虽然单位资本投资收益率具有很大的随机性,但必存在某一特定值 ξ_t^* 使得 $C\xi_t^* = Y$,即企业的收益

刚好够用来支付债权人,可以求得 $\xi_t^* = \dfrac{Y}{C}$。

当然,企业第 t 年的收益 $C\xi_t$ 也可能低于企业支付给债权人的资金总额 Y,即存在 $C\xi_t < Y$,此时企业的收益不足以支付投资者时,企业将被破产清算,即当单位资本投资收益 ξ_t 率满足不等式 $\xi_t < \dfrac{Y}{C}$ 时企业被实施破产清算。

当然,企业第 tt 年的收益 $C\xi_t$ 也可能高于企业支付给债权人的资金总额 Y,即存在 $C\xi_t > Y$,此时企业不会破产。由 $C\xi_t > Y$ 可以推导出当单位资本投资收益率 ξ_t 满足不等式 $\xi_t > \dfrac{Y}{C}$ 时,企业可以向着更好的方向发展。

企业的未来收益首先用于支付可转换债券投资者,剩余的部分才在股东之间进行分配. 若第 t 年企业未来的收益满足 $C\xi_t < Y$,即企业被破产清算时,企业首先要支付破产成本,破产成本从企业的未来收益中扣除,债权人只能得到企业未来收益的 l 部分,而股东则一无所得. 因此破产发生时债券的价值为 $lc\xi_t$,股票的价值为 0。

若第 t 年企业经营状况良好,未来收益满足 $C\xi_t > Y$,在支付债权人之后企业的剩余收益全部分配给股东. 则债权人的收益为所得到的利息 A_t,股东的收益为企业支付完债权人和税收以后的剩余收益 $(C\xi_t - Y)(1 - T_C)$. 因此企业经营状况良好时债券的价值为 A_t,股票的价值为 $(C\xi_t - Y)(1 - T_C)$。

第七年企业的价值 V_t 为第 t 年债券的价值和股票价值之和,由于破产可能性的存在,第 t 年企业的价值 V_t 可以表示为

$$V_t = \begin{cases} A_t + (C\xi_t - Y)(1 - T_C), \xi_t \ge \dfrac{Y}{C} \\ lC\xi_t, \xi_t < \dfrac{Y}{C} \end{cases} \tag{19}$$

由于 ξ_t 为随机变量,企业的价值需要用期望值来表示,则第 t 年企业的期望价值为

$$E[V_t] = \int_{-\infty}^{\frac{Y}{C}} lcx\phi(x)\,dx + \int_{\frac{Y}{C}}^{+\infty} [A_t + (Cx - Y)(1 - T_C)]\phi(x)\,dx \tag{20}$$

将未来几年的企业期望价值折现到企业进行融资决策的时刻,则企业期望价值的折现现值总和为

$$f(K_S, \delta_0) = \sum_{t=1}^{T} \frac{E[V_t]}{(1 + K_{a,t})^t} \tag{21}$$

可转换债券的融资决策模型为

$$\max_{K_S,\delta_0} f\left(K_S,\delta_0\right)$$

$$S.t.\begin{cases} r < K_S < 1 \\ 0 \le \delta_0 \le 1 \end{cases} \tag{22}$$

五、算例

某公司获得一投资机会,需要融资 1 亿元,公司打算通过发行可转换债券和股票两种形式筹集资金。预计未来单位资本投资收益率服从正态分布 $N(0.04, 0.018)$,公司税率为,我国现阶段居民 5 年期定期储蓄利率为,破产清算后债权人所得比例为 0.6。可转换债券的票面值为 1000 元,转换比例为,发行第一年的可转债利率为 0.02,每年的利率增长 0.002,到期年限为 5 年。企业的回售期限为最后两年,回售价格为 1040 元。在可转换债券发行 6 个月后投资者才可以实施转换权,设企业预测的投资者要求的转换溢价为 6。在企业的赎回条件满足后,企业实施赎回,投资者将剩余的全部可转换债券进行转换,企业第一年的赎回价格为 1100 元,以后赎回价格逐年下降,下降额度为 20 元,并假设在企业实施赎回的公告期内股票价格将下降 8 元。股票的初始价格为 70 元每股,股票的价格变化服从几何布朗运动,股票价格在的期望收益率为 0.01,收益率的标准差为 0.08。

利用基于随机模拟的遗传算法对可转换债券发行范围进行求解,迭代次数为 10000 次,求得的可转换债券融资资本结构为 0.7735。

六、结论

企业的经营状况影响了可转换债券的未来结果,而可转换债券可能的结果影响到企业的融资决策,进而影响到企业未来的经营状况,因此对于利用可转换债券融资的企业来说,对可转换债券未来结果进行预测将是很重要的。转换权、赎回权和回售权的实施具有一定的条件,实施条件与股票价格有关。通过对将来股票价格的变动情况进行预测,在满足各个条件的情况下,三种期权的实施将影响到可转换债券的数量,在股票价格不同变化情况下可以得到剩余可转换债券的数量。可转换债券剩余的数量将影响到企业的融资资本结构。可转换债券剩余的数量越多,企业需要支付的利息越多,则企业破产的风险越大,在保证企业不破产的情况下,以发行企业的价值最大化为目标,得到可转换债券的融资决策模型。

作者发表于《系统工程》2011 年第 5 期

第五篇

网络著作权的几个法律问题

尽管网络著作权问题完全可参照我国《民法通则》和《著作权法》来解决,但在实践中,网络著作权由于有着诸多的特殊点,运用这些法律已显得远远不够。

一、权利主体的法律地位问题

网络内容提供商(ICP)的主要业务范围和权利是向互联网提供信息。ICP既可以下载其他网页的信息,上传至自己的主页,将作品数字化后,充实自己的网页,又将其上传到网上的某个服务器供用户访问。ICP还可以直接将原始作品上传进行传播。无论哪种方式,都必须经版权人同意并对其支付报酬。ICP的权利有,有权许可或者禁止他人使用其制作的作品网页设计,享有许可他人复制、下载,通过信息网络向公众传播并获得报酬的权利,享有许可他人以电子商务、定点即时复制等方式提供其作品复制件的权利。其中尤其网页设计权应受到法律的保护,有人把网页设计比同书刊的装饰设计是有道理的,它也应作为著作权保护的范畴。

网络服务供应商(ISP)提供共服务器,一方面供用户上网浏览,另一方面向电子布告栏系统发送信息。由此看来,ISP是ICP和用户之间起到一个中介和桥梁的作用。ISP一般不直接接触作品,其所面对的是大量的ISP和一般用户,由于其只提供网张连接基础设施,由民法原理分析,其似乎应不具有作品著作权及相关权益。但ISP与传统的中介商不同的区别是,ISP按固定费率向服务接收者收取报酬,这与传统的中介服务有所区别,这种服务源于网络著作权的行使。二是它本身在进行中介服务时,应尽至义务,即尽量注意ISP提供的网上作品是否侵权。并有权对其进行适当的检查,如发现有侵权行为,则应迅速删除被指称的侵权作品或取消用户对作品的访问。因此,ISP构成网络信息系统中密不可分的一个重要程序和环节,积极参与了网络著作权实现的全部活动。因此,这里仍把它视为网络著作权的主体。

用户是指享受 ICP 和 ISP 提供的网络服务浏览下载、复制网络作品,供自己观赏、使用或为他人观赏、使用的人。用户有权下载或浏览 ISP 提供的网页上的全部服务项目,ICP 和 ISP 不得对其实行差别歧视。同时用户也有义务在使用、观赏他人网络作品时,不得侵犯他人的网络著作权。如擅自上载他人作品。网络著作权人有权上载自己的作品,并通过与 ICP 签订合同以确定其许可范围,并获得报酬。网络著作权人最核心的问题是作品署名问题,许可著作权人都是在网上用的笔名或化名。这一点我国著作权法第 11 条第 3 款作了规定,如无相应证明,在作品上署名的公民、法人或者单位为作者。有的作者通过自己的主页上载自己的作品,这招很容易确定网络作品原作者的身份,但如有作者通过电子邮件形式直接向网站投,既无密码也无账号,实践中很难确定原著作权人的真伪,为论文侵权行为留下了空间。电子邮件,是一种数字化的信件,易被篡改和伪造,实难作为原始依据。因此,一旦侵权纠纷发生,电子邮件又不能作为原始证据加以确定,影响了案件的审理,极不利于保护被侵权人的利益。必须立法加以解决。

二、网络著作权的合理使用制度

我国著作权法第 22 条规定了作品的合理使用制度,是指可不经著作权人许可而使用已发表的作品,无须付费,但应指明作者姓名,作品出处,并不得侵犯著作权人享有的其他权利。传统的网上可以合理使用的作品除传统的著作法规定的种类外,立法还应增加适合网络作品的一些新规定。例如个人浏览时在硬盘或 PAM 中的复制,用脱线浏览器下载,下载后为阅读的打印,网站定期制作的备份,远距离图书馆网络服务,服务器间传输所产生的复制,网络咖啡厅浏览等。在电子布告栏(BBS)上发表的作品,是作者为自己的作品更广泛传播而设置的。在这种情形下,其他人将 BBS 上的作品表现在其他 BBS 上的行为应视为合理使用。如在粘贴过程中没有尊重原作品,将其或作者署名加以修改,就是侵权行为。在网络作品合理使用问题上,立法目的由著作权法规定得很清楚,与传统作品合理使用的一样,为个人欣赏或研究,但如将这些可以合理使用的作品擅自下载复制并出售、赢利,就超出了合理使用应界定为侵权行为了。

三、侵权责任归责问题

依出版社合理、侵权归查,主要有过错原则,无过错原则,推定过错原则。适用到网络著作权的侵权上,作者认为对于 ICP,适用过错原则为宜,对 ISP 适用推定过错原则为宜,对于用户则一律定行过错原则为宜．ICP在欧美国家被称作出版者,并应承担严格责任。在我国,由于对于出版商,要求其承担过错责任,因此,以此可以认定ICP承担过错责任。目前的法律依据是《民法通则》第206条:"公民、法人由于过错侵害国家的、集体的财产,侵害他人财产、人身的应承担民事责任。"ICP的过错应主要是在上载网络作品时,没有尽到注意的义务。所谓注意义务是指ICP在上载和向公众传播网络作品时,应注意审查作品是否是侵权作品?因此,严格的审查是ICP的主要职责。但实践中,有人认为版权人要追究ICP的失职行为很困难,因为网络信息太容易被修改和删除。一旦版权人发现ICP的侵权行为,并对其追究时,ICP即有可能立即毁灭相关侵权证据而不留任何痕迹。再次,如对ICP的注意义务要求太严格,则极大地挫伤ICP的积极性,因为ICP要对浩如烟海的网络作品一一加以审查和注意,无疑是一件极难的事情,这样有可能不利于ICP的发展,影响了社会的进步。但尽管如此,为保护版权人的利益,达到利益分配均衡的目的,我们仍然选择对忙ICP?追究过错责任。尽量对ICP作严格要求,以达到保护网络著作权的目的,是法律唯一的选择。

ISP在美国,被称作书商。由于ISP对网络著作权的客观提供重要的传输技术设备,因此ISP的利益也与ICP和用户密切相关。如何既要保护ISP的发展,又要追究ISP的侵权责任,学者们有几种观点,一种观点认为对中介规定严格的过错责任不宜,因为注意义务主要由ICP来行使;第二种观点认为可要求其与ICP承担共同侵权责任,因为注意义务是ICP和ISP共同应承担的职责;第三种观点认为承担替代责任。即在ISP提供的服务上发现了侵权作为追究ISP的责任时,ISP是应担当侵权责任人的角色而不是加害人。所以最终责任落定到加害人身上。第四种观点认为应免除责任。因为侵权责任如前所述主要由ICP承担,注意义务的关口也主要由ICP来把握,ISP是提供服务器作为中介服务,所以不宜对ISP要求太严,以利于保护ISP的发展。作者认为对ISP这种较特殊的网站中介服务商,主要应对其传输服务负责,传输服务在许多情况下,对ICP的侵权行为不易察觉。除非与ICP有共同的侵权故意,假如前一种情况,对ISP追究侵权责任,有失公平,假如后一种情况,不追究侵权责任则更不行,因此对ISP的侵权责任的追究,.应具体情况具体分析,这种前提下的原则比较适合的就只剩下过错推定原则了。过错推定原则要求的责任倒置,一旦侵权发生,则主要追究的是ICP的责任,如果确定ICP和ISP有共同,确定上又相当困难,但基本情况下ISP侵权行为十分明显,而ISP却装作不知,这很显然ISP与ICP有侵权的共同故意。一些侵权行为不明显的情况,实践探作难度极大,如何把握,有赖于立法加以规范。

　　用户的侵权责任主要指擅自上载他人作品的侵权行为而应承担的责任,这种侵权行为很明显是用户的故意才能实现。因此,对用户这种侵权行为自然应采取过错原则。要追究用户的侵权责任,立法应把 ICP 关于上载人的真实姓名、地址和其他信息(如单位)等进行确认和保存的作出规定,一旦发现用户侵权,便于直接取证。

发表于《江西行政学院学报》2009 年第二期

第四部分

04

刑法诉讼法

第一篇

我国刑事辩护制度急需改革

辩护制度是我国刑事诉讼中一项重要制度。辩护权是宪法和法律赋予被告人诸多诉讼权利中极为重要的权利。目前我国辩护制度存在的问题,可归为两句话:第一,立法上不完善;第二,实行中困难大。辩护制度是窥测一个国家民主是否健全的窗口,在民主法制建设中更显其重要地位。在此,笔者想试着透过剖析一个国家民主政治、传统文化、司法价他取向,从较深层次探讨我围辩护制度问题的梗桔所在,从总体上而不是从枝节上探求我国刑事辩护制度改革的可行途径。

一、辩护制度概况

辩护制度最早产生于古希腊和罗马。仔细考察辩护制度的产生和发展,便可得知其与人们追求自由、人权的政治主张和与一个国家的民主制度的紧密联系了。众所周知,古罗马是一个肯定个人权利的社会。随着私有制的迅速发展和国家权威的逐步提高,在罗马最早出现了"公法"与"私法"的划分,罗马国家权力相对独立于:财产权而存在,更加快了"私法"的发展。因此,在这种政治和法律制度下人们普遍关心自己合法权益,一旦遇到纠纷和诉讼,便愿花钱雇用懂法且善辩之士来帮助诉讼,律师辩护制度因此得以发展。古希腊较早地建立了奴隶制民主共和国,雅典的司法也带有朴素的民主色彩,实行辩论式诉讼制度。古罗马实行的也是民主共和政体,保卫公民的民主权利。辩护制度与民主政体息息相关,是司法专横的对立物,虽然它在不同社会民主政体下有不同的阶级属性和本质内容,但它体现了人类社会陇主制度的发展进裎。一个国家,民主制度越发达,则辩护制度越发达。^

当今世界,两大法系国家律师制度都比较发达。越是律师制度发达的国家,越注重个人权利、利益和自由的保护。表现在诉讼中便是被告人享有广泛的诉讼权利,法律为辩护权和律师辩护制度提供切实保障。如英国刑事诉讼采取辩论制,法官只负责主持法庭辩论,被告方与起诉方处于平等对立地位,且实行无罪推定和有利被告原则。美国在诉讼中实行证据排除原则,对于非法进行搜查、没收的证据,不予采证。"忠于雇主"是美国律师奉行的信条,谁肯花钱就为谁办事。因而律师千方百计为被告人进行辩护。在法国,律师卒有独特辩护权,在诉讼中为被告人提供法律服务和进行辩护时享有独立地位。被告人可以从侦查开始便延请律师协助。原联邦德国在刑事诉讼中实行选任辩护和强制辩护双轨制、日本律师制度具有两大法系色彩。前苏联律师制度是社会主义性质的律师制度,在刑事诉讼中实行无罪推定原则,内心确信原则和审判公开原则。辩护人在"从向刑事被告人宣告侦察终结并将案件的全部进行情况提供给刑事被告人了解的时候起可参加诉讼。律师有为出事人保守秘密的义务,律师接受辩护后不得被作为证人加以询问。

我国辩护制度是在建立全国政权,废除国民党旧律师制度以后,随着社会主义经济和法制建设的发展而逐步产生和发展的。由于我国社会主义民主建设的曲折发展,我国律师辩护制度也经历了坎坷不平的旅程。党的十一届三中金会以后,随着社会主义民主法制的逐步健全,我国律师辩护制块走上了重建和发展的道路。并在维护社会主义民主和法制,保护人民和打击犯罪中,取得了显著成绩。

二、我国辩护制度存在的问题及思考

虽然我国辩护制度自新中国成立以来得到很大发展,取得了显著成绩。但我国辩护制度却存在不少问题。直至现在,许多人对辩护制度和律师工作仍不理解或抱怀疑态,把律师辩护说成是"为罪犯开脱罪责","与公、检、法唱对台戏";辩护律师的诉讼权利得不到保障,律师遭到指责、受辱骂,被轰出法庭的事件常有所闻;我国律师数量严重不足;由于控、辩双方在法庭上实际地位不平等,律师辩护的正确意见难以被法庭采纳,收不到应有的辩护效果,律师不愿参加刑事辩护;被告人不信任律师,怀疑律师能否维护自己的合法权益;律师参与诉讼也只在审判阶段,但短短的几天时间,要求律师既能熟悉案件、调查核实证据,又能拟好辩护词,为辩护作充分思想准备,使律师常常心有余而力不足;我国审判制度上的问题如先判后审、上定下判等也使律师辩护流于形式,严重挫伤了律师的积极性;即使在判决生效后的执行阶段,犯罪人的申诉也几乎无济于事。诸此种种,充分显露我国辩护制度极不完善,急需改革。

辩护制度是一个国家民主制度的一个窗口,我围辩护制度为何问题成堆,这不得不从较深的层次去寻找一下原因。我想这个问题可以从两个角度来思考:一是从司法的价值取向的角度;二是从中国文化传统和当今民主政治的角度来思考。

刑事司法制度比任何其他制度都更多地涉及使用政府权力和权威来强制与控制个人的行为。在刑事司法活动中,如何既保证社会安全又保障公民的自由和权利,司法活动中社会利益与公民个人利益如何协调,这些问题国外的社会科学家包括诉讼法学家极为重视,进行了许多有价值的研究刑事司法,可以说实质就是三种利益关系的取舍问题。即以社会安全和法律秩序的维护为内容的一般社会利益、作为追究对象进人刑事诉讼过程的刑事被告人的利益及受犯罪行为直接损害的被害人的利益。国家刑事司法活动所追求的基本目的是恢复被破坏的法律秩序,防止社会再次受到犯罪的侵扰,从而维护社会安全。所以这是三种利益关系中最重要的;其次,是被告的正当利益。追究被告人的刑事责任是整个刑事诉讼活动的中心任务,势必要对被告人进行某种形式的限制,限制他们行使某些人身、财产及政治权利,而且一旦证实被告人有罪,还须使被告承担应有的刑事责任。正是由于刑事司法活动以限制和剥夺被告人的一定权益为其条件和目的,防止对被告人利益的不当侵害,所以,保护被告人正当、合法的权益才成为刑事司法活动所必须注意的另一方面。第三,被害人是损害行为的直接承受者,是受到严重损害的个体,刑事司法自然要对其正当利益加以保护和恢复。

当今多数国家在刑事司法利益关系的处理上是三种利益兼顾。如历来主张个人价值至上的美国,由于面临刑事犯罪日益加剧的威胁加强了控制犯罪的司法措施。另一方面,一些历来强调社会利益:国家利益的社会主义国家又转向了强调被被告人利益的保护方面。如前苏联肯定无罪推定原则,在具体程序方面,进一步扩大了保护被告人的权利,加强了执法人员为保障这些权利所应承担的责任。如扩大辩护人诉讼活动范围并让辩护人诉讼时间提前。对疑罪、则主张疑罪从无、有利被告原则。

不同国家刑事司法价值取向上的差别反映了这些国家社会价值观念的卷异及文化差别,反映在政治上的选择是一个政策问题。我国刑事诉讼具有社会本位的特征,反映在辩护制度上则否认被告有"沉默权",作师辩护要"以事实为根据",案件介入较晚;不承认无罪推足;诉讼权利不平等,在诉讼中为维护被告人合法权益的律师,在辩护中如果自己的正确意见不被采纳,法律上无相应的制约要求复议或重新审理等等。我国刑事司法以社会安全为重心,在其制度的制定及执行上必须以控制犯罪率为标准。我国政法工作质量的好坏,均以犯罪率的上升和下降作为标准,而对错案的比率却极少见到。至于诉讼措施是否容易侵犯公民权利的问题,似乎也只是办案时强调一下,极少从制度上加以规定。刑事司法无疑应首先强调社会安全和社会秩序的保护,否则则使其失去存在的意义。但同时应当指出,就像我国的政治体制总的来说是很好的,但许多弊端需要改革一样,刑辦司法上的价值取向也应有所改革。在民主制度日益健全的新形势下,应更多强调个体利益的保护,这符合社会发展趋势,也才会使我国刑事司法制度本身更优越、更进步、更完善。

一个国家刑事司法价值取向问题上的差别,归根到底是这个国家社会价值观念的不同决定的。西方国家重视个人权利,民族心理和民族文化也自然与此紧密相连,反映在刑事司法上也重视个人权力和利益的保护。在中国传统政治文化中,有一种根深蒂固的倾向,就是"绝对的整体主义"。这是因为中国传统社会是宗法社会,它以宗法、血缘关系为纽带而组成。在这种社会中,人不是单个的独立的人而是宗法关系中的一员,负有无条件维系该社会群体关系的义务。传统的政治文化与道德意识以国和家族为本位,因此就会以社会群体的角度来审视个体,个体的发展,要求必须以群体的意志来制定。个体只能消极地适应群体而不是积极发展自己。这种封建宗法制度和传统文化反映在司法中则是知府知县是"父母官",是管理一个地方社会秩序和人民生活的"家主人"。老百姓犯罪受惩罚则如同老子打儿子,是天经地义的。更何况我国封建社会的纠问式诉讼常常使老百姓连儿子的地位都丧失了。由于这种传统文化的"驯化",中国的国民性格也随之成为一种追求"安全感","你好,我好,大家好",至于个人的权益有的时候可以放到次要的地位。为了这种心理平衡,人们通常能够忍受公共权益的干预。

社会主义新中国的诞生一扫封建王国对个人权益的粗暴践踏,人民才真正成了国家的主人。我国宪法和法律有力地保障了公民的权利和自由,这给每个公民实现其权利和自由创造了优越的条件。但不得不看到,脱胎于封建主义社会的新中围,社会主义制度仍有不健全之处,封建传统文化、封建意识仍对我国上层建筑各个领域有极大的影响,有时甚至是很深的影响。在改革以前的旧经济体制中,高度集中的经济制要求国家利益高于集体利益和个人利益,即所谓的"吃大锅饭",严重限制了集体和个人才干,能力的发挥。政治上,"权力过分集中"、"长官意志"等弊端严重阻碍了社会主义民主的发展进程。改革的浪潮正在毫不留情地洗涤这些旧的观念和制度,我国司法制度改革也正顺应历史潮流,迎头跟上。现在,我国的一般法学理论与诉讼法现论对个人权益益的保护确实重视不够。就"无罪推定"来说,虽然说起来主张"实事求是",但真正被告进入诉讼中,否定"无罪推定",必然会助长"有罪推定"。中国古代有"与其杀无辜,宁失不经"的思想,现代有"宁肯放过十个坏人,也不冤枉一个好人"的有利被告原则。我们对这些具有人道精神、民主意识的好的诉讼思想也没有很好注意吸收,在事实上造成被告权益保护不够。西方辩护制度比中国发展,是西方法律文化进步的一个体现。在建设我国法制现代化进程中,应既要发扬中国法律文化传统中的优势,也要大胆借鉴西方法律文化的"精华"。

三、对我国刑事辩护制度改革的一点建议

我国刑事辩护制度的改革,应首先转变司法价值观。个人权益保护在当今世界愈显其重要意义。改革和开放的新的历史时期为强化司法改革创造了良好的社会环境。转变观念,就是要树立与社会主义商品经济和民主政治相适应的价值观,消除封建宗法思想,注重个人权益保护,树立民主意识。应当说明,刑事司法活动中的个体权益在本质上也是一种社会利益。个人利益和社会利益的关系长期以来是被"左"的思想搞乱了的一个问题,不能老套在利益发生冲突时,先社会、后个人这样一个公式。刑事诉讼中的个体权益,是一种以个体形式表现的社会利益。这里,国家保护个体利益,绝不是限于某一特定的个人,而是计对进入或将进入刑事诉讼过程的任何个人即一般公民。它的实质和它的意义在于保护每一个公民不受国家权力的不当侵害。同时,转变观念,要求我们的国家官员真正从"父母官"、"家主人"的高台上走下来,真正成为人民的公仆。而这种民主结构也必须以法律来保障。现在行政诉讼法的颁布与实施,已在这方面大大迈进了一步。转变观念,还首先要求我们加强司法队伍建设,提高司法人员素质,更重要的是尽量吸收优秀人才充实到刑事司法系统。我国目前司法系统缺乏考核任用制度,尤其是对法官的考核任用制度。法院进人不能严格把关。特别是近几年法院时扩编过程中,由于缺乏考核任用标准,大批党政干部,转业军人涌人法院,造成审判质量低劣,冤假错案大量发生,严重损害了当办人的切身利益。应急需建立考核任用制度,提高司法队伍素质,提高办案质量。同时建立健全司法责任制,有步骤地保证司法改革的顺利进行。

其次,借鉴国外当事人主义,改造我国刑诉诉讼结构。当事人主义的特点是以公开的、民主的审判沽动为诉讼活动重心,公诉方和被告方在法庭上具有平等法律地位的当事人。控、辩双方较积极活跃,双方举证、交叉询问,以"辩"求"证"。法官一般作为公允的、不揽进双方斗争的旁观者来裁断案件。由于当事人主义提高了被告法律地位,随着民主进程的发展,职权主义向当事人主义的适度转化是一种典有普遍性的趋势。这方面日．本最为典型。目前意大利刑事诉讼

制度也正在朝引进英美当事人主义的方向发展。在我国,民事、经济案件的审判方现已采用或正欲采用当事人主义,那么刑事审判何不可以作些尝试?

第三,完善刑事诉讼法及有关法律关于辩护制度的规定。可在刑诉法中规定无罪推定原则、疑罪从无、有利被告原则;刑事被告人有沉默权,被告从立案到执行的任何阶段都可委托辩护人;律师介入诉讼时间应提前,最好在侦查阶段即允许其介入;扩大律师权利义务规定;律师可以为当事人保守秘密;控、辩双方在法庭上地位平等,律师有申请复议权,独立上诉权、审诉权及对死刑判决的监督权;切实保障公开审判原则的切实实施,革除先判后审、上定下判的陋习。还要修改和完善《律师法》,加强律师队伍建设。这些司法界同仁已研究不少,作者不再在此详诉。辩护制度的改革绝不是孤立的,它将随着我国经济体制,政治体制的改革及民主与法制建设的进程而不断地行进和深入,甚或可以由此而引起我国司法制度上的一场革命。但愿我国辩护制度改革早日捷报频传,让社会主义民主的光辉在祖国大地放出异彩。

作者发表于《当代律师》1991 年第 4 期

第二篇

未成年审判制度的历史考察

一、西方国家未成年被告审判制度溯源

美国创建了未成年被告审判制度的先河。它是世界上未成年犯罪率最高的国家。本世纪初,美国社会的暴力犯罪就曾引起人们的严重不安,美国政府不得不十分注重未成年人犯罪的防范工作。1809 年 7 月 1 日美国伊利诺伊州第 41 届议会通过了世界上第一部青年法规一 –《少年法庭法》。该法第一次对未成年人案件的管辖、少年法庭、少年法庭的审理程序、监护、对违法少年的处理、保护措施、教养和监管机构、收养、宗教选择以及少年法庭的权力等问题作了较详尽的规定。它的内容新颖、丰富、切合实际需要,因而在社会生活中起了极大的作用。同年 7 月 1 日美国伊利诺伊州的芝加哥设立了世界上第一个少年法庭。之后美国大多数州很快跟随伊利诺伊州都通过了创立了少年法庭管辖权的命令。美国少年法庭最初创建时就以与一般刑事法庭不同的姿态出现。独具自己的特征,如少年法庭收案权利的确定、少年法庭不确定刑期的判决。少年法庭判决后继续享有管辖权等。美国未成年被告审判体制的初创,为其他国家未成年被告审判体制的建立和发展起了推动作用。欧洲和亚洲许多国家都相继仿效这种少年法庭的内容和形式。曾颁布了少年法并建立了少年法庭或少年法院。1908 年德国柏林建立了少年法院,1923 年制定了青少年刑法。1912 年法国建立了青少年法院。并颁布了青少年保护保察法(1945 年改为少年犯罪法)。1912 年比利时制定了儿童保护法(实际上是未成年人犯罪法)。1912 年比利时制定了儿童保护法〔实际上是未成年人犯罪及其审判的规定〉。1934 年意大利制定了少年法。其他各国如丹麦〔1905 年〉、荷兰〔1921 年〉、瑞典〔1924 年制定了儿童福利法〉、西班牙〔1929 年)也都制定了少年法。而瑞士早在 1901 年就在日内瓦采取了少年法院制度,1939 年公布的新刑法中,对未成年人犯罪又作了具体规定。在亚洲,1915 年印度

的加尔各答设立了少年法庭,1920 年制定了印度第一部儿童法。日本于 1923 年正式施行了旧少年法,并设置了少年审判所,专门掌管未成年人的保护处分案件。战后,日本吸取了美国未成年人司法制度的经验与教训,取消了少年审判所,新设置了作为基层法院的家－裁判所,而将未成年人案件与家庭案件合并于家庭裁判所管辖。尽管各国的名称叫法各异,但都认为由于未成年人生理、心理等等特点与成年人不同,所以违法犯罪的特点也与成年人案件有很大差别,应该建立独立的未成年人审判制度专门审理未成年人案件。西方法学家们把未成年被告审判制度的创建称为自从英国大宪章以来的重大变革。

本世纪三十年代以前所创建的少年法庭的一个显著特点,就是突出地强调了保护和加强少年儿福利。瑞典的未成年人审判制度甚至直接采用了福利委员会的形式;西德在建立少年庭之前也考虑过采取福利委员会的形式。美国、英国虽然在形式上采用了"少年法庭"这一名称,但是,少年法庭在体系上也仍然没有完全独立。美国伊利诺伊州在 1899 年创建少年法庭的设想中所考虑的并不是今天的少年法庭的形式,而是由芝加哥妇女俱乐部(The Chicago Women's Club)所监督施行的一种缓刑系统。英国根据 1908 年的儿童法所建立起来的少年法庭,也不仅仅只是一个对未成年被告进行惩处的机构,而更重要的是对他们进行挽救和改良。美国从少年法庭诞生之日起,就一直逐步促进向着少年儿童福利方面的发展。

二、西方国家未成年被告审判制度的发展趋势

在第二次世界大战以前,各国的少年法庭是处于创建和发展不稳定的阶段。第二次世界大战以后,由于战争所带来的恶果,使西方资本主义国家内部各种矛盾激化,导致未成年人犯罪急剧增加,发展成为严重的社会问题,因此,各国统治阶级不得不重新考虑治理青少年犯罪问题的决策。所以各国政府对青少年法规普遍进行重新修订和补充,促使未成年被告审判制度得到了进一步的发展,逐渐趋向于定型化,并且,在国与国之间形成了明显的差距。战后的未成年被告审判制度发展趋势,可以分两种:第一种是向福利型未成年被告审判制度的方向发展。如瑞典在第二次世界大战后,进一步采取了刑事化的措施;在英国,代表英国政府立法意图的,以《凡童、家庭和青年犯》为书名的白皮书中,甚至干脆提出彻底废除少年法院,而由社会工作者和别的对有关未成年人问题真备相当丰富知识和经验的人组成一个"家庭委员会"(The family council)来取代少年法庭,行使处理未成年人案件的职责。第二种是向成年人审判制度发展的趋势。如美国,五十年代来

的未成年人犯罪已发展到了相当严重的程度,人们抱怨少年法院对未成年被告处罚太宽,无法解决日益猖獗未成年人犯罪问题。而且,少年法庭法官的自由裁量权过大,引起了其他许多问题的产生。特别是 1967 年美国最高法院对哥尔特案件的判决,被认为在美国少年法制史上有划时代的意义,因为这个案件的判决着重对少年法庭法官行使不受限制的自由裁量权进行了批判。

在现代。西方未成年被告审判制度很复杂。在美国和英国,没有一个全国统一的未成年被告审判系统。美国 50 个州都有立法权,都有自己的少年法和独立的未成年被告审判制度。英国采取两种不同类型的未成年被告审判制度形式,一种是英格兰和威尔士所采取的类似于美国的少年法庭的形式。另一种是苏格兰所采取的瑞典相类似的将社会福利委员会与郡法院相结合的形式。日本治理未成年人犯罪几乎动员了整个国家和社会各方面的力量,除了家庭裁判所外,还有对未成年人进行最后矫治的各类少年院、社会组织和志愿组织等。

目前,联合国也日益重视未成年人犯罪问题,在每次召开的世界范围的预防犯罪和罪犯待遇大会上,几乎都要把未成年人犯罪问题列为中心议题,并作出相应的决议。1985 年,联合国制定了处理未成年人犯罪案件的《联合国少年司法最低限度标准规则》,即《北京规则》(以下统称《北京规则》),详尽规定了规则的宗旨、原则,少年犯的定义及刑事责任年龄、处理权限和审前扣留、审判和处理、非监禁待遇等。联合国要求会员国政府斟酌情况使本国的立法、政策和做法,特别是少年司法工作人员的培训方面,同《北京规则》相配合,并使有关当局和广大公众注意该规则"。(3)从此,未成年被告审判制度正式纳入国际化轨道。

总括之,可以说,本世纪以来,世界各国少年审判制度的创建和发展已经开创了国际社会法制建设的新纪元。

三、我国未成年被告审判制度的萌生和发展

七十年代以前,我国未成年人犯罪问题不严重,对未成年人刑事案件的审判一般与成年人刑事案件在制度上、组织上没有严格的区分。但是,我国法律对未成年人刑事案件的审判问题专门作了一些规定。如1957 年 5 月 24 日最高人民法院、司法部《关于城市中当前几类刑事案件审判工作指示》第五条规定:"对未成年犯,必须贯彻教育为主,惩罚为辅的方针。"1957 年 1 月 22 日司法部《关于不准未成年人参加公开审判庭旁听总理的批复》规定:"十四周岁以下的未成年人一律不准参加公开审判庭旁听,这是因为他们还没有辨别是非的能力,旁听后往往会起副作用,有的会把犯罪行为误为是英雄行为。"1962 年 6 月,最高人民法院《关于

当前人民法院刑事审判工作的若干意见》中又规定:"不要将老人、妇女和青少年罪犯放在大会上宣布执行,以免发生不利的影响。"八十年代以后,随着改革开放,我国未成年人犯罪日益严重,已构成严重的社会问题。针对这一情况,党和国家提出了:"针对违法犯罪的青少年,我国的方针应着眼于教育、挽救和改造。"并有一些领域建立相应的制度来实现这一方针。这一方针亦是我们研究未成年被告审判制度的总的指导思想。我们的刑法、刑诉法对未成年人刑事案件的审理和未成年被告人的定罪量刑作了若干规定。《中华人民共和国刑法》第十四条规定:"已满十四岁不满十八岁的人犯罪,应当从轻或者减轻处罚。因不满十六岁不处罚的,责令他的家长或者监护人加以管教;在必要的时候,也可以由政府收容教养。"第四十四条规定:"犯罪的时候不满十八岁的人不适用死刑。"《中华人民共和国刑事诉讼法》第十条规定:"对于不满十八岁的未成年人犯罪的案件,在讯问和审判时,可以通知被告人的法定代理人到场。"第二十七条规定:被告人是聋、哑或者未成年人而没有委托辩护人的,人民法院应当为他指定辩护人。"第一百一十一条规定:"十四岁以上不满十六岁未成年人犯罪的案件,一律不公开审理。十六岁以上不满十八岁未成年人犯罪的案件,一般也不公开审理。"这些规定为法院审理未成年人刑事案件提供了法律依据。

1984年,上海市长宁区法院在全国率先试点建立了少年法庭〔即少年刑事案件合议庭),专门审理经人民检察院公诉的未成年人刑事案件,积极摸索审理未成年人刑事案件的经验。实践证明,少年法庭在教育未成年被告、保护未成年被告的合法诉讼权利以及维护社会治安等方面起到了极大作用,之后连续几年,全国推广长宁经验,各省市陆续建立少年法庭。到1990年底,全国已建立少年法庭1149个,在未成年人刑事案件的审理上总结了可喜的经验,创立了自己独特的未成年人案件审判方式,突出了寓教于审、教结合的中国特色。

我国未成年被告审判制度在立法上也更加完备。1991年1月26日,最高人民法院颁布了《关于办理少年刑事案件的若干规定(试行)》(以下简称《若干规定》)。该规定在同年2月1日起正式在全国实施,从此全国对少年案件的审理程序统。《若干规定》是中国第一部比较完备的少年审判法规,它对未成年人案件的审判原则和审理程序作了较详尽的规定。除此外,公安部、最高人民检察院、最高人民法院、司法部联合颁布了《关于办理少年刑事案件建立相互配套工作体系的通知》,1991年4月,最高人民法院同国家教委、团中央、全国总工会、全国妇联颁布了《关于审理少年刑事案件聘请特邀陪审员的联合通知》,1992年1月1日起全国统一施行《中华人民共和国未成年人保护法》,其中第三十八条至第四十条就未成年被告审判制度作了专门规定。不少省份也结合本省特点颁布了未成年人保护法。就未成年被告审判程序问题作了规定。我国未成年被告审判制度的创建已初具规模。

作者发表于《重庆大学学报》2002 年第 1 期增刊

第三篇

证据认定原则初探

　　律师参与诉讼的全部奥秘就在为了认定证据和否定证据。在法庭上无论七辩八辩,归根到底事实胜于雄辩。什么是事实? 诉讼证据就是案件事实,事实寓于证据之中,离开了证据就谈不上事实。只有正确认定证据的真伪.把握案件的全部事实,才能得出哪些证据该认定、哪些证据该否定的结论来。所以,研究证据认定的原则,对于正确地认定案件的性质和事实起着极为重要的作用。

　　什么是诉讼证据的认定原则? 依照我国诉讼法对证据的有关规定,用辩证求实的思想方法和工作方法,在作了"去粗取精,去伪存真,由此及彼,由表及里"的调查研究的基础上,把证据的三要素(客观性、关联性、合法性)从而对证据得出认定或否定的结论。诉讼法对证据的规定和要求很多,以刑诉法为例,主要有:(一)证据的种类。法律规定的六种证据中,包含直接证据和间接证据,原始证据和传来证据,控诉证据和辩护证据。(二)证据收集的程序。现场勘察、询问证人、勘验、检查、搜查、扣押物证和书证、鉴定等,都必须按照我国刑诉法第二章规定的程序进行。(三)证据收集的方法。严禁刑讯逼供和威胁、引诱、欺骗以及其他非法的方法搜集证据。(四)证据搜集的范围。客观全面地搜集与案件有关的证据,是收集证据的基本要求。凡与案件有关的物品都得收集;凡与案件有关的或者了解案情的公民都得调查。刑诉法这些规定要求,是必须严格地照办的。但是,对收集起来的各种证据,还要有一个辩证地认识和求实的认定。例如,对证言的分析,证人的记忆程度,证人与案件有无利害冲突,证人与当事人的关系,证人的品质等,都要进行辩证的了解,排除证言的水分后,才能认定证据的证明力。对被告人供述的认定,首先要考虑有无逼供、诱供、指名问供的因素;其次要考虑被告有无假供、漏供和骗供的因素;要考虑笔录是否有误。对物证的认定,着重考虑这件物品的来源,它与案件有无必然联系。实践中,对证据的分歧,常常是在对待证言、口供、物证的认定上发生的,这是不言而喻的。只有对证据经过了辩证求实的分析、认定或否定的过程,才能得出正确认定案件的事实和性质的结论来。

怎样坚持证据认定的原则?正确认定证据的实现,同过河需要的桥或船一样,需要坚持正确的思想方法和工作方法,需要坚持严格依法办事,需要坚持正确意见等几个问题:

第一,坚持辩证求实的思想方法和工作方法,是执行证据认定原则的先导。思想是工作的先行官,工作是思想的有效活动。但是,如果要保证先行官的有效活动的正确性,就必须用辩证求实的方法;要保证认定证据的正确性,尤其如此。就是说,对每个证据的看法是辩证的,既要分析证据的来源,又要分析证据来源的可靠程度,而后求实地得出正确的结论来。例如,左某案,原认定她与刘某合谋,用氰化钠毒死左的丈夫,而后结婚,判处左某死刑。此案在复核中,发现了三个疑点:(一)毒物来源不清。原判认定的毒物,是从左工作柜里搜查的尚未启封的一小瓶氰化钠。为什么这小瓶未启封的毒物会飞出来杀人呢?而且这瓶内的氰化钠现有三点一克,左某供述的数字是五克,尚差一点九克。用一点九克氰化钠做试验,以相同方法煨中药给兔子吃,兔未死,为什么一点九克氰化钠不能毒死兔子而能毒死人呢?(二)左、刘合谋不清。左夫常某死前,左、常夫妇均未提过离婚;常某死后,左却多次要求查明死因。一般不符合左某作案的常情。(三)左、刘通奸是实,但欲结成夫妻无可靠证据。如左愿与刘结成夫妻,为什么左反复帮刘介绍对象?为什么左要求调动工作摆脱刘?我们说,能够发现这些疑点,是辩证求实的,要解开这些疑点,也必须是辩证求实的。只有用辩证求实的思想方法和工作方法进行调查研究,才能够把上述疑点一个一个地解开,求得对证据的正确认定。结果用大量的事实和证据,推翻了原认定的证据,宣告被告人左某无罪。正由于把辩证求实的思想方法和工作方法用于实践的重要意义,难怪有的学者主张"辩证求实的证据制度"。如果说,这一制度,是实践产生理论,理论指导实践的原理,在证据学方面的正确运用,那么,"辩证求实"也是认定证据的正确运用。

第二,坚持严格依法收集证据,是执行证据认定原则的基础。依法搜集证据,是指执法者和律师,在对案件侦查和调查中,按照诉讼法和有关法律规定,进行拍照、讯问、搜查、检查、扣押、鉴定等。只有严格依照法律规定搜集证据,才能保障证据的客观性、关联性和真实性。所以,在收集证据问题上,是否依法办事,关系证据来源和证据的证明力,关系案件事实和案件质量等重大问题。我们所以强调依法搜集证据,就因为实践中存在着不依法搜集证据的现象。例如:法律规定,搜查中只扣押与案件有关联的物品;而实践中有的不分青红皂白,把被搜查人家里几乎所有的东西全部拿走。即使被搜查人的家属屡次申明,某些物品"是我们结婚时买的,手镯是我娘家的主传遗留物……"搜查人既不作调查,又听不进家属的申明,都通通一搜而光,有的甚至把人家的花盆也抬走了。这样做,不仅给认定证据带来许多麻烦,而且往往使案件更加复杂化。有的案件,当判决被告无罪时,原搜去的东西早被处理光了。为维护法律的尊严,为保护当事人的合法权益,为有利于正确认定证据,就必须严格依法搜集证据。建议:从立法上考虑,不仅要规定怎样依法搜集证据,还要对那种不依法搜集证据的行为要作出严肃处理的规定;对那些该严肃处理而不处理的又怎么办? 也要作出明确规定。这是健全诉讼法制,保障实现正确认定证据的重要方面。许多事实表明,如果不注重健全和完善诉讼法制,"依法搜集证据"将是一句空话。

第三,坚持正确意见,据理力争,是执行证据认定原则的途径。这个问题,我们的许多律师颇有感受。有位律师饶有趣味的说:"无论参加诉讼还是参加非诉讼活动,对案件少事实的争论常有发生,其实质上是在对证据的争论。这种争论,就像在大海游泳,拼搏中谁沉谁浮? 要讲道理,讲事实,讲证据;谁把握的证据真实可靠,他的理由就充分,事实胜于雄辩,他就昂首畅游;反之,就会沉没,在人家充分的证据和理由面前只得认输。这证明,与其说是技巧,不如说是求实。求实就能认真,认真就能把握实据,实据是永远驳不倒的真理。诉讼的胜与败取决于真凭实据,此外,不会有其他什么奥秘的。一切冤假错案的发生,都是离开了真凭实据而出毛病的。所以,我们办案中一定要把握实据,坚持正确意见,据理依法力争,既能防止枉纵,又能切实执行证据认定的原则。

作者发表于《当代律师》1992 年第 4 期

第四篇

美国的法官与律师

一、法院体系

在美国,法院体系既按地区、又按专业(专门法院)来部局的。联邦有联邦法院,各州有州法院,其中有最高法院、上诉法院、申诉法院、行政法院、治安法院、县法院、市镇法院等。这些法院的法官,衮是从律师中选择、任命的。律师在诉讼中和在企业中有举足轻重的作用。

美国联邦法院分为三级,即联邦最高法院,联邦巡回区上诉法院(12个)和一个联邦巡回上诉法院,联邦地方法院(91个)。还有三个联邦地方法院,它既有联邦管辖权,又有地方管辖权。此外,还有税务、国际贸易、权利申诉等专门法院。在联邦地方法院中,每个法官都有两名律师做他的助手,并配备有秘书、书记官、速记打字员各一名(速记打字员的工资待遇与法官相等,年薪5~6万美元。速记机有24个键,可以一字不漏地进行记录;如果速记机发生故障,机上装有录音设备,可以先录下来)。每个法官每年受理民事案件300件,刑事案件50件,联邦巡回上诉法院一般都实行三名法官合议制,如果三名法官合议时意见有分歧,再由十一名法官复审。开庭前,律师可以同法官交谈,在审判台旁边设一个角落,专给法官与律师对话时用。上诉到联邦最高法院的案件是很少的,每年不超过200件。联邦最高法院共九名法官,当年10月到第二年6月为工作时间,7~9月为休假时间。

美国没有专门的行政法院或行政法庭。联邦巡回上诉法院和联邦权利申诉法院,这两个法院实际上就是审理行政案件的法院。联邦巡回上诉法院专门审理专利、税收、商标和政府当被告的上诉案件。这个法院开庭时不传证人,只是由三名法官听取双方律师抗辩。每个律师发言的时间都受到限制,一般规定在15分钟之内,如要延长,可以申请延长5分钟,特殊权利申诉法院(又译作求偿法院)是专门为人民控诉政府而设立的,这个法院共 16 名法官,每年受理 600 至 700 件案子,其中 39% 是纳税人告税务部门,37% 是私人与政府间发生的合同纠纷,8% 是政府征用私人财产,8% 是政府雇员告政府少发报酬。在美国,公民的诉讼权利能得到充分的保证,但外国公司或个人要告美国政府时,必须征得控告人所在国政府允许后才予以审理。前几年马科斯夫人曾控告过美国政府,结果她输了。这个法院与别的法院不同,要受理全国的案件,在法庭上装有电话作证设备,开庭时,在旧金山的证人不必到华盛顿,可通过电话陈述作证案件可以再申请延长,但最多不超过 10 分钟。

州法院系统分四级:最高法院,上诉法院,县法院,市镇法院。一个大的州有 58 个县法院(在美国是县管市),80 个治安法院,85 个市镇法院。这些法院受理 2.5 万美元以下的民事案件和轻微刑事犯罪案件。

联邦法院与州法院在受理案件时亦有分工,凡是诉讼主体涉及联邦法律的案件,一律由联邦法院受理,涉外案件以及海商、破产、税务、专利等也由联邦法院受理,绝大多数刑事、民事案件则是由州法院受理。

二、法官的选择

美国对法官的选择,习惯的做法是:凡联邦法院的法官一定要毕业于法学院,还必须是当律师在 10 年以上,或曾在大学教过书的,然后经司法部长提名,再由总统任命,国会通过。虽说当法官首先要当律师,但也不尽如此,联邦最高法院九名大法官中就有三个未当过律师。据说曾有一个律师被提名任法官的,国会没有通过,他认为这里面有政治的因素,不讲政治是很蠢的。关于司法部长和总统对人选不了解的情况下如何提名、任命法官的问题,据一名女律师介绍,任命法官先要由司法部在律师中进行考察,将考察材料报总统,总统看后交国会,国会认为有问题,交司法部或交律师协会调查,或由国会自行调查。这种调查是由联邦调查局负责,要调查被提名人的业务和品德、爱好、嗜好、缺陷考,要找 300 个人进行了解,一般要花一两年时间,然后综合成一份材料交司法部长,再提到总统那里。如果国会有意见,材料退回司法部,对有意见的某个问题再调查,或交律师协会调查,或由国会中的参议员调查。凡被任命为法官的,要退出原先的党派组织,因为在美国是标榜司法独立的,但哲学观点可以保留,政治对司法的影响不是直接的而是间接的。如大法官怀对取证的不合法就不能定罪的解释,是有关证据学的问题(如使用窃听器取证是否合法等)就在全国司法界引起了分歧。

法官的任期,没有统一的规定,有的地方规定 67 — 68 岁退休,有的地方实行终身制,有个年已83岁的老人就还在当法官。只有联邦权利申诉法院规定法官的任期为15年。

法官的工资,联邦最高法院大法官的年薪是10万美元,首席法官另加0.8万至1万美元;联邦上述法院法官的年薪是9.5万美元;联邦地方法院法官年薪是8.9万美元。州各级法院法官的年薪一般在5万—7万美元之间。美国法官曾要求提高工资30%,议会通不过,因为法官的工资与同级议员的差不多,议员没有涨工资法官工资也涨不上去。

对法官的培训,在美国也讲政治素质的提高。所指法官的政治素质只有一条,那就是要求法官必须保持独立,不受任何干扰。提高法官的业务水平,主要是通过参加全美律师协会活动,如讨论法律文书质量等。在美国,有利条件是通讯、交通设备发达,所以法官参加各种学术研究交流活动较频繁。同时他们也强调在实践中提高。联邦司法中心是培训联邦司法系统法官的,每年办两期,每期半个月。州也有培训中心,规定对新任命的法官要进行一个月的培训;州法官协会在每次年会上交流办案经验;还有周末培训班,每年办5~6期,主要学习法律,研究讨论出现的新规定和新情况、新问题;每年还举办两次继续学习班,每次3~10天,主要研究如何提高法律文书的书写质量,刑民案件有何新的变化等。

三、律师号称70万

美国律师的活动能力很强,在美国办事情都离不开律师,到处都有律师的存在,可以号称70万,律师可以分为三种:一种名为公诉律师,是为当被告的政府部门充当代理人,这种律师等于是检察官,他归司法部长领导,美国的司法部长等于总检察长。另一种名为公辩律师,是由法院指定他为无钱请律师的刑事被告人担任辩护人的。再一种是私人开业律师。在美国,律师的信息灵通,反应敏捷。他们从各国留学生中物色律师人选,每年去各个大学做工作,安排毕业生到律师事务所实习,还做广告,如名额满一千可减免费用等,以此招徕。在律师多如牛毛的情况下,各个律师事务所为追求高层次,结成了越来越大的集体,现在全美由150名律师合作的大律师事务所就有一百多个。那里的律师分十二个台阶,在350人的律师集体中,80个是合伙人,5个是核心领导,一个律师要进入合伙人很不容易,一般到第六年就会叫你开路,又得重新起头。荣毅仁有个在美国出生的亲戚,是一名律师,也还没有进入合伙人。

四、陪审团

美国法院在开庭时都有陪审团参加。刑事案件陪审团由 12 名陪审员组成，另有 2 名作后备；民事案件陪审面由 6 名陪审员组成。陪审员对法庭审理的案件就回答"无罪"或"有罪"，回答"有罪"的法官才判刑。如果陪审员的意见不一致，必须再讨论。开庭时不一定所有陪审员都必须到齐。陪审员来自各个方面，也并非都懂得法律，有的也是陪衬。据洛杉矶地方法院介绍，所辖的 7 个县于每年 6 月送来 1 万名可以当陪审员的名单，经过挑选，1987 年共发出征询能否当陪审团成员的通知 4.8 万份，其中也有不愿意干的。

五、经济审判

美国是使用法律最广泛的国家，所有经济活动，如金融、商业买卖、房地产、证券交易、破产、公司合资、国际贸易、海事、海商、专利、商业秘密等，都有法可依。商业秘密实际是一些小发明，从经济利益上考虑，申请专利不合算，故而申请商业秘密。在美国，法人要进行诉讼，一定要委托律师办理，大量的经济纠纷案件是非诉讼案件，不需经过法院，可以由律师解决。税务案件中有 85%—90% 是由律师解决的，因为要是诉讼到法院，还不知道要轮到哪一天。

作者发表于《当代律师》1993 年第 6 期

第五篇

刑诉法年会综述

一九九一年八月．十六日至二十日,全国诉讼法学年会在银川召并。会议期间,与会同志围绕我国现行刑事诉讼法的修改与完善问题展开了热烈的讨论,提出了许多有益的意见和建议。现将会议讨论情况综述如下。

一、现行刑事诉讼法的缺陷与不足

与会同志首先认为,我国第一部刑事诉讼法自 1979 年颁布以来,在惩罚犯罪和保护人民的过程中发挥了极其重要的作用,这是不容置疑的。但是,随着我国经济、政治形势的急剧变化和法制建设的深入发展,旧的刑事诉讼法的许多规定已显得跟不上形势的需要,这几年来,司法界同志对于刑诉法的修改的呼声日高。刑事诉讼法作为一重要部门法,在法制建设中占有极其重要的地位,但在法制建设中发挥作用方面存在许多不足。首先,法规本身极不完善。现行刑诉法有法条 164 条,是世界各国刑诉法典中条文最少的。它对原则、制度的程序的规定上过于笼统、粗略,有些提法还欠妥,如所谓"实事求是"的证据制度等。某些立法用语也较模糊,概念不谨,前后不协调有些规定互相矛盾或自相矛盾。(如第 31 条 1、2、3 款辩译据的表述不一致)。因而执行起来产生误解。其二,现行刑诉法同现行宪法及其他某些相关的法律位存在不太协调之处。比如宪法规定法院、检察院依法独立行使职权,而刑诉法就无相关的规定。又如民法通则规定了精神损害赔偿制度,而在刑事附带民事案件中就不能适用。这种法与法之间的不协调,甚至某些地方的相互矛盾,严重影响了法制的统一。其三,多年的司法实践中,司法机关的同志创造了许多好的经验,如检举制度、检察机关自侦案件内部制约制度、少年刑事案件特别审判程序等。这些较好的较成熟的经验,到目前为止还没有认真考虑应当写进刑事诉讼法中。其四,刑诉法本身的不完善,也可以说是现在司法实践中有法不依、执法不严现象存在的一个重要因素。刑诉法中没有保障刑事诉讼程序严格执行的措施和制度的规定,使一些违反刑诉法的行为得不到应有的禁止和处罚。其五,现行刑事诉讼法的许多规定已大大落后于当前改革开放的新形势。

改革开放以来,刑事犯罪现象出现了许多新的特点。如当前出现的法人犯罪现象、罪犯往低龄化方向发展、涉外刑事案件大量增加等。

二、修改刑事诉讼法势在必行

与会同志一致议为,修改刑诉法的呼声已有好几年了。现在把刑事诉讼法的修改正式提到议事日程上来,时机已成熟。

从政治形势看,目前我国政局稳定,社会安定,党中央对法制建设的发展和完备极为重视。自从 1985 年党中央发出在全国普及法律知识的号召以来,这几年各地区、各阶基层都积极开展普及法律教育,人们的法律意识已大大提高,反过来,也更对我国法制建设的完备和加强提出了更高的要求。

经济上看,改革开放已进行了十几年,我国经济状况发生了很大变化,生产力结构的多样化必然形成生产经营、经济交往的多样化,商品经济得到更进一步发展,但同时也在经济领域出现了许多新的犯罪现象。如何更有效地同这些犯罪现象作斗争,这是给我国的刑法和诉讼法提出的一个崭新的课题。

从司法实践看,我国刑诉制度本身的不足和缺陷也在这几年日益显现出来,如收审问题、免予起诉问题、辩护制度问题、审判公开问题等等。这些问题已为广大司法工作者所共睹。另外,“两高一部”也根据需要制定了各自的办案程序。这些都是多年来实践经验的总结,为刑事诉讼法的修改与完善奠定了基础。

三、修改与完善刑诉法的一些建议

会上许多同志就修改与完善刑诉法提出许多建议,归纳起来主要有:

1. 关于基本原则和制度问题。建议将基本原则与制度分开制定。同时增设人民法院、人民检察院依法独立行使职权原则,重证据、重调查研究,不轻信口供,严禁刑讯逼供原则、律师依法履行职责受国家保护原则,冤案赔偿原则。

2. 关于辩护制度问题。建议律师参与刑诉讼时间提前到侦查阶段。辩护律筛和被害人的代理律师依法执行职务,应明确规定法律保障措施。律师要扩大诉讼权利,如赋予律师代理申诉权、独立上诉权以及提请复议权。

3. 关于证据问题。证据种类可增加视听资料。证明责任上,也应像民诉法和行诉法那样作出明确的规定。非法取得逝据材料,应作出排除性法则的规定,即非法取得的证据材料不得作为定案的根据。证人作证,应有依法作证的保护性条款的规定。

4. 关于强制措施问题。强制措施关系到诉讼的顺利进行。现行刑诉法在这方面的规定有许多不足。需改善的起码应有三个方面：一是增加财产保。在我国,目前人们生活已较富裕的情况下,是可行的;二是拘传的适用对象应适当扩大,除被告人外,证人、被告人的法定代理人等无正当理自拒绝出庭或者有其他妨碍诉讼正常进行时,也可以适用;三是收容审查问题。这一问题可以说是司法实践中存在的较严重的问题,许多同志认为废除了较好。

5. 关于刑事附带民事诉讼问题:现行刑诉法对附带民事诉讼的规定过于简单,修改时应对附带民事诉讼的期限、范围、主体、赔偿原则、审理程序等都作出较明确具体－的规定。还应增加精神损害赔偿的规定。

6. 关于立案问题。目前有些公检法机关对于该立的案不立,不该立的案确立了。这一现象已较普遍,使不少群众感到告状难。修改时应增设立案的法律监督机制,利于惩罚犯罪,保护无辜。

7. 关于侦查问题。现在侦查监督的环节比较薄弱,应当建立侦查监督的保障机制。对自侦案件也应解决侦查监督问题。办案的检察机关不仅要解决自我监督问题,上级检察机关也应对下级检察机关的侦查活动实行监监督。

8. 关于免予起诉问题。许多同志认为免予起诉制度应当废除。因为它代行了部分审判权,而被免诉确认有罪的人无法行使辩护权和上诉权,实际上侵犯了当事人的诉讼权利。

9. 关于增设审判程序问题。我国现行刑诉法规定的审判程序不够完整,不能适应诉讼实践发展的需要。应增设一些新的诉讼程序,如未成年人犯罪案件审理程序、类推判决的核准程序、强制医疗程序、刑事损害赔偿程序、涉外刑事诉讼程序等。还可考虑建立刑事简化程序。

10. 关于上诉权的保障问题。现在许多二审案件都采取书面审理方式,不再开庭,这不仅不符合法律要求,而且使检察机关无法对二审进行法律监督,弊端其多。这样,即不利于审级制度的贯彻,也使当事人的辩护权得不到有效行使。许多同志认为,应明确规定二审只实行直接审理,特殊情况书面审理,同时有效地贯彻上诉不加刑规则。

11. 关于死刑复核问题。死刑核准权法律明文规定由最高人民法院统一行使,而现在却长期以来将死刑核准权下放至高级人民法院,有时还由二审一并处理,这是极不合法的。建议严格执行最高人民法院统一行使死刑复核权,以保证死刑案件复核程序得到切实执行。

作者发表于《法论》1991 年第 4 期

第六篇

美国律师的生涯（一）

在二十世纪,美国的律师享受有毫无异议的职业上的专权和有足够的机会从职业角度来表达自己的意愿。出于职业的需要和国家的需要,他们为特定的当事人服务,维护当事人的利益,他们是那些热望有最高酬劳的职业的典型。

1922 年,从美国律师协会专门委员会主席提升为美国总统的萨拉在总统就职演说中说:"为防止急进派、叛逆分子等经常攻击我们的宪法、法律的逆流,唤醒正在沉睡的公民们的法律意识,消除无知和虚伪,把真理带进我们每个公民的心里,保持律师界的作用是很重要的"。

律师们很早就预言到他们在社会上的稳定作用。"那个时期真令人兴奋。"美国律师协会的会员们说。律师的话几乎是起决定作用的,他们在无知和无法度的广大平民和法律之间变成了一道防波堤。一个米尼索塔法官呼吁律师协会成员"坚持法律和秩序,反对阶级统治和阶级仇恨。"在俄亥俄州,律师协会主席建议他的同行们坚持法律。在维吉纳,美国副总统,一个来自印弟安法院的法官,对那些有激进行为的律师建议免罪。1991 年后的"美元十年"中,忠于职业是爱国主义的一种新标准。为了达到这个标准,律师们必须保证他们的忠心如对美国国旗一样真诚。律师中的精华都迫切愿意去那里任职。企业律师曾经被作为对这一职业追求的目标,现在表明实际上也是一种荣誉和爱国主义的标记。1923 年,一个受尊敬的斯顿律师曾就这些问题说:成功的现代律师可能极少象他们的前辈那样会演说或哲学化,但是他们具有解决银行业、商业、工厂等行业的实际问题的能力。在某个地区,一个名叫杰苏什的被认为是那个时期的最伟大的商人说:一个律师提供他的服务,宛如一个商人销售他的商品。一个好律师就是一个好的售货员。如果律师提供好的服务,则人们将有求于他,宛如人们成群到商店买货物一样。"为了满足商人们的需要,律师们必须是实际的、敏捷的、有效力的及有条不紊的。艾尼罗什律师协会 1924 年就警告律师们说,"不想耽误时间,也不管事实真象如何,他们只要办案结果。……"协会委员会督促律师们要有商业观点和"推销商品"的观点。如果说旧时的律师与现在的代理律师作个比较,旧时的律师在乱而肮脏的房屋里的旋转桌旁工作,使用的是一种墙上挂的电话,如从邮递员那里接收信件,就还要把付给邮递员的小费记在自己的总帐薄上。而现在的代理律师在有清洁办公室里工作,每件东西都都很清洁,看不见灰尘,看不见废纸,当事人来这儿请求服务和支付费用。最后,这个委员会的报告总结道:"一个成功的律师仅仅是一个好的推销员。"律师们相互都承认已变得更实际和工作更有效力。在第一次世界大战后,社会对律师行业的需要增加。部分地区对席卷全国的科学管理原则的应用也被认为如同商人们在制定规则一样的进步。戴维特.杰.米柯卡特,一个曾写过一本较早的律师办公管理物册和挪威代理律师就宣称"在这个商品的世界,律师必须成为一个商人,才能在这个不断进步的社会中才能保留席位。"正如商人们通过保持持继不断的增加最大限度的利润而增加产品一样,律师们也只能通过减少浪费和消除不良影响来增强他的日常工作效能,实质是为了增加其收入。

无论是工作在小城镇还是工作在大城市的律师,都宣称在兴趣上和见解上同商人们引进技术一样。律师喜欢他们的事业如同银行家和商人一样,他们制定的目标是"把一个法律办事处办得象个商业办事处。"他们告诉刚毕业的法律专业的学生要把他们的办公室布置得像个银行,拥有像商人一样的房屋。"我们知道应用商人的观点是如何对工作有帮助,"一个赞成把法律办事处办得像商业体系的杰出的律师宣称道.. 赞美的语言是专门留给那些从事商业生涯的律师们或者进入大城市法律部门的律师们,律师们甚至于说,为了商业这个目的,还可以判处他们的对手来震动传统主义旧观念。商人们被描每为如同一个"总在不断成长、变化和进步的"改革者,如同对于一个生来没有多大用处进人,而这些律师们可使他们成为"有智力的奴隶"。因为商人们崇拜效率,所以他们不能容忍过去那些人的拖遢的工作方式。的确,他们需要那些能推进商业进步,或至少能帮助他们进步的律师。律师们鄙夷寄生虫的惰性,并重新以更现代化、更积极、更进步的面貌出现。于是一个代理律师转变为商人这样一个事实,就可夸耀为现代律师是"商业私人开业者,是混合了燃料和空气的汽化器,它可使汽体启动的机器"。战后第十年来,纽约代理律师威谦.拉兰萨默宣称:"律师职业似乎是这个时代的最有发展前途的职业中的最杰出者。"律师们坚信随着历史的进步,律师职业将显示出其存在的重要意义。曾作为总统候选人的一个著名的律师约翰.威.戴维斯,对战前的律师发展情况作了适当的象征性的评价。戴维斯出生于维斯特费吉尼亚,却是在纽约竞选上总统候选人的。他曾度过十年较有名的政府官员生涯,最后被选为国会议员,然后作了威尔逊总统的全国律师总管,最后作为大使出任英国。战争结束后他回国干起了私人业务,成了一个公司的高级合伙人,这个公司由此很快变成纽约最大最有名的公司。1922年后民主党经过曲折的议会斗争,提名他作为总统候选人。戴维斯不是第一个被获胜当选举为总统候选人的企业律师,他的20世纪的先辈(包括奥尔顿.比.帕克;威谦廉.霍华德.塔夫脱;查理.埃文斯.休斯等)都是在做政府官员时被推选为总统候选人的,唯有他是从私人企业中提拔的。

　　戴维斯即使是地位升高到极点,也没有忘记他的过去。他取得的最终的成功越多,就对事业的迫切追求越强烈。"一个律师如果在某一地区的工作遭到失败,那他就失去很多,"他说道。"在一个地区的工作实践中,他争得了许多门路和机会来'促进事业的发展。"戴维斯在企业律师方面作为一个城市专家的名望越高,他就越高兴自豪,他变得越健康,喜欢引证一条格言:"律师要勤奋工作,愉快生活,最后贫穷地死去、他承认纽约这个城市是力世界上最有法律意识的地方,"在那里工作可以得到实际的报酬。但是,他又坚持说:"道路是很漫长的,在纽约这样的城市;不只图生活享受才是最了不起。"

　　戴维斯受到的专业教育也从头至尾是按部就班的。他记得他在华盛顿学了整两年的课程一直到1890年毕业,"老师们晕关心的是你应该懂得法律是什么,也应该思索法律是什么。"戴维斯对课程学得很好,他在对铁路事故诉讼研究的演讲中保留他这样的观点:我决不认为研究那个时代的法律改革是我的任务,我的任务是研究那个时代法律是什么,并告诉我的当事人他所必须遵循的生活规则,那才是我的工作。假如法律也随着社会进步而不断修改,那当然再好不过了。

　　1920年,戴维斯的法律职业是不稳定的。他回顾起种他的朋友弗兰克.皮克在一个法律部门相识、的令人兴奋的情景:"那是世界上人们预料不到的一个相当大的部门,它的来历很简单,因为当事人需要它。"那个简单的说法不仅轻视了戴维斯的才能,而且忽视了他的当事人的愿望。他从英国回来后,从来不认为自己有政治上的野心。这正如他自己所表白的那样:"我能重新做我曾粉碎了的梦。"甚至象美国最高法院这样一个地方也没能把他的兴趣从私人职业上转移。当范德范特法官要求戴维斯接受这一决定时,戴维斯回答说:"我在纽约所做的一切都只为了我不会改变的生活目的"而不愿意再次从事公务。后来的事实似乎完全是在我预料中发展的。"戴维斯描写到他的环境很愉快舒适,他的合伙人很能干很忠实于他,他的委托人(包括杰.皮.摩根公司和标准石油公司)也称他宛如"一个自认为非常满足的人物'。"因此,他拒绝考虑最高法院的决定。"我是一个工作努力的律师",他接着写道,"除了拥有一些友好的当事人并喜欢他们外,在世界上没有什么野心。"甚至首席法官塔夫脱也被激怒了,说他"如果纽约人都象你这样不是如此看重钱就糟糕了。你应该到我们这里来尽一些责任。"早在1921年春,戴维斯的朋友就仔细考虑过他的竞选总统的前途问题。在美国律师协会期间,他的一些朋友为实现他的这一愿望做了很多工作。但是,正如耶律师学校的一个教员告诉戴维斯的那洋,作为一个企业律师,他冒的危险"是会永远遭到痛骂的。"他被警告道:除非他再仔细考虑一下其他因素的可能性,要不然他将走上"邪恶的道路"。

1924年,当戴维斯成为一个很主要的候选人时,他的弱点也显露出来。

作者发表于《当代律师》1993年第7期

第七篇

美国律师的生涯(二)

　　随着戴维斯越来越接近总统候选人的竞选,有人批评他是放弃了他的独立性和回避自己的职责的律师,轻视和降低了这一职责的崇高使命。这种批评对他没产生任何的影响,他把作企业法律顾问的实践作为丰富的财源和企业保证给付律师报融的来源,一个有责任为当事人很好服务的律师仍然很难强迫去从事一种最终限制到非企业行业的工作。对于戴维斯来说,主张他背叛职业上的独立性的说法,简直是一种诡辩。因为,他更急于增多他的委托人来作此证明。

　　戴维斯的候选成功击退了贤兰克弹斯发起的批评急流,在 1924 年春季和夏季出版的新大众杂志发表的文章中,费兰克弗斯说道:"为什么戴维斯先生不愿意在这关键时刻退让:戴维斯公司联络人,待别是他的摩根公司的持有人,把戴维斯作为律师协会的罪人"不论是有律师的当事人还是没有律师的当事人。"费兰克劳斯说:"有一条原则,那就是作为律师的崇高的职责,就是不可推卸当事人提出的要求,这是律师的主要任务。"他开除了戴维斯,因为戴维斯作为一种伟大职业的雇员,把当事人的利益和国家的利益分开了。在费兰克劳斯的眼中,还有更坏的,那就是戴维斯不顾他的作为美国律师协会主席的威信和地位而去干什么"公正和讲理"的事情。在战前美国无法度和偏狭充满人们头脑的社会背景中,费兰克劳斯就觉得这些都是律师协会唆使戴维斯干的。"从公家给了他一个可利用的威信的时候起,他就利用这种威望在一段时间里为自己捞钱和为务"他对最高法院决定的拒绝特别使教授沮丧而很有意见,认为这种一种"有害的价值观"的典型例子。这可使足够多的纽约律师,变成"一个人。"费兰克弗斯认为,戴维斯的一生对充满热情的律师们来说是令人讨厌的典型。最令人恼火的,他把戴维斯的职业态度看成"是心理上和政治上的极端,这既对那年从法律学校毕业的小伙子产生不良影响,也对这个国家不利。"十年后,他回忆 1920 年的事情时,还是坚持这个观点。这件事使他痛苦,那就是"整个的驱使力和整个的推动力或强迫力几乎对于那个时代很好的哈佛大学的法律专业学生来说,那就是华尔街的社会现实。华尔街的现实使律师的某些幻想不能得以实现"。

其他观察家从变化的角度看,都认定费兰克弗斯的结论的正确性。对于费兰克弗斯最了解的哈佛大学法律专业的学生来说,能否得到可观的报酬,是华尔街费兰克弗斯利用他对华尔街这些人以及法律专业学雇用与否。大多数哈佛大学的学生一直希望或着手计划被某些企业应聘,愿做那些企业的法律顾问,或参加某些律师事务所,做企业法律顾问的工作。一个1927年哈佛大学毕业的学生说,"实际上每一个人都认为这里(指企业法律顾问)是值得追求名利的行业里最好的职业"。有一种观点在法律界悄悄流行开来,那就是普通人才愿意到政府部门工作,因为没有相当的文凭获得私人企业的工作。有一位《法律评论》编辑认为,律师有决定重大问题的权力,在政府机构中任职没有意思。他和同时代人一样,有广泛选择职业的权力。后来他愉快地加入了纽约的克拉克律师事务所工作。

如同许多哈佛大学的毕业生加入纽约法律机构不可改变一样,一些人又在这个问题上矛盾起来了。艾奇逊告诉费兰克弗斯"纽约出现了许多严重的问题—经济上的、政治上的和哲学上的问题"。后来艾奇逊被迫推到这个问题的反面,"纽约经济上的进步是一个主要原因;但是即使如此,这也是使人们能找到一种更好的工作机会——找一个不出公差的办公室,学习如何使用法律工具,然后用这工具达到我预想的目的。"同芝加哥职业律师唐纳德·查理佰杰一起工作的理林特也同样在两种选择上俳徊,即是否把法律"作为一种中介物而我却可以在劳动部门工作",还是"为大量的钱而大胆出击,才满足我的愿望"。当霍伯特·伊哈曼问费兰克弗斯,他的观点是否可行时,费兰克弗斯回答说:"如果你的幻想太多,如果你认为你的法律观点是可行的,你就应该去律师事务所做律师工作。另外,费兰克弗斯建议道,尹哈曼应该在波斯顿保留他的律师职业和律师事业的联系网,因为这个地方总可以满足某种愿望的。

律师事务所在经济上的报酬,不可否认是实际的。如,1920年,曾在哈佛大学法律学院毕业的一个学生从事私人职业,年收入是很微薄的,不到7千元;而他的一位同学参加了一个合伙的律师事务所,年收入就争得2万元。5年后,在1925的,差距就更大了:年均每个哈佛大学的私人经营者可挣得1万元;而他们在律师事务所工作的同学,年收入却几乎接近1万元收入的三倍。律师工作的诱惑力超越了地理上的界限。一个德克萨斯律师劝告他的儿子,一个三年制法律专业学生数年后可成为美国律师协会主席,律师职业其发展前途"大大超过了一般职业"——特别是大大超过了"余国各地在求职业方面的发展。"在纽约,伊里赫特仔细考虑过是否恢复国家公职的问题,他告诉赫里,"在纽约,法律事业的兴旺是一个很大的特点。如果摩根公司是一个在纽约企业工作中具有实质性报酬的象征,那么,律师戴维斯的年收入为40万美元,乃是企业工作报酬象征的象征。

作者发表于《当代律师》1993年第8期

第八篇

美国律师的生涯（三）

20 世纪法律专业学生的职业选择,反映出多少年来这种职业的价值。从名牌大学来的法学评论编辑,一直被认为是法律专业最有才干的,也是在选择他们的职业方向上享有最大的自由。这些人在从法律学院毕业后都持续不断地大量涌进律师事务所任职。在 1918 年和 1929 年间,从哈佛大学、耶鲁大学和哥伦比亚大学来的 300 名法学专业的毕业生中几乎 81% 在毕业后立即进入律师事务所。从这些大学毕业的法律专业学生的去向看,1925 年也只有 12 个人进入了政府部门任职、几乎余下的全部学生都在纽约南部做了美国助理或代理律师,而纽约南部以前只有一个从克拉克公司来的代理律师埃默里,就具备了一种非凡的才能。

在 20 世纪,律师这种职业的特点意味着律师"在纽约法律机关中成为关键人物"。而作出进入律师行业的决定本身就反映出它的明显的吸引力。举个例,有位斯通律师离开哥伦比亚到华盛顿,很快成为代理律师协会主席。在华盛顿,律师们感到没有任何事情像华尔街的律师们那样,不论在经济收入上,职业上和法律技艺上有吸引力。费兰克弗斯说,耶些在纽约企业公司中寻找"神圣的长期以来梦寐以求的东西的律师们准确地反映出时代的价值观"。这也反映出他们在选择职业上的老练。

在 20 世纪,这些阶值观是极少被挑剔的。职业上所提倡的爱国主义是必须首先遵守的职业准则和国家规定的行为准则。塞柯一范泽准则。由于律师职业关系,费兰克福斯特关心案件的审理,这恰恰是"我们这个职业道德基础的根本",而且,这还暴露了由于缺少职业道德而导致的"智慧和良心的倒退",举个例,在美国律师协会杂志之中,一个加拿大上诉审法官写的文章就唯一支持了某个案件上被告提出请求和同情的观点,而他这样做是违背法庭公正判决的,而且使被告得到宽大处理。律师协会主席查尔斯怀特曼,在他的常年住地（在这一案件处理后离开了几天〉,作出了一个错误的对于案件的判断,他宣布这是美国律师协会的政策,即回避了一切"政治上的争端"和避免"纯地方"上的问题。有组织的律师协会的沉默吓坏了费兰克福斯但却没有激怒他("当然,有一个律师协会,主席是由查尔斯,杯特曼担任的,它在道义上是失败的"。他告诉罗斯科.庞德)。由于律师们的愿望不是支持某个判决,而是反对出判决上的锗误。

费兰克弗特的公开表示愤慨和律师行业的普遍沉默使人联想到律师职业和律师职业联系上的脱节。当然这样划分界限不精确。费兰克弗特和威格摩尔之间的斗争如同他批评其他律师一样激烈。威廉.汤普森和希尔,这两个波斯顿律师界受人尊敬的成员,也成为塞柯——范泽特案件被告席上的首要分子。在显赫的波斯顿公司中,较年长的合伙人提出了要成立复审委员会。律师的沉默表明法院的判决必须不惜任何代价地维抟——特别当审判中有急进党员和作有罪判决的时候更是如此。可以预言,反对费兰克弗特的呼声在波斯顿的法律界将是是强烈的,这个地方对这一审判行为的批评相当于暴动。哈佛大学的毕业女生,把他们的这种热请与压抑来自于法律学校的财政上的资助联束起来。他们遣责费兰克弗特由于"律师职业的喜好"而支持"激进分子",但是,也有人支持费兰克弗特。"支持哪些? 我–们认为目都是正确的,因为这与学校或我们中的任何单个的人对这两种情况都没有关系,"而对汤普森的公司来说,的确是一个代价较高的选择,这样是被告造成的不良后果。

美国律师协会主席的责任,他们认为没有任何事情可以允许去揾害律律制度,他们不同意有危险的苗头存在。对于律师界来说,提出对司法程序的信任问题本身就是批评,因为所有教授对是否信任法律程序本身保持了一种沉默的态度。教授也好,法律批评家也好,都是坚持传统观念的。律师们、法律辩护人等,也极热衷于十分尊重其他有价值的传统观念。他们极少抓住这一点,而被费兰克特的同事抓住了,那就是"正是通过纠正法律制度的不当行为,而不是忽视那些社会中的保守因素,才能最有效地防止每一个极端主义分子在这种事情上蒙蔽他们"。

当案件进行到是后阶段,费兰克弗特就开始考虑到、美国社会法律和律师的作用问题。随着愈加了解"法律和律师是怎么一因事",他怀念起那些过去懂得社会和的律师。费兰克弗特懂得法律和律师都是法学院造就的。学校制度造就了律师,而且学校的全部课程要求老师们必须很好地培训职业律师审理案件方法上的失策和对此案有意见的集中的焦点阻碍了广阔的有关法律以至于整个社会意识的发展,而且不仅仅是有关于它的是有价值的部分,因而最好的毕业生——或至少是这些毕业生中的一部分,这些人不会由于他们的种族原因而取消资格——

都不可改变地进了华尔街的公司或进了这些公司中的法律顾问机构,而其他毕业生有机会分配到华尔街的是高层工作或律师事务所工作。在美国社会,律师取业价值现念的强化已不需要某些可依附的力量。

法律制度的变革受到姜国社会的普遍欢迎一而且通常由那些所学的法学知识已过时而眼界狭小的律师们所响应。哈更．欧里特已经放弃了比较语言学转而学习法律,因此他希望多接触些多接近生活的律师事业。他从哈佛大学毕业时,仿相信在法律年鉴里所描写的"普遍的、永久的法律原则,并且我们律师工作的一切都有合理的根据,即可以在今天的法律上找到依据。或许一个人希望在法律上有些造就可能是一个美好的愿望,即希望通过律师工作为人类的利益服务。正如他在 1930 年末在所写的《法律和现代社会》一书中所承认的那样:直到现在,我数年来还在做律师工作。而且我开始认识到我也在这当中运用伦理学,经济学和政治学。当我清楚地知道司法判决生来就恒定判决时,那已经是很久以后的事情了。30 年代在法律及政治上都没有多少影响。大家知道,支撑法律的社会结构如一度不稳则法律更容易被忽视。但是在 20 世纪,怀疑主义的萌芽已经被抹杀掉,法律仍然如磐石一样坚定。"

在战前十年期间,1929 年的大崩溃中,开始了削弱法律价值和律师工作的宣传。没有任何事情象这样发生突变上有代表性,那就是由于在股票市场崩溃后的几个月里反对查理休斯的被任命为首席法官的抗议的风暴。休斯的任命在参议院引起了激烈的争议。

休斯的代理律师对这些攻击没有回击,其实即使回击也是徒劳的。一个共和党人扼要地讲了法律职业的特点:"法律职亚可获的较多的报酬,对于一个有能力的律师来说是完全可能的,如果他在城市成功了,他就可以拥有许多当事人．那么这个人就可以控制一些重要的利益关系。这就是为什么休斯先生吸引了众多当事人的缘故。这些律师们是一些要求有很高才能的人,而且他们能发挥最大的才能",法律才能的尽情发挥;金钱和威望的必然的吸引力;法律服务质量和有效性,以及与当事人的利益之间的关系——在促进这些事业的发展方面,象戴维斯在 1924 年的争论中一样,他放弃了这样一种推论,即律师可以被他自己的当事人所审判。在他的自传中,他引证了"律师的利益所在就决定了律师工作价值和政治影响"。

作者发表于《当代律师》1993 年第 9 期

第九篇

律师是企业家管理企业的有力助手

一、帮助企业家对人的管理

对人的管理是企业家管理企业首先要抓好的中心问题。正如毛泽东同志所说的:世界一切事物中,人是第一个可宝贵的。以人为中心,这是企业管理的核心思想,也是世界发展的趋势。如孟子所说:"城非不高也,兵革非不坚利也,委而去之,是地利不如人和好也。"当前,国际上出现了有利于我国经济建设的好机会,党和国家以及邓小平同志提出了"改革胆子再大一点"的要求。如何充分调动企业人员的积极性,是篇大文章。《企业法》第 4 条规定:企业要建设"有理想、有道德、'有文化、有纪律的职工队伍。"律师在帮助企业家加强对人的管理方面有许多工作要做。

(一)律师要建议企业家搞好精神文明建设

《企业法》第 45 条规定,厂长对企业不仅负有物质文明而且负有精神文明建设的全面责任。律师开导企业家善于捕捉情绪,施之于理,言之于情。人的情绪是受客观环境影响而产生波动的。一种是性格内向的人,不易察觉其内心世界,但总有一定的情绪渲泄方式。另一种是性格外向的人,情绪易言表:性情粗暴,喜怒无常,什么都不在乎。对前者,律师可开导企业家善于细心观察,捕捉性格内向的人的情绪变化和思想动态,对这种人明之以理,是常可奏效的;忌讳泛泛而谈地讲些大道理,但也少不了用一些通俗易懂的道理,如生活中的哲理,典型人物的事迹等来说服他们。对后者,律师可开导企业家不能用"针尖对麦芒"的方法,粗暴地对待性情暴躁的人。如果企业家用强硬的态度,一味指责,会形成僵持不下的尴尬局面。若企业家态度和蔼可亲,以朋友的身份与之亲近,也许他就能接受了。用通俗的道理循循善诱,以平等的口气与人交谈,使得对方信任。只有言之于情,也许能收到好的效果。例如,企业家态度和蔼友好地对待被判过刑的人,使犯过错误的人感激涕零,变成一个工作十分努力的人。律师还要帮助企业家说理要有据,因人施教,方法得当。所谓说理要有据,是指说话要说在点子。因人施教,方法得当,即看被教育对象从事的工作,接受教育的程度,工作环境等采取相应的方法来做思想工作。如果是一个体力劳动者,他的工作对象是机器,车间嘈杂,所处的环境使他想问题单纯些,对事物的看法比较简单。对这样的同志,做思想工作应务实,哪里不对说哪里,"弄堂里掇木头"——直来直去,不要拐弯抹角。对从事公关、文字秘书、供销人员,因他们接触社会面广,反映敏捷:对这样的同志做思想工作则需从旁点拨一下即可,否则会伤他们自尊心,形成成见。

毛泽东同志说,要全心全意地依靠工人阶级。这句名言,至今仍是办好企业的真谛。律师要帮助企业家坚定不移地树立这一信念。这虽是老生常谈,但说起来容易做起来难。现在有的企业:往往只重视"硬件",而轻视"软件",即只重视钱、设备,而轻视人的因素,这就造成了企业的"一硬一软"。有的企业一讲严格管理,就是"卡、压、扣、罚",而不重视做思想方面的工作,职工意见很大,有的形成十分对立的局面。所以当前要搞好企业管理,必须重视人的因素,坚定不移地依靠工人阶级,激发他们的积极性和创造性。这样做,会收到较好事倍功半效果。大多数企业家在这方面是做得较好的。如云南省许多大中企业形成了全心全意依靠工人阶级的共识,1990 年度全省工业总产值达 204.5 亿,比上年增加 8.9%。企业经济效果不仅高于全省工业的平均发展,也高于全国大中型企业的发展速度。

律师还可以用开展法制宣传教育的形式,帮助企业家加强企企业思想工作。律师可和企业家协商妥,定期或不定期地举办法律知识专题讲座,或采用以案释法的形式讲授干部职工关心的工作和生活中遇到的难题,也可利用黑板报、专栏、画廊等文化宣传阵地,开展多种形式的、生动活泼的法律知识教育,提高法律意识。法制教育是思想工作很重要的一环。一个人违法甚至触犯刑律而坐班房,怎么谈得上思想好! 如果厂内财产常被内盗,不仅谈不上企业思想工作做得好,还会影响企业经济利益。

(二)律师开导企业家妥善处理好"一副三师"的关系

"一副三师",是指副厂长、(总)工程师、(总)经济师、(总)会计师,他们是企业家的助手,(《中共中央、国务院关于颁发〈国营工厂厂长工作暂行条件〉的通知》)。企业要腾飞,企业家要翅膀丰满,离不开他们这些"羽毛",不能"光杆司令",要办好企业尤其是大中型企业,要有一批中坚、骨干力量。

1. 帮助企业家处理好同领导班子之间的关系。根据我国《全民所有制工业企业法》(以下简称《企业法》)、《全民所有制工业企业转换经营机制条例》(以下简称《条例》)、《全民所有制工业企业承包经营责任制条例》、《全民所有制小型工业企业租赁经营暂行条例》等规定,副厂长可由以下几种之一的形式产生:1. 由厂长提请政府主管部门任命;2. 由厂长提请党委讨论决定或审议后报请上级批准(以上两种方法见《国营工厂厂长工作暂行条例》第10条);3. 由厂长聘任。一般的做法是,大中型企业产生副厂长以前两种形式为好,较慎重妥善;小型企业、乡镇企业以及私营企业可采用第3种形式。也可以采用其他形式,如天津市政府通过竞争提名,经企业党政领导集体讨论决定,厂长在班子组成上有提名权,有胆有识有才的人士有竞争自荐权。副厂长人数,小型企业配二人,大中型配四人左右,厂长和副厂长总数以单数为宜,有利于民主集中制,在疑难事宜上表态或表决。配备副厂长后,不能仅当作摆设,要分给他们工作分管范围,使他们有职、有位、有权、有责,不仅有利于调动他们的积极性,也有利于厂长提高工作效率,集中精力抓大事。

2. 帮助企业家处理与"三师"之间的关系。(总)工程师、(总)经济师、(总)会计师是企业的业务主心骨,中坚力量,是有知识的企业人材。企业家要尊重他们,信任他们,业务上较大事宜,要与他们商量,有时要"不耻下问",虚心向他们请教,养成尊重知识、尊重人材的习惯,"三师"们会肝胆相照、荣辱与共,动脑筋,想办法,把他们的热与能,贡献给企业。

副厂长也是企业家,律师有义务帮助他们提高法律意识,尤其是帮助他们:1. 理解《企业法》和《条例》中有关厂长职权的规定,明确"厂长在企业中处于中心地位"。副厂长不能"拉山头",结党营私,拉帮结派,与厂长另立山头,闹不团结;知道厂长有提请政府部门的免职、解聘、奖励、惩治权(《企业法》奠45条第二款第2项、第6项),即使对厂长处理上述事宜或其他事务感到不满意,不宜争吵,可向上级主管部门陈述或反映,以免损害厂长在企业职工中的威信。2. 理解《企业法》有关企业与政府关系的规定,知道企业有经营管理自主权,任何机关、单位、个人不得向企业摊派人力、财力、物力。对这些行为,副厂长在与厂长请示后,有权予以抵制,维护企业利益。

(三)律师开导企业家搞好与中层干部的关系

企业中层干部是企业家推行经营管理决策宣传者、执行者和协调者,是企业的"桥梁",在厂长与职工之间起着沟通促进作用。律师应帮助企业家做好以下工作:

一是不拘一格选人材,要挑选在职工中具有威信,有事业心和责任心,有专长的同志担任科室、车间干部,这样群众信服,他们说话,群众愿听,他们的工作安排,群众愿执行,不能让心术不正的无事业心的当"八大金刚",变成"死猫守家"、"旱鸭子"上树,目如果是这样,不是腐水一泓,便是死水一潭,企业经营管理决策无法待以正常实施。

二是落实任务,明确权利与义务,明确责、权、利,调动他们积极性。辽宁一企业明确了企业家与中层干部责、权、利后,出现了一些"潇洒厂长",厂长不再陷于扯皮和琐事的纠缠之中,层层有人负责,关关有人把关,厂长有更多的精力用于考虑、处理企业发展的大事。

三是制定部门规章制度,理顾关系,使日常工作井井有条。西安仪表厂依照国家的法律、法规,实现规范化管理,每个层次,每个部门都制定了规章制度,明白本部门必须做什么﹒怎样做,达到什么标准,做不到要承担什么责任,保证了管理高水平,经营高效益。(《法制日报》1992年3月23日第二版)。山东省兖州生化制药厂在规范化管理中,制定了"三有"、"三建"的制度。"三有"即有指标、有核算、有分析;"三建"即建原始记录、建核算台帐、建经济核算表,形成了定期检查、定期分析、定期公布的科学管理制度,全厂生产协调发展。

企业职能部门涉及供销、生产、财务、人事、后勤等多方面工作。因此,律师可结合各部门工作,分别有针对性地帮助有关部门开展法制教育,如为供销生产、技术部门讲授《经济合同法》、《工矿产品购销合同条例》、《加工承揽合同条例》、《技术合同法》、《技术引进合同管理条例》等合同法规;为财务部门辅导学习《银行管理条例》、《金银管理条例》、《国营企业流动资金管理暂行办法》、《企业债务管理暂行条例》等财政法规,使财务管理纳入法制轨道。

(四)帮助企业家处理好职工关系

首先,要开导企业家提高对职工主人翁地位的认识。古人训:"为政之要,爱人为大。"又曰:"官以民为本,民以食为天。"社会现实表明,民安才能国定,国定才能民殷,民殷才能国富,国富才能民安。这是相辅相成,相互渗透,辩证统一的。企业家要提高认识;要发挥职主人翁作用,正如吉林省化学工业总公司党委书记李奇生同志所说的:"只有领导爱工人,工人才会爱企业。"在任何时候都不能冷落了"主人",不能让"职工有半点灰溜溜的感觉"。但根据一个市总工会调查,有58.8%职工认为,本企业的领导是"困难时候想到职工,顾利时忘了职工"(同上,第33页)。对企业代表大会也是"用的时像把伞,不招时便丢开。"企业家更不能把自己与职工当作"老板"与"丘二"(雇工)的关系。有的企业家未处理好职工关系,出现了"老板好,我多搞,老板恶,各创各"的人心涣散的局面。根据行为科学原理,人积极工作,有个激励机制。激励机制是以未被满足的需要开始,以需要的满足为结束。人的需要是非常复杂的,其中很重要的是尊重需要。企业职工的需要包括获得信赖、尊重、褒扬和荣誉等。所以,企业家要尊重职工,才能调动他们的积极性和创造性,当然,企业家凡事不能人云亦云,墨守陈规,要适应改革形势,制定改革措施。

　　其次,律师要帮助企业家研究本单位情况,结合实际,确定用工制度。目前,我国各地有许多用工制度的改革措施,如重庆市特殊钢厂打破"铁交椅"、"铁饭碗"、"铁工资",干部联工实行"一制四岗"的全员劳动合同的新型用工制度。"一制四岗"即全员劳动合同制和在岗、试岗、离岗、待岗制度,"在岗"工人在合同中明确权利义务;新招人员实行"试岗"、离岗、待岗制度,"在岗"工人在合同中明确权利义务;新招人员实行"试岗"3~6个月,试用合格后再签正式在岗劳动合同;试用期间不合格者,经职代会通过,予以辞退"离岗";如果是职工不愿签订劳动合同的,允许厂内待岗半年,自行联系接受单位,调出企业或提出辞职申请,待岗超过规定时限,企业按辞退处理。受聘期一般为5年,也可以在5年以下。辽宁省在20家大中型企业中进行"用工制度、工资分配、保险制度和职工培训"的"四位一体"内部劳动制度的改革试点;广东省企业实行"考核竞争劳动制度",企业有自行决定用工数量、用工时间和用工条件的"三工权",打破固定工、合同制工和临时工之间的"身份"界限,一律实行考核竞争用工,使企业成为相对独立的用工主体。沈阳市推行模拟"三资"企业管理的用工试点改革,把"三资企业"的用工制度引入全民所有制企业中。重庆市对17家企业实行"一厂两制"、或"一厂三制"的用工管理制度,即企业内同时选择部门实行全民所有制企业、"三资"企业或乡镇企业的用工改革,把"老大"(国家大中型企业)、"老乡"(乡镇企业)、"老外"("三资"企业)用工制度用于企业人事管理,增强竞争机制。还可以实行用工"三结合"制度,即建立正式工、合同工、临时工相结合,能进能退的劳动制度,使企业"三工"扭成一股绳,齐心协力搞生产。这些用工改革措施是很丰富的,令人面目一新。在改革年代,企业用工制变不能有固定模式,企业家应因地制宜地采用。律师可对企业家提一定的咨询意见和理论依据,帮助企业家确定用工改革制度。但企业家聘用人员时,不能泄私愤报复。据说有个厂长在最近贯彻"改革胆子再大一点"精神时,一个不满二百号人的厂一下子裁员五十余人,其中第一位更是漂亮年轻的、未过门又不愿做过门媳妇的"省三八红旗手",难免会引起群众不满。律师要开导企业家出于公心,任人唯贤,选用精兵良将办企业。

　　再次,律师建议企业家对干部职工进行全员培训。全员培训包括法制教育:

文化补习、技术更新、操作实践等方面的全方位内容。企业生产的生产发展向劳动者提出了更高的要求。劳动者只有具备较高的文化水平、丰富的生产经验和先进的劳动技能,才能在现代化企业生产中发挥更大的作用。由于历史的原因,企业人员的素质,从整体上看大多数适应不了经济发展的需要,要培训提高。一是管理干部和技术队伍人员知识陈旧,他们大多数是五六十年代的大中专毕业生,面对七八十年代的新技术、新工艺、新设备,如"刘姥姥进大观园"目不暇续,旧知识吊不上,新工艺不会用。二是一些同志是"文革"期间的大、中专毕业生.他们的知识比较短缺。三是从工人队伍来看,他们大多数来自农村,尤其是近期招收的合同工、临时工,文化素质不高,有必要对他们进行培训。

全员培训全员抓,不仅仅是一个部门的事。企业的党政工团、职教、普教、人事、劳资、生产、安全、工大、技校等部门联合抓,加强领导、统筹规划、组织协调,并把职工教育纳入各级领导的任期目标和承包内容,定期考核。

在方法上采用多层次、多渠道、多形式的培训。如对工人,着重根据"二五"普法要求,进行普法教育、文化补习、技术操作轮训。对专业技术干部和管理干部进行继续工程教育,本着"干什么,学什么,缺什么,补什么"的原则,通过出国学习考察.到高等院校进修、举办新知识洪座,参加新技术研讨会,同高等院校进行技术合作,发展电化教育,进行函授学习等形式,达到更新知识,充实基础,掌握技术的目的。

律师应开导企业家要"因厂制宜"、因人而异,安排学习培训,调动学习热情,尤其是大中型企业要安排梯形层次的培训,增加企业发展的后劲。如山西省潞安矿务局形成了局、矿、科队三级干部职工培训教育网络,每年接受继续工程教育的工程技术人员和管理干部有 1200 多人次,继续工程教育面积达 90% 以上,技术更新教育每期为一年零三个月。1979 年以来,对班组长培训 6000 余人次,对关键技术岗位的工人、安全岗员的岗位技术培训 6.2 万余人次,对所有工人进行了正规培训,全局工人初中以上文化程度的上升到 93.5% 以上,工人技术普遍提高三个等级,高级技工的比例从工人总数的 20.3% 上升到 26.2%。全局在电子计算机、监测监控系统、工业电视的方面达到了国内同行水平和部分国际先进水平,全局已有 100 多台微机,开发了 20 多个软件,广泛应用于生产、调度指挥、财务、计划、统计、供应、物资、人事、劳资等方面的管理中、基本上实行了管理的科学化、现代化。

最后,律师要开导企业家关心职工的生活。要提高职工的生产热情,不可忽视的一个方面是关心他们的"冷暖",要感情投资。例如,登记好工人的生日,在生日送上一盒蛋糕,"礼轻情义重";在工人患病时,去探望一下,工人会倍感领导亲切和党的阳光的温暖。工人在生活困难时,给予一定的补助。对与亲属长期远居的职工,要探望配偶、父母的,按照《国务院关于探亲待遇的规定》给予探亲假斯,按规定报销旅差费。对职工遇上婚丧假的,企业家应按财政部等颁发的《关于国营企业职工请婚丧假和路程假问题的通知》的规定,在同地的职工本人结婚或职工的直系亲属(父母、配偶、子女)死亡时,可给予1~3天的婚丧假,对职工结婚时双方不在一地工作的,职工在外地的直系亲属死亡时需要职工本人去外地料理丧事的,可根据路程远近,另给予路程假,亦可根据具体情况适当多给些假期;在准婚丧假和路程假期间,职工的工资照发。其他集体所有制、"三资"企业及私营企业的企业家,也可参照上述规定予以安排。对离退休、退职的职工,也要给予关怀,因为他们的今天,就是其他职工的明天,亏待了他们,会寒今天在职工人的心,可按《国务院关于工人退休、退职的暂行办法》和离休干部的规定,发给各项费用和补助,在他们遇上痛痒时,也要予以关心。

还有,律师要帮助企业家解决各种职工之间的纠纷。"人上一百,形形色色。"职工与企业家、职工之间难免会发生纠纷,处理不妥,会影响企业生产。纠纷有许多种类。如劳务纠纷,施工不服企业的安排或企业家辞退员工,引起争议,律师可对双方提供法律咨询,或代理一方参加劳动争议的仲裁。又如职工之间的民事纠纷,诸如双方均在同厂的还款纠纷,婚姻家庭纠纷,律师可为他们排难解忧。对职工与外单位公民的纠纷,律师亦可按规定提供法律帮助。

二、帮助企业家对财的管理

企业的财产,是企业得以生存的血液,没有这些流动的血液,企业就无法生存、发展。企业家对财的管理,是企业不可忽视的重要一环。企业的财产,包括资金和财产两部分,简称为资产,涉及固定资产、流动资金、利润留成、投资资本和日常开支的现金多方面。《企业法》第27条至30条和《条例》第二章及其他有关法规都规定了企业拥有的对自己财产的多项权利。《国营工厂厂长工作暂行条例》第15条规定、在国家规定的范围内,厂长对工厂的资金"有调度处置权"。企业家对企业的资金财产管理方面有大量的工作要做。担任企业常年法律顾问的律师要向企业提供法律帮助,协助企业家盘活、用好资金。

(一)律师要帮助企业家加强对企业资金的管理

目前,我国企业在资金管理上有不少问题,突出表现在"四个一"上:一是企业产成品、应收款、预付款三项资金居高不下,压死了一块资金。据国家工商银行对

7028 个大中型企业统计,去年 1 至 12 月,上述三项资金占用比年初增加 600 多亿元,增长 45％之多。相当于同期银行贷款增加额 1.5 倍左右,形成了"边生产、边积压、边贷款、边付息"的恶性循环,既压死了银行信贷资金,又增加了企业利息的负担。二是企业因物价上涨增加收入,基本上没有增补企业流动资金,吃掉了一块资金。根据国家有关规定,企业因价格调整引起原有库存商品物资增值而增加的收入,必须调整流动资金。然而不少企业却把涨价收入作为分配吃掉了,再购适原材料必然会产生新的资金缺口,这实际上是"吃老本"。长此以往,如果不增加资金投入,不但不可能扩大再生产,就连简单再生产也难以维持。三是企业没有随着生产经营规模的扩大,补充必不可少的自有资金,短少了一块资金。据有关部门资料统计,同 1983 年相比,去年全国预算内企业工业总产值约增长 69％,企业上缴利润、税收和企业留利分别增长 62％和 1.3 倍,然而企业自有流动资金不但没有增加,定额流动资金所占的比例却由 1983 年的 40％下降到 18％,一个企业没有一定的自己的本钱,不能随着生产经营规模的扩大而不断增加自我积累,完全或者绝大部分依靠借债来过日子;这是很难有活力和发展后劲的。四是企业多种亏损增加,挤占了一块资金。搞好企业,应该体现在经营成果,增加盈利上。但目前相当一部分企业的经济效益却不理想。去年上半年,金国预算内工业企业同上升同期比较,产值增长 9.9％,销售收入增长 14.5％,但实现利润下降 17.5％,企业亏损面为 36.7％,特到是有些企业,成本核算不实,虚盈实亏,报喜不报亏的现象很严重。不亏损企业靠挂帐和银行贷款来支撑,长此下去,将难以为继。

由此可见,搞好企业资金管理,是当前迫切需要解决的问题。1991 年 12 月,国务院出台的《增强国营大中型企业活力的十二条政策措施》中规定了 1991 年至 1993 年,实行压缩产品资金占用与增加技术改造贷款、流动资金贷款挂钩的办法。律师要结合有关规定和实际情况,为企业家出主意、想办法。

第一,要充分利用搞活企业的有利条件和当前出现买方市场这一好时机,下决心调整企业资产存量结构,合理配置生产要素,要把企业资金管理工作的重点放在进一步盘活现存资金存量、挖掘资金潜力上来。对固定资产,尽量发挥其效用,对闲置的固定资产,可出租或有偿转让。对流动资金,加快周转速度。同时,把用好企业资产同优化企业资金增量结合起来,积极切实地采取措施,创造价值。

第二,要建议企业家尽快建立和完善企业补充自有流动资金制度,逐步提高企业自有资金比重。当前许多企业自有流动资金比重过低,是造成企业资金紧张、影响企业成本提高,缺乏发展后劲的重要因素。因此,必须从加强企业资金管理的角度,落实专人,切实抓好这一工作。

第三,要建议企业家切实加强企业内部生产经营管理,调整产品结构,严格控制继续生产积压产品,压缩产成品资金。要采取果断措施,加强资产管理,把企业生产管理引向速度与效益同步。

第四,要建议企业家适当提高固定资产折旧率,防止固定资产更新维修资金占用流动资金现象的发生。据《中国统计资料摘要——1990》提供的资料表明:仅1984年至1989年的五年间,全民所有制建筑企业产值价格指数就上升65.82%。进又八、九十年代后,五六十年代特别是"一五"时期建成投产的项目需进行维修或改造,其维修改造资金的需求量呈直线上升,因受折旧率偏低和固定资产造价提高的双重影响,企业维修改造固定资产的资金严重缺口,1985年至1988年,全民所有制独立核算工业企业提取的折旧基金累计为1233.84亿元,同期全民所有制单位的改造维修费累计为2807.45亿元(《经济问题探索》,1991年第3期,第18页)。为了弥补缺口,必然要挂用流动资金而直接造成流动资金不足,向银行贷款会拉大存贷缺口,造成生产资料价格上涨,最终导致流动资金贬值。因此,律师可建议企业家从固定资产的有形磨损、无形磨损和造价变动三要素出发,适当提高固定资产折旧率,将固定资产年折旧率由静态计算方法改为动态计算方法,固定资产的改造维修费挤占流动金的现象才会被杜绝。

(二)律师要帮助企业家搞好企业成本的管理

企业成本管理的基本任务是,通迈预测、计划、控制、核算、分析和考核,反映企业生产经营成果,挖掘降低成本的潜力,努力降低成本。国务院于1984年颁布了《国营企业成本管理条例》。该《条例》适用于国营工业企业、交通运输业、金融、投资和保险企业、文教企业、城市公用企业,其它企业也可"参照"执行。律师要帮助企业家透彻地理解、积极地贯彻、执行《条例》,切实搞好企业成本管理。

第一,建议企业家落实人员负责企业成本管理。企业实行成本管理责任制,厂长对企业成本管理负有完全的、全面的责任。为了切实搞好企业成本管理,大中型企业可配备总会计师和行使总会计师职权的副厂长,协助厂长组织领导本企业的成本管理,正确执行成本计划,准确核算成本;还可配备总工程师,协助厂长在生产技术方面采取有效的降低成本的措施;大中型企业要在财务会计部门内设置负责成本管理工作的专门机构,小型企业必须指定专业人员管理成本.上述人员应对企业经济效果负责。第二,为企业家提供法律咨询,帮助企业家明确企业成本列支范围。律师要帮助企业家知道不是任何东西都可列人企业成本的,其列支范围是有限制的。下列费用,可列人企业成本:(1)生产经营过程中实际消耗的各种原材料、辅助材料、备品配件、外购半成品、燃料、动力、包装物、低值易耗品的原价和运输、装卸、整理等费用等;(2)固定资产的折旧费、按产量提取的更新改造资金、租赁费和修理费;(3)进行科学研究、技术开发和新产品试制所发生的不构成固定资产的费用,购置样品样机和一般测试仪器的费用;(4)按国家规定列入成本的职工人员、福利费、特定原材料节约奖、技术改造和合理化建议奖;(5)按规定比例计算提取的工会经费和职工教育费;(6)产品包修、包装、包退的费用;废品的修复费用或报废损失,停工期间支付的工资、职工福利费、设备维护费和管理费、削价损失和经同级财政机关批准核销的坏帐损失;(7)财产和运输保险费、公证费和鉴证费、专有技术使用费以及应列入成本的排污费(超过排污标准,被处罚的罚款费不在内);(8)流动资金贷款利息;(9)销售商品发生的运输费、包装费、销售机构的管理费;(10)劳动保护用品费、按规定的列支的冬季取暖费、消防费、检验费、仓库经费、商标注册费、展览费等;(11)经财政部审查批准列入成本的其它费用。

按规定比例计算提取的广告费也可列入企业成本。广告费不可多用、滥用,也不可不用,而应恰到好处的使用,以收到很好效果。如云南的兰花牌冰箱,上海的金星牌彩电,重庆的嘉陵牌摩托车通过广告,扩大了知名度,在本地以至全国销路很大。但有的产品不能广告,. 如云南的云烟、红塔山烟,贵州的茅台酒等,虽是好产品也不能广告,因为广告法规定禁止对烟酒作广告,其理由不言自明。

下列费用,不得列入生产、销售成本:(1)应在基本建设资金、各种专项基金和专项经费中开支的费用;(2)应在企业留用利润中开支的奖金;(3)超过国家规定开支标准部分的各项费用支出;(4)基本建设借款和专项借款的利息,以及流动资金贷款的罚息;(5)应在企业留用利润中开支的各项赔偿金、违约金、滞纳金和罚款;(6)与企业生产经营活动无关的其它费用,如有关部门的非法摊派,企业有权拒绝因其摊派费用,不属于企业成本列入范围。

(三)向企业家提供法律咨询,帮助企业家搞好成本核算

社会主义企业的成本核算,不是一般意义上的簿记核算,它是一种有计划的管理社会主义企业的制度,它要求每个企业家作为相对独立的经济实体,作为具有一定权利和义务的法人开展自己的经济活动。律师要帮助企业家提高对企业成本核算意义的认识,掌握其有关规定:

1. 企业必须根据计算期内完工产品的统计产量、实际消耗和实际价格,按照权责发生制的原则进行核算。

2. 一次支付、分期推销的费用,应按照费用项目的受益期限确定分摊数额。

分摊期限一般不得超过两年。

3. 在费用尚未发生以前,需从成本中预提的费用项目和标准,应报企业主管部门审查批准,并报同级财政机关备案。预提期短,年底应结清的,年终决算时,不留余额。预提期长,跨年度使用,需要保留余额的,应在年度会计决算中说明,由企业主管部门审查批准。

4. 低值易耗品应在领用和报废时各分摊50%。价值较大的可分期摊入成本,份值较小的可列举品名的,经企业主管部门同意,在领用时一次列入成本。

5. 产成品和在产品的成本核算,除钟植莉养殖业按生产季节、施工企业按季进行外,一律以月为成本计算期。同一个计算期内核算的产量、收入和消耗,起讫日期必须一致。

6. 企业成本核算必须划清下列界限:(1)本期成本和下期成本;(2)广在产品成本和成产品成本;(3)可比产品成本与不可比产品成本,不得相互混淆,影响成本的准确性。

(四)律师冷静地帮助分析市场需求形势,搞好企业投资

律师要帮助企业家明确企业投资的原则。社会主义社会的生产目的是最大限度地满足人们不断增长的物质文化需要,也要求作为社会扩大再生产的投资,能有最好的投入产出比率。故"效益原则"是我国企业投资的最重要决策原则。

律师要帮助企业家掌握企业投资模式的传导机制。我国企业投资摸式,应是螺旋式投资宏观调控模式的传导机制。即:市场——计划——产业——企业——市场。螺旋式的循环上升的过程:

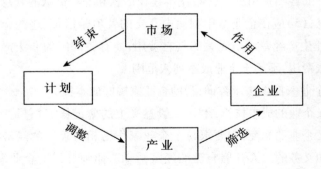

市场不是起点,也不是终点,投资不是儿戏,是为了有效地收益。企业投资如此循环往复,螺旋上升,正是矛盾对立统一规律在投资领域的体现,企业家要遵循这一规律决策投资。

企业投资要调控好以下几个问题：(1)对投资主体的调控。坚持以企业自有资金投入为主，多渠道社会集资为辅，适当请求国家支持。(2)对投资行为的调控。坚持符合国家产业政策．有利于全国资金的充分合理利用和生产要素优化组合；(3)对投资规模的调控。调整现存量，优化增资量。

加强科技投资，它是加速我国社会主义现代化建设，繁荣企业经济的一次战略措施，特别是当今科学技术飞跃发展，为了争取竞争的主动权，积极增加科技投资是非常必要的，企业家要予以安排。

(五)律师为企业家提供参谋作用，帮助企业家压缩日常经费开支

现在企业日常开支名目繁多，支出费用庞大，超过企业负载能力，有的企业甚至入不敷出。这种情况是亟待改进的。所以，有识之士呼吁企业，日常开支费用要减半，不愧为真知灼见，中肯而切中时弊。律师要在谙熟行政法规的基础上，帮助企业家压缩不合理的费用开支，掌握好以下支出的适度：

压缩企业管理费。对企业管理费要实行专项核算和管理，企业要按照《财政部关于压缩国营企业管理费的暂行规定》，规定的开支范围、标准和明确项目，单独编制企业管理费开支计划，并据以检查和考核企业的经营结果。企业性公司要根据精简原则进行整顿，尽量减少人员，压缩开支。精神文明建设要讲求实效，厂内的绿化、画廊、专栏，要本着勤俭节约的原则，发动科室人员和职工自己动手搞。

节约办公用费。企业根据《中共中央、国务院关于节约非生产性开支、反对浪费的通知》的精神，办公费用实行定额管理。凡是可以利用的废旧物品和文具纸张等，都应加以利用。干部职工阅读的书报刊物，除了图书馆、资料室和阅报栏等正常需要及必不可少的以外，应当自费订阅。全厂要节约用水、用电、用煤和电报费、长途电话费。跬积零星细小的开支虽不算汁么，但常年累计，就是笔不少的数目，要制定会议标准。企业要根据党政工团不同情况，制定不同的会议标准，举办生产、供销的业务性会议，会议标准可高些．总务及群团组织的会议标准可低些。接待外单位的标准、可高些，内部人员会议要节俭。

控制差旅费。企业家要对全厂干部职工出差有计划地安排和严格掌握。控制外出参观学习，必须组织外出参观学习时，人员要少而精。干部职工不得借出差机会，用公款游山玩水。

控制集团购买。企业家要根据《国务院关于严格控制社会集团购买力的紧急通知》精神，根据市场商品供应情况，节减开支和节骤发展基金的要求，大力压缩社会集团购买的数额；对必须购买的物品，要服从"计划管理、指标控制、定额供应"的规定办法，向有关部门办理专项审批手续，不得违章套购。

不动用公款为干部职工购买高档消费用品。企业家要根据《国务院办公厅关于严禁用公款为职工购买高档耐用消费品的通知》的规定,严禁招公款以劳动保护为借口,购买或制作高档衣料、服装、化妆用品等私分滥发,也不得把发放劳保用品搞成变相的职工福利和奖励。

(六)律师帮助企业家结合企业用工制度,确定分配制度

分配制度是与用工制度相联系的"孪生姐妹"。有学者指出,现在我国企业实行的是"两级按劳分配",即先根据企业向社会提供的劳动成果,对企业实行集体按劳分配,这是一级分配;企业取到分配总额后,再在企业内部根据个人的劳动贡献进行再分配,这是二级分配。

但如何在企业内部进行分配,有许多做法可借鉴。律师可向企业家推荐好的分配形式。如温州打破"铁工资",先从厂长"破"起,试行厂长规模效益工资制,由规模工资和效益工资两部分构成。规模工资以销售额分档,效益工资以利税之和分档,两者相应的档次工资之和即为厂长的实际月工资额,随企业的经营好坏而上下浮动。太原橡胶厂实行全方位岗位工资制,全厂所有生产和工作岗位的干部职工按岗位确定工资标准,在什么岗位,拿什么工资,岗动薪动。全方位岗位工资由两部分组成,一部分是动态岗位工资,其中60%是保底工资,40%是浮动工资,随全厂经济技术指标的完成情况变动而变化;另一部分是静态的工龄工资,根据职工的工龄长短计发津贴。上海机电厂试行全额计时浮动工资制(简称全计时制),即把定额工人原来的月标准工资、自费工资和生产奖金捆在一起,按小时计酬,每完成一小时有效产品,计发一小时工资,上不封顶,下不保底,多劳多得,少劳少得、湖南造漆厂实行"挂钩浮动工资",一是实行承包单位工资总额与职工有效劳动挂钩;二是单位产品工资含量包干;三是主要指标定额定份奖罚全额浮动。内蒙古自治区企业实行职工工资与企业净资产增值挂钩,生产经营性净资产与上年净资产额相比增长或降低1%,工资也相应的增长或降低1%,具体计算方法是:

企业生产经营性净资产 = 企业资金占用额 − 企业全部债务 − 本年未生产经营性净资产额。

控制工资总额 = (本年企业生产经营性净资产增长额的绝对值 ÷ 上年企业生产经营性净资产增长额的绝对值)× 上年工资总额。

对于上交所得税率低于33%的,按照上述计算公式再乘以挂钩系数。挂钩系数计算公式为:挂钩系数 = 本年实际税率 ÷ 3.3%。

重庆市有26家企业实行"一厂两制",分别确定按全民所有制"三资企业"体

制管理有关车间,分别按全民所有制、"三资企业"待遇计算工资报酬。江苏省镇江市企业实行分配倾斜政策,苦脏累险的一线岗位倾斜,也向技术复杂岗位和科技人员倾斜。河北省积极改革职工养老制度,实行社会养老保险,使离退休职工的晚年生活有了更加可靠的保证。

三、帮助企业家对物的管理

企业家对物的管理,也是企业不容忽视的一个重要方面。企业的物,是企业生存、发展的物质基础;没有这些物质基础,企业好像建立在沙滩上一样,树立不起来。按照民法、经济法原理,企业的物,包括以有形物存在的成产品、试产品、半成品、原料、厂房、机器设备,也包括以无形物存在的知识产权。《企业法》第29条、第34条、第36条、第39条、第42条对企业的有关物资材料管理作了规定。《国营工厂厂长工作暂行条例》第15条规定,厂长对工厂的"物资有调度处置权"。律师在为企业提供法律服务中,要在帮助企业家加强人的管理中发挥积极作用。

（一）律师要帮助企业家对企业的物正确行使所有权

律师要深入浅出地"为企业家对企业物的所有权与经营权分离的实践提供咨询意见。企业的所有权与经营权即两权分离问题,是改革多年来一直探索的,也是企业家关注的热点问题,是改革中重大问题,也是难点。全民所有制的两权分离的真正解决,全国的经济体制改革就解决了一大部分。《民法通则》第82条、《企业法》第2条规定:企业的财务属于全民所有,国家依照所有权和经营权分离的原则授与企业经营管理,企业对国家授予经营管理的财产享有占有、使用和依法处分的权利。这里涉及到一些法律概念和基本原理及有关规定,律师应在认真研究的基础上,向企业家耐心解答,帮助企业家融会贯通,指导实践。所有权是由特定的所有人与不特定的义务人在特定的财产上形成的权利义务关系。《民法通则》第71条采用列举式规定了所有权定义:"财产所有权是指所有人依法对自己的财产享有占有、使用、收益和处分的权利"。所有权的占有权,是指主体对物的实际控制的权利;使用权,是指所有人和非所有人为了获取经济上的利益,而对财产进行的有效利用的权利;收益权,是指在物之上获取经济利益的权利,是所有权的一次独立权能;处分权是指所有人对其财产依法进行处置的权利,是所有权的核心。所有权的占有、使用、收益、处分四项权能,其中一项或数项是可以分离的。正如马克思指出:一个乐队的指挥,并不是所有乐器的所有人,但可以指挥乐队。这正是所有权与经营权分离的理论依据。我国经济体质改革正是根据马克思主义学理提出所有权与经营权分离决策。

经营权是与所有权密切相关的权利,就是指全民所有制企业在国家授权的范围内,对特定的全民财产享有占有、使用、收益和处分的一种民事权利,不是一种行政权,因为经营权是基于平等的民事法律关系而取得的、不是行政机关"下放"给企业、或者由企业自己"扩大"而争取来的。在国家保留最终支配权的前提下,全民所有制企业对国家财产行使占有、使用、收益和处分等权利。经营权也是一种物权,同所有权一样具有排他性. 一方面,国家一旦把某项财产授权给某一全民所有制企业,就不再把该项知产划拨给其它企业或随意抽出该项财产;另一方面,全民所有制企业有自主地支配特定国有财产的权利,有权行使所有权的各项权能,任何单位、个人都不得妨碍或侵犯,否则构成民事侵权行为,行为人要承担相应的民事责任。在各种情况下,企业家可自己或聘请律师通过诉讼或非诉讼形式,维护企业的合法权益。为了扩大企业经营自主权,国家有关部门制定了一系列法规。如国务院《关于扩大国营工业企北经营管理的主权的若干规定》、国家基本建设委员会、计划委员会、财政部、国家劳动总局、国家物资总局《关于扩大国营施工企业经营管理自主权有关问题的暂行规定》,国家经济委员会、国务院体制改革办公室、国家计划委员会、财政部、商业部、外贸部、国家物资总局、国家劳动总局、国家物价总局、中国人民银行《贯彻落实国务院有关扩权文件、巩固提高扩权工作的具体实施暂行办法》,有关企业都应结合行业特点,加以贯彻执行。

经营权行使的方式有承包、租赁等形式,国家分别颁布了《全民所有制工业企业承包经营责任制暂行条例》和《全民所有制小型工业企业租赁经营暂行条例》,对承包经营作了规定。当前,国家在推进股份制企业试点工作。1992 年 5 月 15日公布了我国《股份制企业试点办法》、接着又公布了《股份制试点企业财务管理若干问题的暂行规定》,这项工作是一次政策性强、涉及面广的重要改革,既要大胆试验,又要稳步前进。股份制,法理上理解为一个企业中有两个以上的不同产权主体,包括企业相互参股、企业或个人集资举办新的企业,企业尚内部员工或社会集资,股份制能起到很好的作用,它是实现企业经营机制的一个有效途径。首先,抓住了产权制度的改革这个实质,促进了政企公开和两权分离,使企业过去"剪不断,理还乱"的一团乱麻清晰地实现了政企分开和两权分离,使《企业法》和《条例》赋予企业的自主经营权得以真正落实,成为生产经营管理的主体。其次,较好地解决了把企业推向市场的动力问题。一方面实现了政府职能转变力修池放水,培育和发展市场体系,另一方面在建好水池后,企业能下水游泳,剖析了政府与企业之间的母子关系纽带? 使企业实行自负盈亏。当前,企业在实行股份制中,:除了抓好生产外,还要抓好三方面的工作,一是要建立三个层次的组织领导体制,即股东大会(或股东代表大会、董亭会和监理会、经理)。二是要建立正常的财务会计制度,分开股份制企业财务帐目、股票增值程度。三是培养精通股份制和股票业务的人才,不断总结经验教训,去弊兴利。

受聘乡镇企业、"三资企业"及私营企业,担任常年法律顾问的律师,可分别根据《乡村集体所有饲企业条例》、《中外合资经营企业法》、《中外合作经营企业法》、《中华人民其和国外资企业法》、《私营企业暂行条例》,帮助企业家行使所有权和经营自主权。

(二)律师要为企业家提供法律咨询,搞好基本建设工作

基本建设不能不顾承查能力及需求情况而大搞,也不能不搞。基本建设包括国家预算资金直接安排的投资,地方及企业自筹资金安排的建设项目。国家在这方面颁布了不少法规。律师在掌握其精髓的基础上,依据法理,向企业家宣传有关法规。要向企业家宣传国家计划委员会、国家建设委员会、财政部的《关于加强基本建设管理的几项规定》,重点明确企业虽有自主经营权,但基本建设涉及到土地、城市规划管理等国计民生的大事。按照统一计划、分级管理的原则,全国基本建设总规模、分部门、分地区的投资额、大中型建设项目和主要产品的新增生产能力,由国家确定统一安排。地方用自筹资金安排的基本建设,要按照国家确定的建设重点和投资计划,经省、市、自治区计委进行综合平衡,待别是对建设项目所需的电、燃料、原材料协作件和交通运输要安排落实,然后绝人地方基本建设计划。

企业搞基本建设要依据法律规定的程序办理有关手续。律师要向企业家宣传国家计划委员会、国家建设委员会、财政部《关于基本建设程序的若干规定》。国家坚持必要的基本建设程序,是多快好省地建设的重要保证。企业基本建设的所有项目,都要严格按规定的程序办理:(1)必须根据资源条件和国民经济长远规划与地区分局的要求,编制建设项目的计划任务书;(2)资源条件复杂、协作关系多、建设周期长的重点建设项目在计划任务书批准前,企业可以根据长远规划的设想、请有关部门进行必要的资源补偿、工程地质和水文勘察以及经济调查等准备工作;(3)计划任务书经批准后,进行设计,但是进行建设,要在国家的长期或年度计划中确定;(4)根据工程进度,要做好准备工作,施工必须有预算,按照批准的、计划内容建成后,凡是能够生产合格产品或能正常使用的工程,必须及时进行验收,并做出竣工报告和竣工决算。

律师要帮助企业家搞好基本建设的资金管理。律师要向企业家宣传国家计划委员会、国家建设委员会、中国人民银行先后颁布的《关丁实行基本建设拨款改

贷款的报告》、《关于加强自筹基本建设管理的规定》、《关于加强基本建设概、预、决算管理工作的几项规定》三个法规,搞好基本建设的贷款、自筹资金、概预算"三算"的管理工作。

律师要帮助企业家搞好基本建设的施工管理工作。律师要向企业家宣传国家建设委员会的《关于基本建设推行合同制的意见》、国务院《勘察设计合同条例》和《建筑安装工程承包合同条例》、城乡建设环境保护部《关于加强县社建筑勘计管理的暂行规定》、国家计划委员会、国家经济委员会、劳动人事部、中国人民银行《基本建设项目包干经济责任制试行办法》、城乡建设环境保护部、国家标准局《建筑工程质量监督条例》、城乡建设环境保护部《建筑工程保修办法》、企业基本建设中要订立施工、勘察设计、安装等合同,搞好环境保护、保证施工质量、落实工程保修维护措施。

企业对基本建设要控制规模、律师要向企业家咨询国务院《关于严结控制基本建设规模、清理在建项目的紧急通知》。国家计划委员会《关于控制基本建设规模和清理在建项目的报告》、国家计划委员会、国家建设委员会、财政部《关于楼堂馆所和一般房屋建筑的界限》等法规、企业家认真清理竣工在建项目、价格控制新开工项目,同时要把该上的项目,特别是重点项目和计划投产项目切实保上去,保证工程质量;严格控制建设规模大,建筑标准高的企业办公楼、大会堂、大礼堂、宾馆招待所的"楼堂馆所"的建造、不论用任何名义、任何资金擅自新建、扩建、改建,或有特殊原因必须建设的,按有关部门批准。

(三)律师向企业家建议搞好设备技术改造工作

目前有的企业偏重增添新设备,忽视已有设备技术的维修改造、设备老化、计量测试条件差,这对实现工业现代化极为不利。重视对企业设备维修、技术改造,成为搞好我国企业的一项迫切任务。为此,律师要向企业家咨询国务院《关于现有企业有重点、有步骤地进行技术改造的规定》。国家经济委员会．国家计划委员会的《关于加强技术改造管理的通知》等法规,律师要开导企业家改变以薪建新车间、增添新设备作为扩大再生产主要手段的方法,实行以设备技术改造维修为扩大再生产主要手过曰方针;以提高经济效益为目标,不仅要考虑本企业、本部门的效益,而且主要应当考虑国民经济全局的效益:要用新技术改造旧技术、旧设备,对有些设备迫切需要利用外资的,要引进适合企业情况的先进技术和自己还不能制造的某些关键设备、仪器仪表,做好引进设备技术的掌握、消化、发展工作,要建立和健全设备技术更新改造维修项目的检查、考核和统计报表制度。

设备技术改造维修搞得好,企业能收到较好效果。云南冶炼厂最近几年对精炼反射炉进行 12 项技术设备改造维修,不仅做到用一台炉子能熔炼七、八万吨粗铜,而将吨铜煤耗由 200 多公斤降到 49 公斤,工人的条件也得到明显改善。云南天然化工厂在全省第一家获"国家一级企业"称号。追求技术进步是这个厂干部职工的共识。他们利用世界银行贷款,引进国外设备和专利技术,投资 4400 万元,成功地进行了 6 项设备技术改造。形成了"投入——增值——再投入——再增值"的良性循环。上海市以技术进步为主要支撑点,于 1991 年在 726 家企业中通过设备技术改造推出 4371 项科技新成果,推动了企业生产。搞合理有效的设备技术改造,是受群众欢迎的,即使职工一时收入受影响,大家也是能理解的。李鹏总理有一次全国经济体制改革工作会议上举例说:"去年我在陕西开座谈会,有个搞仪表的企业,职工平均工资 1700 余元,低于左邻右舍企业的水平,但职工队伍都比较稳定。原因之一就是这个企业搞了几项大的技术改造,职工看到这些项目一两年内就会见效,企业会好起来。所以职工队伍较稳定。"

国务院出台的《增强国营大中型企业自我改造、自我发展能力、全面推进企业技术进步的十二条政策措施》第 7 条规定:1991 年～1993 年,凡压缩产成品资金占用与增加技术改造贷款挂钩的,压下来的资金,要专项用于技术改造和技术开发,可以结转和调济使用。企业将压下来的资金,结转和调济下年使用,是对企业设备技术改造的优惠政策,企业要从长远行为角度出发,从长计议安排设备技术改造工作。

(四)律师向企业家咨询搞好综合利用和节能节源工作

开展综合利用和节能节源,对提高企业经济效益,增加社会财富,都有重要意义。律师要向企业家宣传《国家经济委员会关于开展资源综合利用若干问题的暂行规定》,国家提倡和支持企业特别是大中型企业,实行一业为主,多种经营、开展综合利用,必须与治理污染结合起来,能源消耗大的企业,应当把利用余热、压差、高炉和焦炉煤气以及水的循环利用作为主要内容,对于确有经济效益的综合利用项目,但有环境污染的,应当实行"三同时",即与主体工程同时设计、同时施工、同时投产;开展综合利用,主要靠商筹资金,生产出口商品的,可以利用外资,对社会效益较大而企业不受益的项目,可以纳入国家计划,予以扶持,对微利和增产国家急需原料的项目,可向有关专业申请贷款扶持,还贷期限可以适当延长;国家对综合利用,实行优惠政策,需引进设备、配件、享受减免税,优先安排外汇等优惠;各企业针对不同特点,开展"三废"即废渣、废液、废气的综合利用;国家对企业开展综合利用,实行"谁投资、谁受益"的原则,由企业自筹资金建设的综合利用项目,获益归企业所有,主管部门和行业归口部门应当予以扶持,不得提取、摊派费用,不得任意调拨产品;企业对发展综合利用有贡献的个人,要予以奖励。"律师要向企业家宣传《国务院关于出口商品和原材料清仓利用试行办法》,建议企业家搞好原材料清仓工作,消除长期吊滞积压现象,开展综合利用,促进经营管理。

律师要向企业家咨询《国家经济委员会、国家计划委员会关于加强节约能源工作的报告》和《国务院节约能源管理暂行条例》,节能节源,是为了通过科学管理和经济结钩合理化等途径,以最小的能源消耗取得最大的经济效益,企业家要根据该《条倒》,在大中企业中设立节能节源管理机构,小型企业挑选有专业知识、有业务能力和热心节约能源工作的干部或技术人员管理,具体负责本企业贯彻执行国家有关节能的方针、政策、法规、标准以及地方、部门发布的有关节能的规定,制定并实施本企业的节约能源技术措施,完善节约能源的科学管理,降低单位产品能源消耗;在车间经营和干部日常管理工作中要加强节约能源工作,加强考核;企业家对节约能源有贡献者要予以奖励。

律师要向企业家咨询《国家经济委员会、国家能源委员会、财政部、商业部关于严格按计划控領实销销售的通知》等法规,搞好企业经营管理中的节约用电、节约用油、节约用煤工作,积少成多,增强企业发展的物质基础。

(五)律师要向企业家咨询知识产权法规

企业家不但重视有形物,还要重视无形物即知识产权的管理、利用、保护。知识产权,是指民事权利主体(公民或法人)基于创造性劳动产生的,对其创造性智力成果依法享有的一种民事权利。我国《民法通则》第三节专门作了规定,国家还制定了《商标法》:《专利法》、《著作权法》、《计算机软件保护条例》等法规。企业涉及的知识产权主要有商标权、专利权、发现权、发明权、其他科技成果(如合理化建议)权。知识产权在现代化企业中的作用越来越大。

律师可向企业家咨询宣传《商标法》,使企业家知道保护商标权的意义。商标是区别不同商品生产者生产的不同质量的商品的专用标志。企业为保护自己商标不受侵犯,通过申请注册,经有关部门核准,即取得商标权并依法对注册商标享有专用权。驰名商标具有很大的经济价值,如云窗的"红塔山"香烟的商标,据说外国人要用几十万美元买下,厂方却不能随意卖给他,卖给他了,原云南的厂方就不能再生产这种香烟了。如上海的"米老鼠"商标,卖给了外国人,外国人赚了很多钱。企业商标的申请注册,要依照《商标法》和《商标法实施条例》规定提供有关文件,给工商行政部门核转,依法进行初审,对同意申请的注册商标,签署意见后转报中国商标局审查,商标权有一定期限、到期后,可申请续展,每次续展注册期与注意商标有效期均为七年,企业家不懂申请注册或续展的程序或工作太忙无力办理,可请律师代理。申请商标后,要保护商标信誉,"红塔山"香烟所以名誉海内外,因为生产质量较好。

律师可向企业家咨询《专利法》法规。专利包括发明专利、实用新型专利和外观设计专利。专利权,是指专利权人取得专利的发明享有转悠利用的权利。自己企业的发明,要受国家法律保护,可依据《专利法》和《专利实施细则》规定的申请内容和程序,向专利主管机关申请,经审查批准后,即取得专利权,他人不得侵犯。云南省在"七五"期间,发明了许多专利,其中获国家发明奖 11 项,国际发明展览奖 20 项,为云南腾飞,起了积极的推动作用。发明专利有职务发明专利和非职务发明专利。职务发明即发明人为执行某个单位分配任务或利用某单位的物质条件所完成的发明。非职务发明,是指发明人在创造发明过程中,依靠自己力量独立完成的发明。前者,由发明人所在单位依法申请核准,持有专利。后者,由发明人经申请核准,享有专利权。如单位使用该专利权要支付专利费用。企业家因经营管理之需,也可接受其他单位个人的专利,但也要支付费用。

律师还要向企业家咨询其他科技成果的法规。其他科技成果权包括发现、科学技术进步合理化建议和技术改进等科技成果的权利。国家为保护这些权利发布了许多法规,如中国科学院的《自然科学奖励条例》,国家经委、国家科技委、农林部、卫生部的《技术改进条例》、国务院的《合理化建议和技术改进奖励条例》和国务院的《科学技术进步奖励条例》等,律师可问企业家予以咨询。发现权是指法律保护的发明人所享有的权利:科学技术进步是指国内首创的应用性科技成 1091 项,其中获国家自然科学奖 1 项,国家科技进步奖 36 项,国务院部级奖 228 项、省级科技进步奖 607 项。获省级技进步奖的成果中,属国际首创的 71 项、达国际先进水平的 32 项、属国内首创的 62 项、达国内先进水平的 206 项。334 项应用技术成果新增产值 30 多亿元,新创利税 5 亿元,创汇 1 亿美元。

诚然,企业家对侵犯本企业商标权、专利权和其他科技成果权的不法行为,依法请求有关部门解决,也可请律师通过诉讼或非诉讼程序予以解决,如假冒的"红塔山"香烟满天飞,云南玉溪烟厂厂长亦可请律师依法向侵权的单位和个人交涉。这不是件小事,这种非法行为不能让其猖獗盛行。

见《企业家于律师》云南人民出版社 1993 年 6 月第 1 版

第十篇

对律师立法的几点建议

我国《律师暂行条例》从80年颁布至今已有十一年了。这十一年来,我国政治、经济形势都发生了很大的变化。随着经济体制改革、政治体制改革的迅速发展,《条例》中的许多规定已显得极不适应形势的需要,完善我国律师立法的呼声日益高涨。在此,笔者就律师立法问题,提出以下几点粗浅的意见。

一、律师的性质问题

现行立法规定:"律师是国家法律工作者",是国家公职人员。这为律师队伍的发展设置了很多障碍。律师不足已成为一个社会问题。目前,在全国每年约200多万一审案件中就只有十至二十万个由律师提供法律帮助。大中型企业全国有几百万,也只有十几万个企业可以请到法律顾问。其他社会各阶层对律师的需求也难以满足。我认为,要适应社会需要,扩大律师队伍,首先应对律师性质结予科学的界定。鉴于律师从事各种法律服务的权利本质上产生于当事人的委托,律师的主要职责是维护当事人的合法权益而不是维护国家利益这一特点大大区别于公、检、法、司机关的国家专职人员。因此,我认为,将律师的性质界定为"自由职业者"为宜。律师在办理诉讼和非诉讼业务时,应不受党政机关特别是司法行政机关的非法干涉,律师队伍的发展也不受国家编制的限制,在法律范围内律师可以自由选择服务方式。

二、律师体制改革的问题

现行法律规定法律顾问处"受国家司法行政机关的组织领导和业务监督"。这一规定对律师机构限得过死,大大阻碍它的积极性的发挥,其弊端已很明显地暴露出来。如在劳动报酬上吃"大锅饭",不能体现按劳分配原则,难以提高律师的工作积极性;律师管理缺乏竞争机制,阻障了人才的交流,不利于选拔人才;由国家统包、统揽律师的业务经费、工资福利等,加重了国家财政负担。我以为,这一陈旧管理体制应予改变。律师业务工作不是司法行政机关的一部分,律师工作机构与司法行政机关不应是直接隶属关系,律师应有自己独立系统及单一的管理机构,与司法行政机关之间应是法律监督关系,司法行政机关不应干预律师机构的具体业务。律师业务从中央到地方应形成独立的组织系统,实行单一的领导关系。律师事务所应享有法人地位,实行企业化管理。国外许多国家律师事务所都具有自治经营管理的特征。如苏联的律师协会从性质上讲,是"从事律师活动者的自愿联合组织"〔苏联律师法第 3 条〕,苏联许多律师从进修学习的时候起,就与国家机关没有组织上的关系,他们在律师协会内部接受教育并领取协会津贴,并根据律师协会的决定吸收为会员,取得律师资格,这便从人事制度上保障了律师协会独立于国家权力。

三、律师事务所的形式问题

目前我国律师事务所主要是"官办"。这种单一的"国营"律师事务所,则毫无疑问吃"大锅饭",干与不干一个样,干多干少一个样,干好干坏一个样,严重挫伤了律师的工作积极性;由于受编制的限制,律师队伍的扩大也严重受阻。我认为,律师工作机构应允许国家、集体和个人开业三种体制同时存在。有同志担心律师个人开业是否改变我国律师的社会主义性质,是否会导致律师违法乱纪?我认为这些担心是多余的。我国《宪法》规定人民法院是国家的审判机关,人民检察院是国家的机察机关,它们都是国家机器,所以性质必经是国家的。而律师事务所不同,律师职业是一种法律专业的技术性工作,劳动形式可以是国家的,也可以是集体或个人的。集体或个人开业的律师事务所具有独立立法人资格,自负盈亏,独立核算,打破"铁饭碗"这将更严格要求律师以自己的才学和勤奋努力工作,公正办案,满腔热情为当事人服务,这样才能在社会上站稳脚跟,享有盛誉。如此,则优越性将大大显现出来。

四、刑事辩护豁免权问题

《律师暂行条例》第 3 条规定:"律师执行职务,受国家法律保护,任何单位、个人不得干 涉。"但律师受法律保护并未真正落到实处。在实践中,律师不仅不享有豁免权,而且还可能因履行职务而受到迫害。《中华人民共和国刑法》第 162 条规定:"窝藏或者包庇反革命分子的,处三年以下有期徒刑、拘役或者管制;情节严重的,处三年以上十年以下有期徒刑。窝藏或者作假证明包庇其他犯罪分子的,处二年以下有期徒刑、拘役或者管制；情节严重的，处二年以上七年以下有期徒刑。"根据这些规定，如果律师为被告作无罪辩护，由于缺乏必要的法律保障，就有可能被视为包庇罪犯，从而受到法律追究。这样势必严重影响律师工作的发展。建议未来的律师法应明确规定律师在刑事辩护中享有豁免权。即律师不因自己在法庭上的辩护而受法律追究。国外许多国家都规定了刑事辩护中律师享有"豁免权"。如日本法律规定："当律师为一位有罪人作无罪辩护时，法院是决不会追究其任何法律责任的。"

五、保密的权利与义务问题

《律师暂行条例》第 7 条第 3 款规定："律师对于在业务活动中接触的国家机密和个人阴私，有保守秘密的责任。"但《刑事诉讼法》第卅条第一款规定"凡是知道案件情况的人，都有作证的义务。"当律师的这两条义务发生冲突时，前者要服从后者。也就是说，律师不享有保密的权利。这种规定就某个案子来说，也许是有利于国家利益的，但不利的方面也显而易见。其一，如果律师不向法院或者被认为没有向法院提供其知道的有关当事人犯罪的真实情况，而为当事人作无罪或罪轻的辩护，就有可能被认为犯有包庇罪。其二，将可能损害当事人与律师之间的信任关系，从而影响刑事辩护工作的正常开展。因此，从法制建设的长远观点和整体观点看，新的律师立法就律师保密的规定应作出某些调整。在日本，为当事人保密，既是律师的重要权利，又是律师的绝对义务。《日本律师法》第 20 条规定："律师或首任律师的人，有保守其职务上所得的秘密，享有权利，负有义务。"为此，日本刑法和刑事诉讼法还作了相应的规定。《日本刑事诉讼法》第 149 条规定："医师、牙科医生、助产士、护士、律师、代办人、公证人、宗教在职人员或担任过这些职务的人，对由于受业务上的委托而得知的有关他人秘密的事实，可以拒绝作证。"

六、律师介入诉讼的时间

《刑事诉讼法》第 110 条规定，人民法院决定开庭审判后，应将人民检察院的起诉副本 至迟在开庭 7 日以前送达被告人，并且告知被告人可以委托辩护人。这种规定，完全是中国现实社会状况的产物，规定的意思是，既要为律师参加诉讼提供一定的时间保障，又要防止律师过早介入诉讼给侦查和起诉活动带来任何妨害，因为中国的社会制度和价值观会是绝对不容忍律师或者其他任何人干扰国家的侦察活动的。我认为，律师介入诉讼的时间太晚，就不能有效地保护被告人的合法权益,限制了律师辩护职能的充分发挥。而且使侦察、起诉工作中的错误不能得到及时发现和纠正。我认为辩护律师应从侦查阶段介入诉讼,以便使被告人在受到刑事追究时就能在律师协助下较充分地行使辩护权,防止侦查工作中容易出现的刑讯逼供及其他违法现象,有利于无罪的被告人得到及时保护。

另外,随着经济体制改革和我国对外开放政策的贯彻,我国同世界上一百多个国家和地区有着经济上的贸易往来,涉外案件的发生已日益频繁。《律师暂行条例》规定了律师的主要业务有5条,而没有把受理和承办涉外案件列为一个专门条款,我认为应加以增设。

作者发表于《法论》1991年第1期

第五部分

05

| 其 他 |

第一篇

家庭暴力成因及法律思考

我国新婚姻法从立法角度对家庭暴力的制裁作了比较全面的规定。所谓家庭暴力,是指家庭内部相对强大的成员肆意以恶毒的语言或行动攻击其他家庭成员,使其他家庭成员心理、生理受到严重伤害或摧残的一种行为。

一、家庭暴力面面观

谈到家庭暴力,人们十分熟悉。最近贵州电视台正在上演的电视连续剧《不要和陌生人说话》,真可说是反映中国家庭暴现象的精典作品。剧中男主人公对妻子动辄拳脚相加,妻子多次出走,又多次找回;丈夫多次认错,可又多次故技重演。为此,男主人公还残忍地杀死揭露他暴行的记者和妻子的哥哥。最后严重到只为一句话可以一脚踢掉妻子肚里的孩子、踢断妻子一条腿。当然,这位丈夫最终等待的只能是法律的严惩!而在当代中国,此类家庭暴力何止千万。据资料显示,1998 年山西全省各市妇联接待处接到家庭暴力事件投诉 1271 件,占婚姻家庭信访总数的 327;广东省 1999 年对全省家庭抽样调查,结果显示丈夫对妻子施行暴力的家庭占 22.8%;武汉市近 3 年接待 800 人次妇女投诉,近 1/3 系家庭暴力投诉;天津市 1999 年调查了 2000 名妇女,有 18% 的人承认配偶对自己有过家庭暴力;沈阳市妇联 1994 年接待因家庭暴力上访的占上访总数的,1995 年占 30%,1996 年占 34%,1997 年占 35%。来自全国人大及部分省、市法院、检察院、妇联等部门的资料表明:家庭暴力约占婚姻案件的 30%,个别地区达 50%。重庆市渝中区妇联 1997~1998 年信访接待的家庭暴力事件占信访案件总数的比例,1997 年为 12%,1998 年上升为 19%。

不仅如此,当今世界上其他国家,家庭暴力现象也频繁存在。美国每 15 秒钟就有一名妇女被打,2002 年 1 月 24 日出版的《美国经济纪要》第 121 版说,1998 年,约有 100 万人涉嫌配偶和男女朋友之间的暴力行为。美国儿童深受暴力侵害,美国暴力政策研究中心2001年11月28日公布的调查报告说,对美国联邦调查局的凶杀数据的分析显示,1995年至1999年,美国有3971名1~17岁的儿童和未成年人被枪杀。美国儿童被枪杀的比例,比生活在其他25个工业化国家的儿童要高16倍,而在手枪暴力的死难者中,黑人儿童比白人儿童高7倍。在英国,据调查发现,30%的妇女受到过家庭暴力;12%的妇女报告过家庭暴力(报警的妇女受到过武器攻击;23%的妇女被男性伙伴强奸过;37%的妇女在与有暴力行为的男人分手后仍受到他们的侵犯。英国内政部曾统计来看,家庭暴力上占英国犯罪总数的25%。在日本,有15.4%的妻子曾遭受到丈夫的殴打,3.7%的丈夫受到妻子的暴力侵犯。

以上骇人听闻的数据表明,家庭暴力这个凶残的社会毒瘤,过去和现在,多么残无人道地侵害着妇女的人权!这种残害给无数的妇女带来人生的不幸,它严重阻碍社会进步和繁荣,与我们天天都在提倡的精神文明显得如此格格不入。它影响着一个国家社会的安定、人民的幸福,残暴地吞噬着美,吞噬着人的灵魂,无情地拖住人们前进的步伐。我们如不高高举起法律这把锋利的宝剑奋力铲除之,将是对社会不负责任,对未来不负责任!

二、家庭暴力的成因

目前,我国家庭暴力呈现出隐蔽性大,延续性强,手段残忍,后果严重的特点。施暴者或为了达到离婚之目的,或由于强烈的忌妒或心理障碍等,不择手段,残无人道,且有从农村发展到城市的趋势,从低层次发展到高层次的趋势。如作者前面提到的电视连续剧《不要和陌生人说话》中男主人公就是一个医生,女主人公就是一个教师。究其深层次的原因,主要有以下几种:

第一,历史原因。中国封建社会历史悠久。尽管社会主义中国建国已有50年的历史,但封建社会的残余仍在相当领域内存在。诸如大男子主义,男尊女卑,重男轻女思想,在社会上仍有相当市场。现代社会尽管妇女也同男性一样可以就业、拼搏,但对大多数妇女而言,女性所受到的社会的待遇是较次等的。有时出了几个女强人,还让社会众说纷纭。有人说她们不该存在,有人说她们该存在。妇女在社会和经济地位的较低下,往往使她们在生活上产生依赖男性的趋向,结果助长了大男子主义的繁衍。有学者称这种现象为"贫穷女性化"。男性大男子主义如果膨胀,即会反映在家庭中为所欲为,要霸道,不尊重妇女,引起家庭暴力。

第二,社会原因。在高效率、高速度的现代社会,人们工作压力、经济压力增大,生活节奏加快,尤其是当今全球化的市场经济,风云变幻,商战频频,许多人情绪烦燥，不能自己，则拿家人开刀。在我国，国人平均经济收入水平较低，由于改革和转制，许多人面临下岗、失业，生活相对贫困。低收入使他们对生活的态度情绪低落，为了维持一个贫困边缘的家庭耗尽毕生精力，因而心情变坏。当他们内心承受的压力达到极限后，他们不计后果，只想一泄为快，于是对家人施暴成了他们的必修课，也不可避免地带来违法、违反道德的行为，甚或导致严重伤害家人的后果。在中国，望子成龙成为许多为人父母者对子女百般苛求的根源。如子女在学校读书拿不到高分回家，等待他们的将是父母一顿谩骂和拳脚。我们实际上经常看到，子女在受不了父母打骂后，发生许许多多出逃、自杀或杀父母的案件。还有，由于社会上许多不公正现象和不良现象的存在，也干扰着人们的情绪。他们也往往把对社会的不满带回家里，或者向配偶发泄，或者向孩子发泄，引起家庭暴力。

第三，婚变和情变。许多人一开始，婚姻基础就不牢，双方志向、爱好、情趣差异甚远，导致家庭生活不合谐。日子一长，矛盾加深，引起家庭暴力。现代社会，许多人对婚姻持极不慎重的态度，随便交友、恋爱、结婚，又随便离婚，引起家庭问题日益严重，导致家庭暴力。当今开放的社会，异性交往频繁，引起许多感情纠葛，对于某些素质不高的人，不懂得妥善处理好自己的家庭、感情问题，加上配偶往往强烈对抗，增大家庭矛盾和感情破裂，引起家庭暴力。据我国有关部门统计，我国现有家庭2167亿个，目前离婚率为1.54%，即每年约有40万个家庭解体，其中四分之一起因于感情问题引起的家庭暴力。

第四，对婚姻家庭保障机制不完善。从立法上看，保护婚姻家庭的法律有《婚姻法》、《未成年人保护法》、《老年人权益保障法》、《妇女儿童权益保障法》、《治安管理处罚条例》、《刑法》等等。这些法律、法规对惩治家庭暴力进行明确的规定，但司法实践中，缺少有力的配套和实施措施。而到2001年12月最高人民法院关于适用《中华人民共和国婚姻法》若干问题的解释（一）第一条才规定，所谓家庭暴力，是指行为人以殴打、捆绑、残害、强行限制人身自由或者其他手段，给其家庭成员的身体、精神等方面造成一定伤害后果的行为。持续性、经常性家庭暴力，构成虐待。这一司法解释对家庭暴力的行为认定较具体化，尤其在惩处家庭暴力上，往前走了一大步。即界定持续性、经常性的家庭暴力，构成虐待。这对于施暴者治罪有了法律依据，但仍显得不够。现实生活中，许多施暴者为何肆无忌惮，这与法制不健全、打击力度不够息息相关。国人素质低下，社会不良现象四处漫涎，似乎一个家庭暴力问题在人们的眼中，还是小巫见大巫。于是人们往往对家庭暴力携手旁观，不肯站出来声张正义。诸不知，人们没有清醒地认识到家庭暴力现象非但不是一个小事,而已经成为社会一大祸害。谁都知道,一个家庭不幸,将会如何毁灭一个人的前程和生命!严重影响当事人的工作,给社会的协调发展带来极大危害。而我们却没有建立有效的专门机构来管理和处理家庭暴力。司法腐败现象的严重,也更加助长了施暴者的嚣张气焰,让他们觉得,即使违了法,也有保护伞,也有关系网,大可不必担心要受到法律制裁。

三、治理家庭暴力的几点意见

笔者认为,要使家庭暴力问题得到有效的控制,必须从以下方面着手:

第一,更新婚姻和爱情的观念。我国婚姻法专家巫昌祯教授认为,未来的社会里,维护婚姻安全的不是道德、不是法律、而是人们自身的认知及觉悟。俄国作家车尔尼雪夫斯基在《怎么办》书中那样描述:当男主人公发现对方不再深爱自己时,他佯装自杀,静悄悄地走开了。多年以后,当两人再次见面时,她十分惊讶,才知道他当年的"自杀"是出于对她的挚爱和她的幸福。换句话说,当人们对婚姻、爱情的本质认清后,才能真正感受到人的价值取向是建立在彼此需要和互助的基础上的。如果这个基础抽空了,婚姻和爱情又从何依附呢?当然,这种人类的较高程度地认识自身的前提,依赖于教育和文化的发展。在中国,许多人所受教育程度不高,素质低下,要求他们从这个高度来认识婚姻的本质,是一个相当漫长的过程,但我们必须努力。

第二,摆正妇女的社会地位。人们早就认识到,自尊、自爱、自强、自立是一个人最基本的觉悟。有了这个觉悟,谁也欺负不了。家庭暴力特征的核心就是强者欺负弱者。广大妇女由于历史和现实的原因,相当部分人仍处于弱者的地位,许多人甚至要依赖男性生存,这是必须解决的问题。社会在促进就业中尽量解决妇女就业问题。当今妇女中许多优秀的一部分完全有能力,也有资格与男性工作上平等,她们面临社会的挑战,承担着家庭、工作的双重负担,她们更加坚韧不拔地前进着,社会应给予她们充分的关爱和支持;社会还应为妇女受教育提供更优越的条件,大力举办提高妇女觉悟的各种学习班及多种形式的文化沙龙,使广大妇女真正树立自尊、自爱、自强、自立的意识,在社会上努力拼搏、勤奋工作,赢得自己应有的尊重和地位。发达的工业化国家认为,妇女仅仅获得受教育的权利是不够的,她们没有得到充分的权利,如果课程中忽略妇女,那也是一种误导。在美国已开设了19000多种有关妇女的课程,有620多个妇女项目提供主修学位和辅修学位。其中一些可授予硕士和博士学位。通过学习使她们从思想上真正正视人生价值,正视"人的价值"。通过学习使妇女看清楚,21世纪对全世界妇女意味着机遇、意味着挑战、意味着希望、也意味着发展。

第三,受害者的觉醒。广大妇女应主动加强法律知识的学习和了解,拿起法律的武器保护自己的人身安全,维护人的尊严。我国现行婚姻法规定,实施家庭暴力或虐待家庭成员,受害人有权提出请求,居民委员会、村民委员会以及所在单位应当予以劝阻、调解。对正在实施的家庭暴力,受害人有权提出请求,居民委员会、村民委员会应当予以劝阻;公安机关应当予制止。实施家庭暴力或虐待家庭成员,受害人提出请求的,公安机关应当依照治安管理处罚的法律规定予以行政处罚。持续性、经常性的家庭暴力构成虐待。依照以上法律规定,受害人可以请求相关组织和单位劝阻、调解,严重的请求公安机关制止,或请求公安机关给施暴者行政处罚。如施暴者构成待,可依法向人民法院提起诉讼,对施暴者以虐待罪处罚。广大的家庭暴力受害者决不可一让再让,忍辱负重,而是拿出的尊严和施暴者斗争,活出自己一片潇洒的天地。

第四,净化社会空气。发展社会经济,富国强民,才能从经济上消除诸如家庭暴力在内的许多社会丑恶。人们生活在富强的国家中,口袋有了钱,舒心轻松,精神压力减轻,家庭暴力自然减少很多。另外,人们在满足了物质生活的基本需要后,才有充足的精力和时间充实自己的精神和文化生活,提高文化素养,与封建、愚昧决裂。我们还应加强道德文明、精神文明建设。这种真正意义上的有物质基础的加强,将会尽快树立良好的社会风气、净化社会空气,使家庭暴力再也没有滋生的土壤和温床,在社会上没有市场。因此,从某个角度讲,物质基础及人们的文化教养,乃是消除家庭暴力的最根本前提条件。

第五,完善家庭暴力立法和实施举措。除我国现代婚姻法外,作者还提倡强化惩治家庭暴力的立法规定。如江苏省的淮阴、常州、扬州三市已出台有关预防和制止家庭暴力的若干规定。有同志呼吁出台一部《反家庭暴力法》,具体规定对家庭暴力,的制约和惩处。例如,美国的第一个反对家庭暴力的条例是《家庭暴力的预防及提供服务》;马来西亚已经制定出了《反暴力法令》草案,正提交议会通过;美洲地区的国家也通过了目前世界上唯一一个有关反对对妇女暴力的公约。我国的相关法律规定很分散,一方面不利于司法机关的执法,另一方面不利于每个公民知法、守法,这些问题应力求改善。如《婚姻法》、《妇女权益保障法》中有关许多新规定,要有配套的法律规定,使之具备可行性和可操作性,以实现惩治家庭暴力的目的。

第六,社会保障系统的完善。比如,在各级人民法院建立家庭法庭;赋予公安机关按受报案及制止家庭暴力的职责;各级人民政府妇女儿童工作委员会加强工作力度,强化职责,负责协调、指导和监督本区域内预防和制止工作;建立"反家庭暴力网络";建立妇女避难所,为那些受家庭暴力侵害,问题暂时没有解决,而又无处居住的人提供房屋、食宿及必需的生活用品;新闻媒体也应把握舆论导向,适时地宣传与督导家庭暴力案件的正确处理,维护被害者的权益。

我们坚信,随着社会的不断进步,随着全球经济的共同展和法制社会的更加完善,家庭暴力,这个人类社会肮脏的垃圾,将会在全世界人民的呼声和打击中彻底荡涤。

作者发表于《重庆大学学报》2002 年增刊

第二篇

试论我国高校毕业生中的不正当竞争行为——求职欺诈

求职欺诈是指高校毕业生在求职过程中,向用人单位提供虚假信息,以获取就业机会的行为。高校扩招在带给人更多接受高等教育机会的同时,也增大了毕业生就业的压力。"夫之骄子"们不得不丢掉昔日的优越感,跻身于激烈的就业竞争行列。在竞争过程中,有的大学生为了投用人单位之所好,过度包装自己,欺骗用人单位,这实质上是高校毕业生在求职过程中的一种不正当竞争行为,其结果不仅害了学生,也害了学校。

一、高校毕业生中的求职欺诈现象

(一)求职欺诈的主要表现

1. 提供虚假自荐材料。对于初出茅庐的大学生来说,自荐材料是打开就业大门的一块"敲门砖"。为了获得用人单位的青睐,他们在制作自荐材料时总是力求尽善尽美,即使弄虚作假也在所不惜。如学习成绩可以从不及格改为及格,及格改为优秀,学生会的干事改为主席,社会活动的参与者改为垦织者。自荐材料不再是简单的学科成绩和教师评语,取而代之的是丰富昀打工阅历和繁忙的社会工作,个人化和现代化的色彩越来越浓厚。

使用假证书。随着社会的发展,用人单位对大学生的要求也越来越高。如英语四、六级证书,计算机二级证书等。如果大学生没有这些证书,就很难谋求到好的职业。为此,有的大学毕业生制作假证书或者借用其他同学的相关证书,改头换面,欺骗用人单位。

面试时的过度吹嘘。用人单位在招聘时,除了翻阅自荐材料和查验有关证书以外,还有可能与求职者当面交谈,全面了解求职者的综合素质。有的大学生往往会利用这一机会,大肆吹嘘自己,以图成功签约。例如,某 IT 业外企人力资源部经理在招聘现场询问考查一大学生的社会实践能力,该大学生自称是国内某名牌大学毕业的,曾任和微软的市场经理、联想集团的大区经理。经调查,该大学生只不过是那所大学的成人教育班的学生,并且从未做过所称的社会工作。

（二）求取欺诈的特点

1. 具有一定的普遍性。大学生为了找到一份理想的工作,总是尽力表现自己的长处,掩饰自己的不足,甚至弄虚作假。不管是在重点大学的学生还是一般大学的学生中,也不管是男生还是女生中,都不同程度地存在欺诈现象。

2. 形式多样。有的大学毕业生求职时,篡改、伪造成绩表,捏造实习经历和社会工作经历;有的借用、复制他人证书,欺骗用人单位。

3. 不计后果。求职欺诈可能会带来一时的好处,谋得一个理想的职业。但是,这也容易让用人单位对其期望过高,一旦看到其真实表现,用人单位的过高期望极易变成失望,甚至会对大学生和其毕业学校产生不信任感。学校的口碑和培养人才的可信度也由此受到质疑。

（三）求职欺诈的危害

求职欺诈是典型的不讲诚信的表现。由于我国素为礼仪之邦,历来都把诚信作为人之所以为人的安身立命的基础,只有"言忠信,行笃敬",才能取信于人,取信于社会,才能同他人正常的交往,得到社会的尊重和信任。（2）但假如学生在刚走出校门之时就没有打下一个良好的信用基础,迈向社会的第一步就写下了一笔虚假的信用记录,社会怎敢向他托付未来。学生是学校培养出来的,学生信用不好,用人单位又如何信任学校呢？高校毕业生在求职过程中的这种求职欺诈行为,其结果不仅害了学生本人,害了学校,还扰乱了高校毕业生正常的就业竞争秩序。

二、高校毕业生求职欺诈现象产生的原因

（一）学生素质的差异

一名大学生如果思想先进,学习刻苦,成绩好,社会实践能力强,毕业时不愁找不到好的工作。这种学生一般不会作假。相反,缺乏上进心,学习成绩差,社会实践能力较差的学生,惟恐用人单位不接纳,便采取欺诈的手段蒙混过关。

（二）学校管理的缺陷

作为学校,总是希望自己的学生能够顺顺利利地找到工作,而这些弄虚作假的材料、证书对大学生找到工作又有一定的"帮助",所以,相关学校有时是明知有假却照样签字盖章或者不予干涉。这对学生造假欺诈无疑产生了推波助澜的作用。正如某用人单位人力资源部经理所说,"我们凭什么相信学生,还不是基于对学校的信任。可有的学校为了把学生分配出去,不核实学生的成绩单,甚至与学生一起骗我们。现在我们人力资源部都快变成打假办了"。

(三)就业竞争的压力

在过去计划经济条件下,国家实行统分政策,只要考上大学,就有了铁饭碗,大学毕业生不需为自己毕业后的工作发愁。可是,进入市场经济以后,高校毕业生分配实行双向选择,面临着与社会上求职者一同竞争的形势,大学生没有了过去得天独厚的优势。为了吸引用人单位的注意,部分大学生采取欺诈手段包装自己,以赢得竞争优势。同时,社会上假冒伪劣、虚假广告等现象对大学生的思想和行为也产生了一定的影响。

(四)用人单位一味追求"优秀生"

从用人单位裙聘人才的情况看,随着知识经济的到来,"搞导弹不如卖茶叶蛋"的尴尬早就消失了,全国各地都在抢人才。尤其是沿海经济发达地区,更是爆发了一场激烈的人才争夺战。一些单位招人,动不动就强调要博士、硕士、MBA。用人单位在选拔毕业生时盲目攀比,学历要求高,动辄只招硕士生、博士生;头顶上的光环要"亮",非"三好生"、"优秀毕业生"不要,一部分用人单位所存在的这种一味追求"优秀生"、"人才高消费"等现象,客观上助长了学生的高校毕业生求职欺诈。因为缺乏针对性的盲目"抢人才",却往往造成局部的人才积压,最终导致人才难尽其才,加剧了人才市场的恶性竞争。这些都是促使毕业生造假的客观动因。

三、杜绝高校毕业生求职欺诈的几点建议

(一)高校须强化对高校毕业生的诚信教育

通过教育让学生了解和明确:诚信自古即为修身立国之根本。孔子曰:"人而无信,不知其可也。"(《论语"为政》)一个人不讲诚信,那么就不能立身处世。诚信原始的、表层的意思是对人讲信用,但其成熟的亦即根本的意义则是指人的诚信,是外不欺人与内不欺己的统一,是相信自己和相信他人的统一,亦是相信人事与相信天道的统一。所以《说文》讲:"信,诚也。"朱熹认为,诚就是世间万物那种本然如此的、实实在在的性质,即"诚者真实无妄之谓,天理之本然也。"(《中庸章句》)可见,强化对高校毕业生的诚信教育,就是要要求他们在求职过程中遵守诚实、善意和信用这种最基本的道德规范。

(二)高校须加强对毕业生的就血指导和就业服务

如果毕业生就业时有了正确的就业指导思想,转变了"等、靠、要"的就业观

念,那么,他们便不会因盲目攀比、一味选择所谓的"好单位"而铤而走险,毕竟求职欺诈本身是存在诸多的风险的。所以,笔者建议高校从以下几个方面来加强对高校毕业生的就业指导和就业服务。

学校应把就业指导课由选修课变为必修课,提高到与英语、计算机并重的地位,规定一定学分,学分不满不能毕业,以加强对对高校毕业生的缺业指导学校应将对学生的就业指导由四年级(毕业生)扩展到所有年级的学生,把就业指导这"碗"过去只有大四学生才能吃的"快餐",变成从大一到大四所有高校学生人人能吃的"家常菜"。

(3)大学四年不同阶段就业指导工作各有侧重。一般而言,在大学一年级应把学生的思想教育工作和专业毕业流向等结合起来,开展诚信等与就业有关的指导,帮助学生确立将来的就业方向;大二、大三期间,工作重点应落在指导学生学好专业知识,为就业打好基础;到了大四,工作应落在择业、面试技巧等实践技术较强的方面,并有针对性地对学生进行专项指导,如外语人才的相应培养模式,计算机人才的相应培养模式。

(4)有条件的高校应建立"模拟人才招聘市场",为大学生择业提供实践经验

(5)借鉴外国经验。美国大学生的就业指导伴随着读大学的全过程,从一进校门开始,有关机构就帮助学生规划职业生涯,每个学生都有一份记录生理特点、兴趣、职业能力倾向、个人特征及家庭背景的个人资料档案,从大一到毕业,每年开的就业指导课,各有侧重,形式多样,贯穿始终,这些长处应当借鉴,从而更好地帮助学生树立正确的就业观。

(三)学校须加强对学生的自荐信、证书等材料的审查

一些高校为了追求毕业生的就业率,对毕业生的一些虚假包装行为采取"睁一只眼,闭一只眼"的默认做法,譬如:一些高校为了方便学生就业,在毕业生推荐材料上毫无原则地使用"优秀学生干部"、"社会实践先进个人"等溢美之词;不少高校还在校内开展一些名目繁多的、适应就业需要的活动,让参与的学生通过经济手段即可轻而易举地获得各种各样的头衔、美称,以满足用人单位的"需要";毕业生推荐表也全由学生自己填写,教师只负责盖章。高校的这些做法无疑是"纵容"了毕业生的求职欺诈行为。"学校有关人士的认识、态度与管理措施等,是毕业生造假行为得以抑制或泛滥的关键。"因此,高校对毕业生的还须自荐信、证书等材料加强管理,严格把关,把毕业生客观、全面、真实、准确地介绍给用人单位,真正体现出"优生优推"的原则。

（四）用人单位应更注重毕业生的实际能力

用人单位应克服那种一味追求"优秀生"的错误指导思想,因为这种人才消费观念不仅不利于高层次人才的选拔,反而会对求职欺诈行为的泛滥起到推波助澜的作用。笔者认为,如果用人单位能够更多的注重毕业生的实际能力,辅以适当地参考毕业生的求轵材料,综合考察录用人才,或许能对阻止求职欺诈行为蔓延起到一定的作用。

作者发表于求职欺诈《甘肃社会科学》2005 年第 6 期

第三篇

论"实施 QFII 制度加大人民币升值压力"的应对措施

一、实施 QFII 制度加大了人民币升值的压力

QFII 是"Qualified Foreign Iustitutional"的缩写,意思是指合格的外国投资者制度。在一些国家和地区,特别是新兴市场经济的国家和地区,由于货币没有完全可自由兑换,资本项目尚未开放,外资介入有可能对其证券市场带来较大的负面冲击,因此,QFII 制度是一种有限度地引进外资、开放资本市场的过渡性的制度。其主要目的是管理层对外资的进入进行必要的限制和引导,使之与本国的经济发展和证券市场发展相适应,控制外来资本对本国经济独立性的影响,抑制境外投机性游资对本国经济的冲击,推动资本市场国际化,促进资本市场健康发展。这种制度要求外国投资者要进入一国证券市场时,必须符合一定的条件,得到该国有关部门的审批通过,对外资进入进行:资格条件、投资登记、投资额度、投资方向、投资范围、金的汇入和汇出等的限制。

从 2002 年 11 月 15 日中国证监会和中国民银行联合发布《合格境外机构投资者境内证券投资管理暂行办法》开始,到瑞士银行于 2003 年 7 月 9 日正式下单买入 4 支八股,QFII 制度对于中国证券市场具有了真正的意义。同时,它所带来的问题也开始引起我们的思考,其中人民币升值面临更大压力的问题日益凸显。

人民币升值论起源于日本,绕道美国,发展到 2003 年 2 月,日本财长盐川正十郎向七国集团(G7)财长会议提交一项提案,希望将"广场协议"在中国重演,将人民币升值的声浪推至顶峰。1985 年,为了遏制日本出口导向的外贸政策在全球刮起廉价日货出口的狂潮,美国联合法、德、英等国的财政首脑,在纽约广场饭店与日本签署了"广场协议"。此后的 10 年间,日元兑美元比率由 250:1 升至 87:1,升值近 3 倍。"广场协议"后来被众多学者公认为引发日本经济衰退至今的罪魁祸首。2003 年 6 月 19 日,美国"健全美元联盟"开会讨论是否提请美国政府动用

"301 条款"迫使人民币升值。同时,欧盟 15 国决定将上调中国在"普遍优惠制"(GSP)下享有的出口商品优惠关税,即由目前的 3.5% 提高到 5%,2004 年上半年正式取消给予中国的"普惠制"。国际货币基金组织 5 月 22 日发布的全球通货紧缩研究报告指出,中国对外贸易份额的增加,使得通货紧缩的传播效应趋势加大。尽管该报告未直接提及人民币升值的问题,但文章直指中国的制度框架存在缺陷,导致货币工具的有效悸降低,间接表示出对中国放松汇率管制的关注。

在引入 QFII 制度之后,对人民币升值的呼声也越来越强烈。据瑞士信贷第一波士顿的报告,人民币虽然短期内将保持稳定,但中期升值极有可能,到 2006 年或 2008 年,人民汇率由现时每美元兑 8.28 元升值到每美元兑 5 元人民币左右。所罗门美邦则表示,中国需要更加独立的货币政策,未来将考虑放宽人民币汇率上下波动的范围,并可能在新一届政府上台后实施,中国作为一个庞大和发展迅速的经济实体,长期维持固定汇率有可能扭曲经济现实,对于中国国内和国际资本市场的正确定价没有好处,也不利于调节外部不平衡。瑞银华宝指出,人民币汇价变动或可舒缓通缩压力,目前,成本与汇价仍存在一定的差距。高盛亚洲认为,人民币汇价波动幅度扩大时机已经成熟。著名经济学家胡祖六在刚召开的"中国资本－市场开放与发展论坛"中分析固定汇率的巨大风险,呼吁中国政府放开资本账户,从侧面反映了人民币目前面临升值的压力。

面对国内外环境对人民币升值的呼声,我国管理层多次表示要维持币值的稳定,中国人民银行行长周小川在 2003 年 6 月底巴塞尔国际清算银行年会上就明确表示"不认为人民币有重估升值的可能,人民币汇率将继续保持稳定。"即便如此,我们也应该承认,在实施 QFII 制度之后,境外投资资金的汇出汇入,对我国资本项目的外汇管制提出了新的问题,因而对于推行制度加大人民币升值压力的研究就显重要起来。

二、实施 QFII 制度引起人民币升值的机理

所谓汇率,是指一国货币相对于另外国家货币的兑换比例,对它的影响因素是多样的。因为,汇率实际上是一种货币购买另一种货币的"价格",因而可以说,外汇市场上的买卖行为直接决定了它的大小,对一国而言,其中也就涉及到外汇市场的资本流入。在多数情况下,大规模的资本流入会导致一国的实际汇率升值,亦即货币升值。在不同的汇率制度下,其作用机制并不十分相同。在固定的汇率制下,是由国内通货膨账带来的;在浮动汇率下,则是由名义汇率的变动引起的。

　　在固定汇率制度下,一国为了维持官方汇率平价,中央银行必须干预外汇市场,购买由外资流入而带来的外汇,这样做的结果是外汇储备增加。中央银行创造出更多的基础货币,引发通货膨胀,因名义汇率固定不变,这样实际汇率升值。也就是说,如果一国维持盯住汇率制,将会导致国内价格的提高,进而将引起实际汇率升值。在浮动汇率制度下,一国大规模外资流入,将导致对该国货币的需求增加,名义汇率就会升值,而同时又不增加通货膨胀的压力,这样就出现实际汇率升值。

　　我国实际实行的是"盯住美元"的汇率政策,其实就是一种有限度的浮动汇率制。实施 QFII 制度后,随着境外资本的流入,构成对外汇市场的冲击。央行为了维持汇率的稳定;必然会对流入的境外资本进行干预,在外汇市场上以本币购买外币,这种干预将引起本币供应量的增加和通货膨胀,并最终导致实–际汇率的升值。这样的迹象反映在央行 2003 年第三季度执行报告中:9 月末,广义货币 N2 余额 21.4 万亿元,20.7%,其中,一季度末增长了 18.59%,二季度末增长了 20.8%,最高时的 8 月末达到 21.6%;狭义货币 M1 余额 7.9 万亿元,同比增长了 18.5%;流通中的现金,M0 余额 1.8 万亿元,同比增长了 12.8%;前三季度,累计净投放 1028 亿元,同比多投放 484 亿元;广义货币 N2 和狭义货币 M1 增速分别比年初高 3.9 和 1.7 个百分点;广义货币 M2 增速比同期经济(GTP)加消费物价(CPI)涨幅之和高 11.5 个百分点。另外,现时国内出现了通货膨胀的苗头,由此可见,人民币升值问题在 QFII 制度实施过程中是存在的,它会带来许多潜在的风险。

三、"实施 QFII 制度导致人民币升值"将带来的负面影响

　　在大规模资本流入情况下出现的实际汇率升值,可能会损害一国的实际经济部门,并进而危及国际收支状况。因为实际汇率升值使得进口增加,而出口并不能相应增长,经常账户很容易出现逆差,所以持续的实际汇率升值势必会使一国的资源由可贸易商品部门转向非贸易商品部门,从而使经济账户恶化。当经常账户赤字变得难以维持时,名—义汇率的贬值预期将迅速增加,资本流入不可避免地出现逆转。短时间内大规模的资本外逃和货币的急剧贬值,特别是在缺乏弹性的汇率制度下,将最终把一国推向金融危机的深渊。1994 年的墨西哥危机和1997 年的泰国危机,在很大程度上归于实际汇率的升值和僵化的汇率安排。对我国来说,QFII 制度实施会引起资本流入的突然增加,短期内而言,将导致国际收支顺差的加大;从长期来看,资本流入持续增加,存在必然的经常项目逆差的风险。

由于我国经济成长迅速,市场潜力巨大,预期收益乐观,因而境外机构投资者的资本将流入证券市场以分享我国经济增长所带来的利润。基于这种资本流入是长期且持续的,而政府所掌握的外汇储备不可能无限制的增加,还有国内居民所得到的大量的国外资金,不可能长期放在手中,而是大量用于购买进口物品,因此,经常项目的逆差的所难免,国际收支必然恶化。而且,人民币升值对我国的经济发展是不利的。这主要体现在人民币升值对中国的优势产业产生严重损害,对消费、投资、出口需求产生不利影响,加大国内企业的外汇风险管理成本,影响企业在国内外的竞争力。对上市公司而言,也就削弱了其对投资者的吸引力,这与引入进口制度的初衷是相悖的。当然,人民币的升值意味着对人民币需求的增加,这导致了国内货币供应量的上升,最终造成国内总需求的扩大,引起通货膨胀。欧元之父蒙代尔在 2003 年 3 月 14 日曾警告称,中国应当顶住外来的要求人民币升值的压力。他认为,人民币一旦升值,对中国以及亚洲地区的经济势必产生负面影响,并降低直接投资者的在华利益。

由此可知,QFII 制度的实施,加大了人民币升值的压力,而人民币的升值,对我国的经济生活将产生重大的影响,其所带来的风险是巨大的,因而风险是巨大的,因而探讨应措施将显得尤为急迫。

四、我国的应对措施

1. 保持外汇平衡,改革外贸管理体制。在实施证 QFII 制度后,我们应当对外资大规模流入可能引起的币值波动给予高度的重视,并在保持外汇平衡时加以充分的考虑。具体而言,在制度实施的初期,应该在境外资金汇出汇入的额度和频率上作出具体的规定,以限制资本的大规模流动,如此就可以削弱对人民币币值稳定的不良影响。这样的做法已经在《境外合格机构投资者境内证券投资管理暂行办法》和《境外合格机构投资者境内证券投资外汇管理暂行规定》中得到体现。但这些还不足以缓解人民币升值的压力,我们应该开始思考对现时汇率制度的改革。以健康的经常账户为目标,改革现时的外贸管理体制是一个可行的做法。也就是说,改变多年的以出口为主的外贸政策,加大对进口的扶植力度,加快出口市场多元化的步伐。

2. 限制证券投资资金在资本流入中的比例,促使其流入证券市场。基于引入制度是适应资本账户开放的需要,其实施进程必将经历对境外资本汇出入和额度限制的取消,以及对境外机构投资者可投资的人民币金融工具范围的放宽,因而我们在制定上述政策时．应该防范人民币升值所带来的风险。20 世纪 90 年代初,亚洲国家和拉美地区面对大规模资本流入而在实际汇率中呈现出不同的反应,马里大学和国际货币基金组织研究人员曾对此作了研究并得出结论,那就是证券投资资金在资本流入中的比例必须限制以及尽可能地促使证券投资资金流入证券市场而非货币市场。资本流入涉及到外商直接投资(FDI)和证券投资,一般情况下,:FDI会更多地带动资本品的进口以及国内实际产出的增加,从而可能引起汇率的跃值;而证券投资的作用具有不确定性,不仅取决于它是否投资于证券市场,而且就算投资到评券市场,也取决所投资目标〔上市公司)是否用于产业投资。基于以上思路,我们在放宽 QFII 投资额度和资金汇出入限制时参照的数据是可行的,. 或者说对比 FDI 审批每年的数量(一个国家每年 FDI)和证券投资的数量存在多大的相关性仍有待于进一步研究。另外,遵循让境外机构投资者只在证券市场而非货币市场上获利的思路,在制定放宽他们所投资的人民币金融工具范围时,应该以此为出发点,防止外国证券资本直接或间接地进入商业银行体系而转化为国内私人信贷。

3. 改善上市公司的管理。引进证口制度是为扩大吸收外资,所以就必须给境外机构投资者足够的信心使其进入中国的证券市场,因而上市公司的质量就显得尤为关键。对公司而言,面对人民币升值的压力,更多地应该放在自身综合素质的提高上,这样才富有竞争力;对管理层而言,管理的思路应该在于改善公司上市就是"圈钱"的风气,对上市公司发行股票所募集的资金用途进行严格的监管,防止其用于公司以外的非产业性投资。当然,为缓解人民币升值压力,因应现时对境内外币小额存款利率的适当下调,在货币政策上应鼓励企业持有外汇以及扩大对外直接投资。

总之,人民币汇率长期囤定在一个水平肯定是不合理的,中国要成为一个世界经济强国,人民币变为世界性货币不可避免,资本账户也必将全面开放。限于现时国内外的环境,短期内使人民币升值显得过于冒进,正确的做法应该是维护汇率的稳定,促进我国经济增长。随着中国人经济在国际地位上的提高和对外依存度的不断加强,汇率机制与全球并轨的要求越来越迫切,人民币升值的压力确实存在,我们应该承认制度的实施确实加大了这种压力。基于此,考虑到现行的汇率制度不可能持久地应对来自资本账户的开放,为促进经济结构改革并保持金融稳定,中国应当采用更为灵活的汇率制度。

作者发表于《经济师》2005 年第 8 期

第四篇

存款保险制度消极影响的法律应对

一、存款保险制度及其可能存在消极影响

（一）存款保险制度

存款保险制度，是指在金融体系内设立保险机构，吸收银行及其它存款机构（强制或自愿地）作为被保险人，建立存款保险基金，当投保机构面临支付危机或经营破产时，保险机构向其提供流动性资助或代替该破产机构在约定的限度内向存款者赔付的制度。

作为一种有效的存款保护机制，存款保险制度起源于 20 世纪 30 年代。由于经济大萧条，美国商业银行受到极大冲击，不少银行因资金周转不灵而被迫关闭，由此引发挤兑风潮，使大批本来可以维持正常经营的银行和其他金融机构破产。为使存款人在金融破产时免受损失'同时避免发生挤兑现象以维护银行体系的稳定，1933 年美国通过《格拉斯－斯蒂格尔银行法》(《Glass－Steagall Act》)，成立了世界上第一个独立的金融管理机构——联邦存款保险公司(FDIC)。存款保险的宗旨是保护小存款者的利益，防止挤提风潮，以稳定金融秩序。实践证明，存款保险制度自建立以来，在经济金融领域发挥了积极、重要的作用，譬如保护存款人的利益，提高存款者对银行的信任度；提高商业银行体系的信誉和稳定性，保障社会安定；中小银行与大银行平等竞争，打破垄断等等。

（二）存款保险制度可能存在的消极影响

FDIC 前主席 William Seidmen 对存款保险作过如下评论：存款保险如同核电站，如果操作得当，可以获益'但只有具备适当的安全预防措施才能防止它失去控制；而一旦失控，其造成的伤害会波及整个国家。这即是说，存款保险制度既具有对经济、社会积极作用的一方面，同时如果对其不加以适当控制或谨慎使用，存款保险无疑会是一个巨大隐患，尤其在经济全球化的今天看来，一旦爆发，危害波及

面决不会仅限于一个国家。如果这项制度没有相应的安全保障措施配套运行,则很可能诱发道德风险,并会导致逆向选择的发生,对金融秩序、社会稳定造成负面影响,如在20世纪80年代末期美国发生的储蓄与贷款危机(savings and loandebacle)。

二、有关存款保险制度可能产生的消极影响的观点评介

我国早在20世纪80年代就建立存款保险制度展开了讨论。基于对款保险消极影响的考虑,不少专家学者对其持否定态度。他们认为:首先,存款保险的固有弊端可能引发商业银行的道德风险,破坏金融市场正常市场纪律,并且这已经为许多国家的存款保险机构的运行实例所证明。

其次,该建议忽略了中国特定的金融结构和金融市场发展现状,盲目强调引入存款保险制度,可能会对现有的金融市场格局形成新的冲击。

再次,存款保险制度并不能替代金融监管能力的提高和金融市场的完善,不能够弥补长久以来的不良资产所导致的银行经营困境,不可能转嫁市场应当给予那些已经陷入经营困境的金融机构的惩处,同样不可能掩饰金融市场化程度低下所带来的金融资源配置的低效率。

三、我国应对存款保险制度消极影响的现实障碍

世界各国经验表明,存款保险制度应在金融监管已经相当严格、金融市场相对完善的制度背景下建立;存款保险发生有效效用,其前提只能是"具备适当的安全预防措施"然而 中国特有的金融结构和金融市场发展现状决定了实行存款保险制度存在现实障碍,体现在:

首先,社会信用制度还没有完全建立。如果在没有良好的商业信用和银行信用背景下实行存款保险制度,经营风险由存款保险机构承担,金融机构就会为获取高收益更多地从事风险业务;存款人的利益能得到存款保险机构的保险,存款人对银行的经营管理水平和资金实力漠不关心,也无需担心因银行经营亏损而遭受损失。缺乏良好的商业信用和银行信用,势必增加存款保险体系下的道德风险。

其次,金融监管水平还不完全适应金融业的快速发展。当前我国银行业监管的内容主要是以对银行的审批和合规性监管为主;对银行日常经营的风险性监管和规范性监管涉及不多,而且过多的行政审批及合规要求使监管成本越来越大,效果越来越差。随着金融业市场化和国际化程度的提高,我国银行业面临的风险

问题越来越突出:银行体系还不健全,特别是四大行还没有真正建立起市场化经营机制,不良资产比例较高从隐性的完全保护向明确的有限保护转变会导致存款转移,公众对银行信任度下降,难以稳定储户心理,挤兑极易触发。

最后,公众对风险的承受能力较低,对存款机构的监督意识较弱。长期以来安全观念淡化、防范意识弱化的现象形成公众风险意识和存款人存款银行的监督意识不强,使信贷风险加剧,无疑增加了存款风险,最终会影响存款保险制度的有效运行。

四、存款保险制度消极影响的法律应对

（一）先决条件—相关配套制度的完善

1. 深化金融改革。存款保险制度发挥作用的前提是银行真正成为市场活动主体,在中国的主要问题是消除政府对银行公开和隐形的信用担保,应让银行在市场竞争中求生存,优胜劣汰。只有这样,银行才能在危机中不断地扩张自身资产实力。因此,改革国有商业银行,建立地方性中小商业银行,消除国有商业银行市场垄断地位,明晰所有商业银行和其他金融机构的产权,可以为存款保险制度作用的发挥创造制度基础。

2. 建立社会信用制度。良好的社会信用是建立存款保险制度的基础。缺乏良好的商业信用和银行信用,势必增加存款保险体系下的道德风险。因此,建立存款保险制度必须健全良好的商业信用和银行信用,提高公众的风险意识和存款人的监督意识。

具体措施如:加强公众风险防范意识,积极倡导诚实信用;商业银行健全信息沟通与披露制度,确保交易信息对称;在全国范围内推行存款实名制,杜绝公款私存,使存款保险落到实处。

3. 健全信息沟通和披露制度。加强存款保险机构与其它金融监管机构之间信息的沟通,及时了解受保银行的经营状况及变动,就可以尽早发现问题,减少损失。

4. 良好的监管机制。严格、高水平、审慎的金融监管,是促使银行稳健经营的重要措施,是存款保险制度建立的保障。金融监管是抑制银行盲目冒险的重要手段,监管机关对银行的经营活动进行必要的监督和检查,指导、检查和督促银行业加强完善内控建设,促进银行产权制度的改革,提高银行风险管理水平,依法对违法违规行为进行查处,提出存款类金融机构紧急风险处置的意见和建议,防范银行业的经营风险。

5. 完善金融机构的市场退出机制。我国已于 2001 年正式实施《金融机构撤销条例》,依法强制有问题的金融机构从市场退出。在建立存款保险体系后,应当进一步完善市场退出机制,把对问题银行的清算职能赋予存款保险公司。

(二)制定存款保险法律制度,依法设立存款保险机构

在相对完善的先决制度基础之上尽快制定《中国人民共和国存款保险法》及其他配套法律制度。

依法设立存款保险机构。为了防止代理问题,应保证存款保险机构的独立性,要在法律上明确存保机构的地位,并对其功能、运作程序进行严格界定。在当前经济转轨时期,行政权力对经济活动的过度干预还普遍存在,国有商业银行还占有绝对垄断地位,因而这一点对我国具有特别重要的意义。建议存款保险法建立以下一些主要内容:

1. 机构设置。一般有三种类型:一是政府创办并管理;二是政府同银行界共同创建和管理;三是行业性的存款保护体系。根据我国的实际情况,应由政府创办并管理,但必须妥善处理好存款保险机构同中央银行的关系。存款保险机构与央行、银监会以及其他政府部门的协调机制是否有效,将从很大程度上影响对问题银行的处置速度和成本。

2. 存款保护范围。各国的存款保护范围不尽相同。有的国家包括所有银行存款;有的包括银行同业存款;还有的仅限于个人和非盈利组织的存款。我国应首先以居民的储蓄存款为主,这部分存款占银行全部存款的 70% 以上,是我国银行的主要负债。其次是企业存款。这两部分存款有了保障,则可减轻银行的压力。在其他方面再扩大保险范围。

保险金额。由于全额保险会使存款者失去审慎选择存款银行的压力,增大风险。所以,各国一般都按存款帐户实际限额保险。每个存款帐户限额日本为 1000 万日元;美国为 10 万美元。而我国银行负债是以小额的居民储蓄存款为主,仅采用限额方式则可能导致存款人根本监督银行的经营状况。因此,可以实行比例保险,同时规定最高限额。

实行差别利率。对参加保险的金融机构的风险进行定期的综合评估,根据其风险程度确定有差别的保险费率。先按银行存款余额的一定比例交纳保险费,然后在此基础上根据评估结果对经营风险高的金融机构加收风险保险费。这样,可以在一定程度上促使银行加强对自身业务风险的控制,遏制银行在业务活动中的冒险行为,监督银行加强经营管理。

参加保险的方式。美、法、德等均采取自愿方式,而英国、日本及加拿大等采

取强制方式。我国目前尚处市场经济的初级阶段,居民及银行的风险意识差,有必要强制所有吸收存款的金融机构必须参加存款保险。

6. 对投保银行的监管。存款保险机构有权要求投保银行定期报送会计报表及资料,对银行资金的流动性、安全性、盈利能力进行评估。银行将要破产时,可通过向该银行注资、派专业人员帮助并监管其进行整改等方式进行援救,对于必须破产的则在银行破产后对存款进行偿付。

实践证明存款保险制度的本质绝对不是消极的,而是积极的。存款保险制度不是一项孤立的制度,而只是金融安全网中一个不可或缺的部分,要真正发挥其作用,还必须取决于相关配套制度的完善以及克服该制度的弊端所采取的有力措施的贯彻实施。建立中国的存款保险制度是一个循序渐进的过程,因此,我们只有一切从实际出发,借鉴国外经验教训,有计划、有步骤地建立起保护存款者利益、维护金融体系稳定的存款保险制度。

作者发表于《集团经济研究》2005 年第 4 期

第五篇

论诚信原则与西部大开发招商引资工作的法治环境

西部大开发,法制要先行。为了保障西部大开发战略的顺利实施,西部各省市自治区急需以诚信原则为建立起良好的招商引资法治环境,并采用多种手段依法规范西部大开发招商引资中丧失诚信的衍为。研究西部大开发招商引资的诚信问题,以期对西部大开发法律制度建设以及对西部大开发的法律和政策的制定,特别有利促进和推动西部大开发。

西部大开发招商引资工作的关键就是要营造良好的法治环境西部大开发国策,是关系我国社会经济持续发展与社会政治稳定发展的重大课题。一般来讲西部大开发中的"西部",是指新疆、宁夏、青海、甘肃、陕西、西藏、四川、重庆、云南、贵州、广西、内蒙12省、自治区、直辖市。实施西部大开发战略,加快中西部地区发展,是党中央高瞻远瞩、总揽全局、面向新世纪作出的重大决策,是落实邓小平同志"两个大局"的思想和"三步走"战略目标的重大举措。随着西部大开发在西部如火如荼的开展,西部地区也便深刻地认识到这一点,即"西部大开发,法制要先行。"其原因在于:我国的民主法制建设虽然在改革开放二十多年来取得了举世瞩目的巨大成就,初步形成了以宪法为基础的有中国特色社会主义法律体系框架,国家的政治生活、经济生活和社会生活的主要方面已经基本上做到了有法可依,这为西部大开发提供了基本的法律保障;但是为了切实保障西部大开发的顺利进行,还应尽快为西部大开发立法,如西部大开发的地位、基础设施建设和投资、生态保护等问题,都应通过法律予以确定和解决。又如西部个别地区以前制定的一些有悖法律的法规,特别是一些明显带有地方保护和部门利益内容的法规,必须坚决予以废止,彻底清理那些妨碍公平竞争的法规规章和政策,加强反行政垄断的执法力度,确立公平竞争的意识。笔者经过调研后也认识到:西部大开发招商引资工作的关键是要营造良好的法治环境。笔者试图通过对西部大开发招商引资的法律问题进行研究,以期对西部大开发中相关法律制度建设以及对西部大开发中相关法律和政策的制定,特别是对促进和推动西部大开发招商引资工作的快速发展,起到特别的现实作用。

我们之所以认为西部大开发招商引资工作的关键是要营造良好的法治环境,首先在于,营造良好的招商引资法治环境,有利于从制度上保障西部大开发战略的实施,使西部大开发中的招商引资工作具有法的权威和法制的保障,使各项优惠投资政策具有稳定性和连续性,不因领导人的改变而改变,也不因领导人的看法和注意力的改变而改变;同时,也有利于依法规范有关投资各方的权利和义务,有利于此项工作的统一领导和协同发展,切实作到招商引资工作"有法可依"。

其次,营造良好的招商引资法治环境,有利于实现西部各省市自治区对投资主体、投资项目的依法选择,依法有效地阻止那些污染环境、破坏生态的投资项目的引进,对依法保护和建设西部的生态环境,实现西部可持续发展,培育西部地区自我发展的良性机制具有重要作用。因为西部大开发不仅要推进经济建设,而且要实现文化、资源、环境、生态等方面的协调发展;不仅要促进经济发展,也要促进科学教育进步、提高人口素质。如果不加强法制建设,就难以有效防止以牺牲环境换取经济发展、为眼前发展牺牲长远利益而盲目引资,胡乱引资的情况发生。

再次,营造良好的招商引资法治环境,是引进国内外资金、技术、人才的保障。市场经济在一定意义上讲也是法治经济,法律是市场交易的准则,是投资安全的保障,是政府行为的依据。良好的法治环境能够给投资者明确的利益预期,从而增强投资者的信心,是引进资金、技术和人才的信用保证。

最后,营造良好的招商引资法治环境,有利于政府有效实施西部开发招商引资规划,发挥政府在调动资金、技术、人才和克服市场经济的缺陷等方面的重要作用,提高行政效率;同时,也有利于保障市场机制在配置资源中发挥基础性作用,确保国家宏观经济调控措施的有效实施,防止滥用权力。'

二、营造西部大开发招商引资工作的良好法治环境须以诚信原则为基础

最近一个时期,在为西部开发营造良好的招商引资法治环境等方面,西部一些省、区、市采取了各种措施,按照"谁投资、谁决策、谁受益、谁承担风险"的原则,提出了一些政策规定,诸如取消部分事项审批,对地方审批权限内仍需审批的项目简化审批程序,建立投资登记备案制度等。对此,笔者认为,这些措施是必要的,但还远远不够。西部地区还应在立法、执法、普法等诸多方面加强工作力度。尤其要指出的是西部大开发招商引资工作的关键是要营造良好的法治环境,营造良好的招商引资法治环境,就要把西部大开发招商引资工作真正纳入到法制轨道之中,在西部形成良好的以诚信原则为基础的招商引资法治环境。

这里所说的"诚信原则"是《合同法》的一项基本原则,也是整个民事活动的基本原则,其可追溯到罗马法的"诚信契约",根据该契约,债务人不仅要承担契约的义务,而且要承担诚实善意的补充义务。这一原则是法律公平与公正精神的最直接体现。因此被称为"帝主条款"或"帝王规则"。诚信原则不仅是基本法律原则,也是最基本的道德规范,它要求人们在相互交往中保持诚实、善意和信用。在新中国的法律中,"诚实信用"四个字被明确写入法条的有:《民法通则》第四条,《合同法》第六条、第六十条第二款、第九十二条,《担保法》第三条,《消费者权益保护法》第四条,《反不正当竞争法》第二条第一款,《合伙企业法》第四条,《独资企业法》第三条,等等。虽然没有明确使用"诚实信用"四字(或"诚信"二字),但实质上要求法律行为必须诚实信用的法律也不少,如《会计法》、《统计法》、《执业医师法》、《建筑法》、《法官法》、《检察官法》、《人民警察法》、《教师法》等。

在西部形成良好的以诚信原则为基础的招商引资法治环境是对我国历史上诚信原则的继承与发展。在我国诚信自古即为修身立国之根本。孔子曰:"人而无信'不知其可也。"(《论语为政》)一个人不讲诚信,那么就不能立身处世。诚信原始的、表层的意思是对人讲信用,但其成熟的亦即根本的意义则是指人的诚信,是外不欺人与内不欺己的统一,是相信自己和相信他人的统一,亦是相信人事与相信天道的统一。所以《说文》讲:"信,诚也"。朱熹认为,诚就是世间万物那种本然如此的,实实在在的性质,即"诚者真实无妄之谓,天理之本然也"。(《中庸章句》)在西部形成良好的以诚信原则为基础的招商引资法治环境也是重视诚信的积极作用的表现。在我国历史上诚信历来都是人之所以为人的安身立命的基础,只有"言忠信,行笃敬",才能取信于人,取信于社会,才能同他人正常的交往,得到社会的尊重和信任;同时,诚信是一个国家、政府取信于民之枢要,只有取信于民,人民才会接受其教化,服从其指挥和领导,才能团结一心,众志成城,具有凝聚力和战斗力,去克服一切困难,因此孔子在军备、粮食、诚信三者之比较中,认为诚信是为政之枢要,是维护一个国家命运的灵魂;诚信是人修身养性,提高自身修养,素质之本质,《大学》:"诚意、正心、修身、齐家、治国、平天下",一个理想人格的存在方式是由诚信开始的自内而外的逐渐展现的过程。

西部大开发中招商引资工作重视诚信原则,在于可以减少招商引资工作的交易成本,加快招商引资工作的成功率。因为市场经济是一个商品流通的经济,人、财、物在流通中才能实现增值和社会总财富的增加。投资企业作为市场主体在法律、道德许可的范围内追求利益最大化本无可厚非,但利益最大化实现的途径必须是交易双方以诚信为基础才能得到保证。投资主体在进行投资时,一方面进行追求利益最大化,另一方面也考虑投资的安全。如果一笔投资不安全,不仅无利润可言,而且往往导致血本无归,因而利润最大化必须是在确保投资安全的前提下的利润最大化。为此,在招商引资工作中投资双方必须本着诚信原则进行交易。

西部大开发中招商引资工作重视诚信原则,还在于投资主体恪守诚信可以为人们提供一种合理的投资预期。合理的预期,就是为人们生活提供一种秩序,人们只要遵守这些秩序就能实现人们的预期。诚信能为人们的生活提供一种连续的、稳定的、可预期的生活状态,投资双方本着诚信进行交易'这就为双方提供了一种交易上的安全,能够缓解交易主体之间心理上紧张状态。美国学者福山认为,当代社会分为高信任社会和低信任社会。高信任社会人与人之间关系和谐,相互信任,有强烈的社会合作意识和公益精神,信用度高,社会交易成本低;而低信任社会,人与人之间关系紧张,相互提防,相互间在培养信任关系方面有较大的难度和风险,社会交往的成本很高。与高信任社会相比,低信任社会在市场经济的竞争中处于劣势。因此,在西部大开发招商引资的工作中,营造良好的招商引资法治环境,就是以诚信原则为基础建立一个高信任社会。

在西部形成良好的以诚信原则为基础的招商引资法治环境也需注重不讲诚信原则的危害性。综观我国历史可以认识,如果不讲诚信原则,那么做许多事情都有可能不成功。如果君臣之间不讲诚信,老百姓就会诽谤他们,国家就不会安宁、稳定;如果官员之间不讲诚信,下级就不会敬畏上级,显贵与卑贱之间就会相互看不起;如果在执法方面不讲诚信,赏罚不分,人民就容易犯法,政令就不易行使;如果朋友之间不讲诚信,就会产生隔阂甚至断绝关系,造成苦恼和怨恨,不能相互亲近;如果工匠之人不讲诚信就会伪造假冒产品,工艺不求质量〈《吕氏春秋‘贵信篇》〉。当然,如果西部开发招商引资工作不讲诚信原则,那么,西部大开发招荷引资工作的关键一营造良好的法治环境便难以实现。

三、对西部大开发招商引资中丧失诚信原则行为规制的对策建议

最近一个时期,在西部大开发招商引资中一些经济主体出现了一些丧失诚信原则行为,在招商引资中难以形成以合同为基础的法律框架,要么根本不使用合同,要么就根本不执行合同,要么就干脆以合同作为诈骗手段;同时地方保护主义在利益驱动下猖獗一时,许多违法违纪造成的信用纠纷的当事人受到非法保护,法院裁决难、执行难,现实存在的司法腐败又助长了这种恶劣行径,严重丧失诚信

原则。在为西部开发的招商引资工作中,一些地方为了扩大引资的数额,违背诚信原则,无限夸大投资优惠措施,盲目引进并不具备条件的投资项目,欺骗投资者,假、冒、伪、劣充斥招商引资市场,合同违约、商业欺诈随处可见,三角债、拖欠款和银行不良债权反复出现,各种经济犯罪不断增加,日趋严重,大大破坏了招商引资的并不完善的良好法治环境。

诚信作为现代社会成员应当遵循的基本义务之一不仅体现了每个社会成员在与社会与个人交往过程中自我约束的要求,同时也是保证市场经济下契约文明规则能够实现的前提。要努力创造招商引资工作良好的法治环境,还需对西部大开发招商引资中丧失诚信原则行为采取必要对策。

(一)诚信为本,依法实施投资促进手段,不断吸引外商直接投资

国内外经验表明,良好的投资环境只是吸引外商投资的基础,成功的投资促进则是提高外商投资数量和质量的重要条件。有人这样评价,中国吸引外商投资70%靠投资环境改善,30%靠投资促进手段。投资促进是指根据一个国家的政策、资源、投资需求、市场条件等因素,所采取的吸引外资的各种手段的有机结合,主要包括旨在树立地区投资形象的宣传手段,用来产生投资项目和投资交易的推动手段,保证现存投资项目运行和扩大新投资的服务手段。投资促进的根本在于根据地区经济比较优势和外国投资者的需要通过多种手段减少外商投资的成本和风险,其成功的关键在于平衡各种促进手段,因地制宜有所侧重。笔者认为,对西部地区而言,加强投资促进必须依法进行,杜绝招商引资中丧失诚信原则夸大宣传。

第一,诚信为本,扩大对外国投资者实事求是的宣传,使其对本地区的投资环境有更多的了解。宣传是扩大对外交流的重要手段,当外国投资者对本地区的资源条件、政策法规、市场潜力等不太了解时,当外国投资者对一个地区的认识与真实情况有出入时,自我宣传的必要性则更大。另外,要把本地区的优势和劣势明确区别,向外国投资者多介绍本地区的优势所在,扬长避短;同时要承担诚实善意的义务,宣传介绍依法进行以诚信原则为基础,建立一个高信任社会。

第二,诚信为本,对外商投资的产业和股权比重限制可适当放宽的承诺要敢于负责,能够兑现。在吸引外资的领域中,一些产业的准入限制和股权限制对西部地区的影响是很大的,因为这些领域大多正是西部地区具有比较优势的产业。由于对外商介入或股权的限制,造成的直接后果是项目达不到理想规模,外商投资企业普遍采用较为落后的技术甚至放弃投资。从有利于地区经济平衡发展的角度讲,西部地区应争取得到中央政府在有关政策方面给予更多灵活性的同时,

可在其它产业、部门实行更加开放的政策,以使外商投资能够得到一种平衡和补偿;所有这些承诺应一言九鼎,只有以诚信为本,才能取信于外商,取信于社会,营造良好的招商引资法治环境。

第三,诚信为本,简化办事程序,提高招商引资效率,政府各部门和审批机关应信守承诺,说到做到。西部地区在办理外商投资的程序上虽然有很大进步,但仍然过于繁杂,效率低下。另外,由于有关政策和规定不很明确,各部门和审批机关的解释相差甚大,使得整个投资审批过程充满了不确定性。事实上,实际使用资金与协议外资金额之比相当低,正是因为外商投资审批过程的复杂化、低效率和模糊性造成的。另外,在审批过程中采用更标准的程序,减少和消除向外商征收的不合理费用也是非常重要的。政府各部门和审批机关既然已经承诺,就应信守承诺,雷厉风行地简化办事程序,提高招商引资效率。

(二)对招商引资工作中丧失诚信原则的行为制定和出台符合我国社会实际的"披露制度"

目前我国一些领域对领域内一些丧失诚信原则的行为采取了"披露制度"。例如北京市消费者协会针对当前一些开发商丧失诚信原则,所开发的商品房存在着质量等诸多方面的问题,日前决定采取相应措施,加大对商品房投诉的曝光力度,制定和出台"投诉披露制度",准备在近期对投诉比较集中的楼盘进行曝光,将不法开发商张榜刊登,公布于众。又如中国证监会首次披露了没有挪用客户交易结算资金的证券公司名单及实行"谈话提醒制度"以来被谈话提醒的证券公司及高管人员名单。据悉,为进一步加强对证券公司监管,监管部门已经下决心实行"阳光监管",建立个人信誉黑名单制度,及时公布违规证券公司总经理的违规记录,而此次几份名单的披露,可以视为"阳光监管"的第一步。为依法规范西部大开发招商引资中丧失诚信的行为,不妨借鉴以上单位的一些做法,制定和出台符合我国社会实际的招商引资中丧失诚信行为的"披露制度",通过计算机技术和网络技术,逐步建立地方与企业的招商引资行为档案,大力倡导诚实守信的职业道德,使有违法违规和严重违约行为记录的企业和经营者在社会上无立足之地,切实保护守法经营者,确保社会经济活动的正常进行。

(三)应抓紧制定和完善西部大开发招商引资方面的法律制度

中国人民大学法学院教授龙翼飞认为,目前在我国应针对西部开发的紧迫性和特殊性,抓紧制定和完善以下几个方面的法律制度,第一,投资法律制度。第二,适度开发资源与生态环境保护制度。第三,现代企业法律制度。第四,成果转化和提高教育投入制度。第五,社会保障制度。在制定这些法律制度的过程中,特别应当注意法律规范调整的针对性和可操作性,提高立法水平。他谈到的第一项便是投资法律制度。可见抓紧制定和完善招商引资方面的法律制度已刻不容缓。在制定和完善招商引资方面的法律制度的时候,应对招商引资中丧失诚信原则行为进行有效的法律规制,以保证开发西部战略性措施得以实现。

(四)要建立起一整套适应社会主义市场经济体制的道德体系

首先要广泛进行诚实守信的道德教育,要在全社会确认诚实守信既是中华民族的传统美德,又是社会主义道德体系中的基石。进行广泛深入的教育、宣传,使全国人民真正树立起诚实守信的道德观,像抓"科教兴国"一样来抓"诚信兴国"。因为"诚信立国"是根本,必须先立乎其大者,"科教兴国"才有可能。其次,以诚信原则为中心,建立起社会主义道德评价标准,诚实守信者光荣,尔虞我诈者可耻,坚决摒弃非道德主义的行为,使其成为过街老鼠,人喊打。再次,要建立一整套诚实守信的道德规范,用以规范各类经济主体之间乃至一切社会关系之间的行为,使人们自觉做到诚实守信。最后,要建立起自觉有效的诚实守信的职业道德和社会公德的调控机制,使一部分问题能够依靠人们的良心自责和道德责任自动加以解决。

西部大开发是一项巨大的系统工程和长期的宏伟事业,需要强有力的法制支持。开发欲成,法制先行。搞好西部地区的招商引资工作,应以诚信为本,以诚信原则为基础,营造良好的法治环境,用法制引导、规范、促进和保障西部大开发的顺利进行。

作者发表于《商业研究》2006年第7期

第六篇

英美两国的业绩报告方式对我国上市公司的启示

随着公司经营业务和资本市场逐步走向全球化,美、英两国的大多数公司编制了可以用来取代利润表、充分反映企业业绩的"全面收益"或"全部已确认利润和损失"的这样一种财务报表。在美国,大多数公司是编制"全面收益表",而在英国,大多数公司是编制"全部已确认利润和损失表"。本文试对这种新的业绩报告方式对我国上市公司的实际意义作出探讨。

近年来,随着公司经营业务和资市场逐步走向全球化,无论是筹集资金的上市公司,还是投资者,都深感会计信息对正确决策的重要性。其中,作为判断企业收益性和成长性的财务业绩信息尤显关键。对此,近年来美、英两国在财务业绩报告的研究和应用上投人了极大的精力。现在,美、英两国的大多数公司编制了可以用来取代利润表、充分反映企业业绩("全面收益"或"全部已确认利润和损失"的这样一种财务报表。在美国,大多数公司是编制"全面收益表",而在英国,大多数公司是编制"全部已确认利得和损失表"。以下将具体分析一下美、英两国的业绩报告模式。

一、美国的财务业绩报告

（一）全面收益

1980 年 12 月,美国财务会计准则委员会在《财务会计概念公报》第 3 号(SFAC NO.3,后被第 6 号所取代)《企业财务报表要素》首先提出不同于传统"收益"新概念—全面收益(Com-prehensive Income)作为财务报表的要素之一,并将其定义为"全面收益是指一个企业在一定期间由源于非业主的交易、事项及情况所引起的业主权益(净资产)之变动。它包括一定期间内除业主投资与对业主分配之外的所有业主权益变动"。"全面收益"和传统"收益"的定义不同之处在于:前者是建立在资产负债收益观的基础上,为企业在报告期间内与业主投资及分配无关的业主权益变动。其中包括已实现和未实现的业主权益(净资产)的变动,因此这一概念涵盖了以往不在损益表而只在资产负债表业主权益项下"未实现"(unrealized)的利润损失。因此,全面收益的组成公式为:"收入 - 费用 + 利得 - 损失 = 期末与期初不含与所有者交易的业主权益的变动"。

根据美国财务会计准则委员会提出的全面收益概念,全面收益二净收益十其他全面收益(前者是已实现的收益,后者是未实现的),因此,全面收益不仅包括现行会计实务中确认的净收益,还应包括在各个会计期间内的其他非业主交易引起的权益变动,如持有资产价值变动、未实现汇兑损益、衍生金融工具持有损益等。或者说,全面收益将基本接近于经济收益概念,与传统收益概念相比,全面收益包括的内容更广泛,不仅包括企业的生产经营业务,而且包括企业与其业主之外的其他主体的交换与转让,以及因偶发事项、物价变动等的结果。这一收益概念实现了会计收益观念的两大转变:一是财务呈报目标从"受托责任观"到"决策有用观"的重大转变,二是收益计量从"收入/费用观"到"资产/负债观"的重大转变。它一方面揭示了收益所引起企业财富变动的性质,另一方面还突出了收益来源和表现形式的多元化特点。

(二)报告全面收益

其后,在一些财务、会计、投资等组织(团体]和学者们的共同努力下,美国财务会计准则委员会参考了英国的经验,在 1986 年 10 月 11 日发布的一份《报告全面收益》的征求意见稿的基础上,于 1997 年 6 月正式公布了财务会计准则第 130 号(SFAS NO. 130)《报告全面收益》(Reporting Comprehensive In - come). 根据该准则,全面收益的报告分为两个模块'即:全面收益、净收益(盈 利及其他全面收益。净收益仍由损益表提供,依然只反映已确认及已实现的收入、费用、利润和损失(如非常项目和会计原则变更的累计影响数);其他全面收益则涵盖那些已确认但未实现,平时不计人损益表而只在资产负债表部分反映的项目。至此,报告全面收益的报表便成为美国企业一整套财务报表中的第四财务报表。

财务会计准则第 130 号《报告全面收益》要求报告企业的全面收益,其主要解决了三个问题:一是界定了全面收益的构成要素:收人、费用、利润和损失。但作为报告时,则将全面收益划分为"净收益"和"其他全面收益"。二是确定了全面收益的报告方式和手段。允许三种全面收益的报表格式,即与收益表合并为一张报表;全面收益表与收益表分开,均单独编制;在业主权益变动表中详细报告其他全面收益。三是规定了如何披露全面收益的各组成部分。保留了传统净收益的概念和构成,而其他全面收益的分类则根据会计准则来划分。

有关全面收益的表示方法,在财务会计准则第130号《报告全面收益》中作了重要区分,即列示出了损益表和股权变动表两种方式,同时在这其中又进一步进行了分类,如在损益表中分成第1种表述方式(one – statement approach)和第2种表述方式(two – statement approach)。第1种表述方式所采用的是将全面收益置于表尾的当期损益及其全 损益表的编制方法,第2种表述方式所 采用的是将当期净收益置于表尾的损益表和在当期净收益中加上其他全面收益的全面收益表两种编制方法。以上两种损益表表述方式将共同的收益作为全面收益,它显示了作为业绩指标的全面收益受到重视,第2种表述方式将全面收益中的业绩指标明确地表示在损益表的当期净损益项目中,可以说它比第1种表述方式更重视当期业绩收益的成份。

二、英国的财务业绩报告

(一)全部已确认利得和损失

英国在业绩报告改革中几乎一直充当着急先锋。早在1976年7月,英国特许会计师协会(ICAEW)就公布了一份讨论稿《公司报告》,其中涉及企业收益信息的改进。英国会计准则委员会(ASB)扔将"全部已确认利得和损失"定义为,某一主体在报告期间内,除与业主间的交易(股东投资、股利分配)外,由于一切原因所导致的权益(净资产)的增减变动。由此全部已确认利得和损失应分为两部分:已确认且已实现的净收益和已确认但未实现的其他利得及损失。后者如未实现的财产重估盈余,未实现商业投资利得(损失)等。1992年10月,英国会计准则委员会发表第3号财务报告准则,针对传统财务会计系统下损益表只揭示已实现、已确认收益而不能满足投资者真实与公允信息的需求的缺陷,提出了确认全部已确认利得和损失的思想。该份准则将损益表包括的内容,从已实现、已确认项目,扩大到未实现、已确认项目,并以利得和损失要素以广义的解释,认为利得是除涉及所有者投资以外的所有者权益的增加,在内容上包括收入和其他利得;而损失是除涉及分派给所有者款项以外的所有者权益的减少,在内容上包括费用和其他损失。

在英国,"全部已确认利得和损失"与美国的"全面收益"概念相对应。但是与美国的"全面收益"相区别的是,在英国,这种"全部已确认的利得与损失"的概念被定义为"报告主体在特定会计期间的所有利得与损失的总额中,确认是归属于股东还是由股东负担",它相当于美国财务会计准则委员会提出的"全面收益"概念。但是,在全部已确认利得与损失和总括收益之间,其定位却是不同的。这种场合的利得是所有者股权的增加额减去所有者的支出额的差额,它是SFAC第

6 号中的收益(revenues)〈主要是营业活动产生的〉和利得(gains)〈主要是营业活动之外产生〉两者合并的概念。这种情况下的损失也与利得一样,是扣除了面向所有者分配全体所有者股权的增加,它是 SFAC 第 6 号中主要营业活动产生的费用(expenses)和其外产生的损失(losses)两者合并的概念。

(二)全部已确认利得和损失表

在实务中,英国则率先采用两份报表报告全面收益。1991 年 6 月,由英国和苏格兰两个特许会计师协会的研究组联合发表了一份题为《财务报告的未来模式》,指出现行会计实务中某些财富的变动,如持有和转让非流动资产的利得和损失并不能在损益表中得到反映,主张在传统收益表外增加一个"利得表",二者共同揭示报告主体财富的全部变动,据此提出了一整套改进的财务报表,以便全面地反映企业的全部业绩。利得表的主要特点是按资产 7 负债观来定义利润,且用"现行价值"(Current Value)为基础来计量净资产的变动,还考虑到消除物价变动的影响。这样势必增加了利得表编制的复杂性。因此,英国会计准则委员会仏^则考虑另一思路:坚持"满计当期全部损益"观点,把一部分未实现的利得(损失),绕开损益表,在资产负债表的业主权益—"准备"(Beserves)部分予以确认。同时,设计一个与损益相互配合的新的财务业绩表,作为企业业绩报告的重要补充。

1992 年 10 月,英国会计准则委员会正式公布了财务报告准则第 3 号《报告财务业绩》,使上述思路变成了现实,该准则要求编制一份名为"全部已确认利得及损失表"的报表,来作为"损益表"的补充,即规定一个企业的财务业绩是由"损益表"和"全部已确认利得和损失表"共同表述的。这里"全部已实现利得和损失表"是以第二业绩报表的形式出现的,体现英国的"创造性会计"特色。在这一准则的制定基准方面,英国会计准则委员会较大幅度地改革了以往为收缩业绩报告领域而过于重视对会计实务的差异性和多样性进行单一业绩揭示的法。即,认为用单一的指标来评价复杂组织的业绩是不现实的,强调采用业绩构成的若干主要要素(信息组合路径(财务报告准则第 3 号 Ⅰ - Ⅲ)]的重要性。这种信息组合路径,要求对业绩构成要素进行重点的信息揭示,并提出对有关构成要素重要性的判断采用委托给信息使用者的思路。据此,财务报表变得更为复杂,为了揭示业绩指标多样性的信息,损益表中又追加了"全部已确认利得与损失表"的编制。

三、新的业绩报告方式对于我国上市公司的价值

在所有可获得的企业财务信息中,投资者最为关注的是与收益有关的信息,满足使用者投资决策需要是我国收益报告改革的方向。而全部已确认利得和损

失的特点是除净收益之外,还包括已确认的其他利得或损失,后者由于已产生,尽管在当期未实现,但它很可能在下期或近期即可实现,从而就成为投入预测企业未来现金净流量的一个可靠的基础。在这个意义上,今后的全部已确认利得和损失信息比原先的净利或净收益数据对财务会计信息的用户预测企业的未来现金流量更为有用。根据国际上会计收益理论和实务的发展情况,我国应根据自己的发展现状,立足我国会计信息使用者的需求,借鉴国外研究经验,研究探讨全部已确认利得和损失有关理论' 并在条件成熟的情况下考虑分阶段推行业绩报告制度,在我国,上市公司披露业绩报告有着重要的现实意义,这是因为:

(一)推行业绩报告制度有助于改进我国上市公司的信息披露

推行业绩报告可以满足投资者的信息需要。现行上市公司收益报告是按照传统会计模式反映的,主要反映企业的经管责任和业绩,已不能适应使用者对收益信息作为决策有用性的需求,而推行业绩报告则有利于满足投资者决策有用的信息需要。

第一,弥补损益表之不足,满计当期损益。损益表受限于实规原则,只能反映已确认已实现的净收益,对同样也属于上市公司财务业绩信息的那些准则已确认可实现而未实现的利得和损失,只得置于表外。业绩报告最具贡献的地方就是突破损益表的这层藩篱,将已确认未实现的利得和损失包括进来,使上市公司财务业绩报告得以反映企业当期全部经营绩效和其他财务业绩。

第二,扩大收益的报告层面,有助于投资人进行投资决策。在证券市场上,会计收益特别是非预期的收益信息和股票市价是相关的。因此,深受投资人的重视。业绩报告,把报告已确认为实现的净收益扩大为还包括一些已确认未实现的利得和损失,使报告的收益更加全面更能反映企业财务业绩的全貌,有助于投资人做出更正确的投资决策。

第三,推行业绩报告有助于财务会计信息使用者对未来现金流量的预测。收益是一个企业创造未来现金流量的能力。全面收益,除包括净收益外,还包括已确认当期未实现但于下期或近期可实现的利得和损失。因此,全面收益信息比原来净收益的数据,更能提供报表信息使用者对企业"所有"未来现金流量的预测。

第四,我国的资产市值变化大,一些上市公司,特别是上市时间较久的国有控股公司,持有资产的现实价值与会计资产帐面价值相差甚为悬殊,这种差异必然是一种预期损益,业绩报告将它揭示出来可以更全面、真实地反映上市公司的收益状况,有利于投资者和信贷人的决策。

886

991

468

345

620

609

（二）推行业绩报告有助于解决我国的衍生金融工具会计难题

推行业绩报告的积极意义在金融工具方面体现得更为明显。随着资本市场全球化速度的加快和我国金融业务的发展，衍生金融工具也将在我国得到广泛的运用。现阶段，人们普遍认为，公允价值是金融工具最合理的计量属性，而对于衍生金融工具则是惟一相关的计量属性。如果以公允价值作为金融工具的计量属性，就必须解决公允价值变动的确认、报告等问题。比较可行的办法就是借鉴美、英业绩报告的经验，在我国上市公司推行业绩报告，反映金融工具公允价值变动，便于使用者充分了解有关衍生金融工具的风险和报酬。

（三）推行业绩报告有助于促使我国上市公司的健康

近年来，我国上市公司操纵利润的现象很普遍，如果对于已经发生的价值增值不予报告，就为操纵利润敞开了便之门，上市公司在这种情况下提供的收益报告，无疑会起着严重的误导作用。有的上市公司往往通过选择实现的时机和金额来操纵利润，业绩报告把绕过利润表而在资产负债表中确认的未实现收益项目集中起来，并通过适当分类，单独报告，可以向信息使用者提供更全面、更有用的业绩信息，以体现公允与充分披露原则，并可减少证券市场利得交易现象。同时，将未确认的利得或损失通过诸如资产置换等方法转变为本期损益是最常见的操纵利润的方法，通过业绩报告补充披露现行利润表不能反映的已确认未实现的收益，可以使得未实现利得不再成为所谓的"收益储存器"，在一定程度上增加"利得交易"的透明度，限制上市公司的管理当局随意操纵利润，就能较好地杜绝用这种方法操纵利润的可能性，从而使会计信息更真实，从而促进我国上市公司的健康良性发展。

（四）推行业绩报告也适应了上市公司到境外上市的要求

随着我国加入WTO，在逐步开放国内会计市场的同时，我国国内的上市公司也将到国际资本市场上市筹资，他们也要求缩小与国际惯例之间的现实差异，提高会计信息的可比性，从而降低公司的筹资成本。加入WTO，意味着我们必须遵循国际通行的商贸规则，会计在促进国际贸易、国际资本流动和国际经济交流等方面的作用将更加突出，加速会计国际化进程的要求非常紧迫。为实现会计国际化，要求企业提供的会计信息应该接近国际化标准。而推行业绩报告则有利于实现会计国际化。

作者发表于《统计与决策》2006年第2期